MI MUNDO ADORADO
Sonia Sotomayor

Sonia Sotomayor se graduó *summa cum laude* de Princeton en 1976 y de la Escuela de Derecho de Yale en 1979. Trabajó como asistente del Fiscal de Distrito del Condado de Nueva York y luego en la firma Pavia & Harcourt. Desde 1992 hasta 1998, fue juez de la Corte Federal del Distrito Sur de Nueva York, y desde 1998 hasta 2009 en la Corte de Apelaciones de Estados Unidos para el Segundo Circuito. En mayo de 2009, el presidente Barack Obama la nominó como Juez Asociada de la Corte Suprema; asumió la función el 8 de agosto de 2009.

MI
MUNDO
ADORADO

MI
MUNDO
ADORADO

Sonia Sotomayor

Traducción de Eva Ibarzábal

VINTAGE ESPAÑOL
UNA DIVISIÓN DE RANDOM HOUSE LLC
NUEVA YORK

Perdonadle al desterrado
ese dulce frenesí:
vuelvo a mi mundo adorado,
y yo estoy enamorado
de la tierra en que nací.

—de "A Puerto Rico (Regreso)",
de José Gautier Benítez

Prefacio

DESDE MI NOMBRAMIENTO a la Corte Suprema, he hablado ante una amplia variedad de grupos en diferentes escenarios y he respondido a toda clase de preguntas. Muchas personas, como es de esperarse, me han preguntado sobre el derecho, la Corte y mi trayectoria como juez. Pero muchas más, para mi sorpresa, me han preguntado acerca de mi historia personal, mostrando curiosidad sobre cómo me las arreglé y cómo me moldearon las diversas circunstancias ya conocidas sobre mis primeros años de vida, específicamente aquellas que normalmente no fueron prometedoras.

En una conferencia sobre la diabetes juvenil, una niña de seis años me preguntó de manera muy triste si vivir con la enfermedad se tornaba más fácil con el tiempo. En otro lugar, un niño que recientemente había perdido a su padre me preguntó cómo había sobrellevado la pérdida de mi padre a tan temprana edad. Los estudiantes minoritarios me han preguntado cómo era vivir entre dos mundos: ¿Cómo permanecí conectada a mi comunidad? ¿Alguna vez experimenté la discriminación? Muchos abogados jóvenes, hombres y mujeres, me han preguntado cómo he balanceado mi vida personal con las exigencias de la profesión. La más desconcertante de todas las preguntas fue la que inspiró este libro: ¿Cuánto le debía a haber tenido una niñez feliz? Esa me costó trabajo; hasta escribir este libro, no he hablado públicamente sobre algunas de las experiencias más amargas de mi niñez, y no me habría considerado absolutamente feliz de niña. A la larga, sin embargo, me he dado cuenta de que tuve momentos de

PREFACIO

profunda felicidad y éstos hicieron florecer en mí un optimismo que demostró ser más fuerte que cualquier adversidad.

Subyacente a todas estas preguntas está la sensación de que la historia de mi vida llega a la gente, ya que resuena con sus propias circunstancias. Los retos que he afrontado —entre ellos, la pobreza material, una enfermedad crónica y haber sido criada por una madre soltera— ni son excepcionales ni tampoco me impidieron alcanzar logros excepcionales. Para muchos, es motivo de esperanza ver a alguien realizar sus sueños mientras lleva cargas de esa naturaleza. Al captar la atención de la gente de esta manera, he pensado detenidamente por algún tiempo qué lecciones puede tener mi vida para los demás, sobre todo para los jóvenes. ¿Cómo ha sido posible que la adversidad me animara en lugar de que me derrotara? ¿De qué fuente emanan mi esperanza y optimismo? Lo más fundamental, mi propósito al escribir estas memorias, fue hacer accesible mi ejemplo esperanzador. Las personas que viven en circunstancias difíciles necesitan saber que existen finales felices.

Recientemente, un estudiante me formuló otra pregunta que me hizo pensar: "Partiendo de que sólo hay nueve Jueces en la Corte Suprema, cada uno con nombramiento vitalicio, ¿es realista que alguien aspire a esa meta? ¿Cómo nos arraigamos a sueños que, desde el punto de vista estadístico, son prácticamente imposibles?". Como expreso en estas páginas, mi primer sueño fue convertirme en juez, que ya de por sí parecía inalcanzable hasta que sucedió. La idea de llegar a ser juez de la Corte Suprema —que ciertamente, como meta, eludirá a la inmensa mayoría de los aspirantes— nunca se me ocurrió salvo en la más remota de mis fantasías. Pero la experiencia me ha enseñado que no puedes valorar los sueños de acuerdo a las probabilidades que tienen de convertirse en realidad. Su valor verdadero reside en despertar en nosotros la voluntad para aspirar a lograrlos. Esa determinación, cualquiera que sea su destino final, nos impulsa hacia adelante. Y después de un tiempo, puede que reconozcas que la verdadera medida del éxito no es cuánto has acortado la distancia a una meta lejana, sino la calidad de lo que has hecho hoy.

Me he aventurado a escribir sobre mi vida personal con más familiaridad de la habitual para un miembro de la Corte Suprema, y ese candor implica cierta vulnerabilidad. Seré juzgada como ser humano por lo que los lectores encuentren aquí. El ser franco es arriesgado, pero me parece que es un riesgo menor cuando se compara con la posibilidad de que algunos lectores encuentren consuelo, tal vez hasta inspiración, al examinar de cerca cómo una persona común y corriente, con sus fortalezas y debilidades como cualquier otra, ha logrado una trayectoria extraordinaria.

Estoy segura de que mis asistentes jurídicos se horrorizarán al ver la frecuencia con la que he roto mis propias reglas estrictas sobre la redacción formal. Cada regla, no obstante, responde a un contexto, y las memorias personales requieren un estilo diferente a una opinión legal.

Tampoco son las memorias lo mismo que una biografía, cuyo propósito es presentar el relato más objetivo de los hechos de una vida. Las memorias, a mi entender, no pretenden negar su subjetividad. Su temática es el recuerdo de una persona; y los recuerdos, por naturaleza, son selectivos y están teñidos por las emociones. Seguramente, otras personas que tuvieron participación en los eventos que describo recordarán los detalles de otra manera, aunque espero que estemos de acuerdo sobre las verdades fundamentales. No me he tomado libertades con el pasado como lo recuerdo ni usado la ficción más allá de reconstruir las conversaciones de memoria. No he mezclado personajes ni torcido el orden cronológico a conveniencia. No obstante, he intentado contar una buena historia. Si algunos amigos o miembros de mi familia no se encuentran mencionados o se desilusionan al ver que sus papeles no son tan prominentes como habrían esperado, confío en que entiendan que la necesidad de mantener el relato claro y enfocado tiene que superar incluso a una abundancia de sentimientos.

Puede que algunos lectores se decepcionen al ver que he optado por terminar esta historia hace veinte años, cuando me convertí en juez por primera vez. He tomado esa decisión por la naturaleza personal de lo que deseo expresar. Aunque pienso que mi crecimiento personal ha continuado desde entonces, la persona que soy, ya en ese momento había alcanzado su formación esencial. Por otro lado, no tengo tanta perspectiva ni sentido de conclusión con respecto a mi carrera en la judicatura. Cada una de sus etapas —primero en la Corte de Distrito, luego en la Corte de Apelaciones y ahora en la Corte Suprema— ha sido única e independiente; y no podría decir con certeza cómo cada parte configurará lo que todavía puedo lograr como juez. Mientras tanto, me parece inapropiado reflexionar sobre un curso que todavía se está cristalizando o hablar del drama político que rodeó mi nominación a la Corte Suprema, por más curiosidad que algunos puedan tener sobre ese tema.

Por último, merece mención un motivo más privado para escribir este libro. Esta nueva fase de mi carrera le ha dado un giro desconcertante a mi vida. La experiencia de vivir ante el ojo público era imposible de anticipar completamente y, por momentos, ha sido abrumadora. Los riesgos psicológicos de vivir así son muy conocidos, y parecería prudente hacer una pausa y reflexionar sobre el camino que me ha traído hasta esta coyuntura, dar gracias por lo que tengo y lo que me ha hecho ser quien soy, teniendo cuidado de no perder la perspectiva ni lo mejor de mí, según sigo mi rumbo hacia el futuro.

MI
MUNDO
ADORADO

Prólogo

NO ACABABA DE despertarme y mi madre ya estaba gritando. Sabía que Papi empezaría a gritar en cualquier momento. Eso ya era rutina, pero el tema de esta pelea era nuevo y grabó para siempre esa mañana en mi memoria.

"Tienes que aprender a ponérsela, Juli. ¡Yo no les voy a durar toda la vida!"

"Me da miedo lastimarla. Me tiemblan las manos". Era verdad. Cuando mi padre intentó por primera vez inyectarme la insulina el día anterior, le temblaban tanto las manos que pensé que fallaría y en vez de inyectarme en el brazo me clavaría la aguja en la misma cara. Tuvo que pincharme duro para afinar la puntería.

"¿Quién tiene la culpa de que te tiemblen las manos?"

"¡Ay no, ya empezamos!"

"¡Tú eres la enfermera, Celina! Tú eres quien sabe hacer estas cosas".

En realidad, cuando me inyectó la primera mañana después de regresar del hospital, Mami estaba tan nerviosa que me pinchó todavía más fuerte y me dolió aún más que cuando lo hizo Papi al día siguiente.

"Tienes razón, yo soy la enfermera. Tengo que trabajar y ayudar a mantener a esta familia. ¡Tengo que hacerlo todo! Pero no puedo estar aquí todo el tiempo, Juli, y ella va a necesitar las inyecciones por el resto de su vida. Así que más vale que aprendas a hacerlo".

Las agujas dolían, pero la gritería era peor. Me sentía cansada, cargando el peso de la tristeza de mis padres. Era más que suficiente escucharlos pelear por la leche, las tareas del hogar, el dinero o la bebida. No quería que también pelearan por mí.

"¡Te lo juro, Juli, vas a matar a esa niña si no aprendes a hacerlo!"

Como siempre, Mami se fue tirando la puerta y alzando aún más la voz para así poder continuar la discusión.

Si mis padres no podían levantar la jeringuilla sin entrar en pánico, se vislumbraba una amenaza aún peor: mi abuela jamás podría hacerlo. Entonces, no podría quedarme a dormir en su apartamento, mi único escape semanal de la penumbra de mi casa. De modo que si iba a necesitar inyecciones todos los días por el resto de mi vida, la única forma de sobrevivir era haciéndolo yo.

Sabía que el primer paso era esterilizar la aguja y la jeringuilla. No tenía ni ocho años, llegaba a duras penas a ver el borde de la estufa y no estaba segura de cómo hacer las maniobras necesarias con el fósforo y el gas para encender la hornilla. Así que desde la mesa arrastré una silla hasta la estufa —la cocina era pequeñita— y me trepé para averiguar cómo hacerlo. Ahí estaban las dos cacerolas para el café con leche de Mami, enfriándose mientras ellos discutían, el café manchando el pañito en la cacerola, la nata formando una piel arrugada sobre la leche en la otra cacerola.

"¡Sonia! ¿Qué estás haciendo? ¡Vas a quemar el edificio, nena!"

"Me voy a poner la inyección, Mami". Por un momento, se quedó callada.

"¿Sabes cómo hacerlo?" Me miró desapasionadamente y con seriedad.

"Creo que sí. En el hospital me enseñaron a practicar con una china*".

Mi madre me enseñó cómo sostener el fósforo mientras giraba la perilla para avivar la llama en un círculo azul. Llenamos juntas la cacerola de agua, suficiente para cubrir la jeringuilla y la aguja, y un poco más por si acaso se evaporaba. Me indicó que esperara hasta que viera las burbujas y entonces contara cinco minutos por reloj, lo cual había

* Una naranja.

aprendido a hacer el año anterior, en primer grado. Después de hervir el agua, todavía había que esperar a que la jeringuilla se enfriara. Vigilé la olla y el paso lento, invisible, de las manecillas del reloj hasta que una cadena de diminutas y delicadas burbujas subió de la jeringuilla y la aguja. Mientras esperaba que pasara el tiempo, mi mente pensaba en cientos de otras cosas.

Vigilar que el agua hierva pone a prueba la paciencia de cualquier niño, pero yo era tan inquieta física y mentalmente que me gané el apodo de "ají" por aventurarme a las travesuras (tanto por curiosa como por revoltosa). Pero creyendo que mi vida ahora dependía de este ritual matutino, en poco tiempo aprendí cómo manejar el tiempo eficientemente: vestirme, cepillarme los dientes y estar lista para la escuela mientras el agua hervía o se enfriaba. Probablemente vivir con diabetes me enseñó más autodisciplina que las mismas Hermanitas de la Caridad.

Todo comenzó cuando me desmayé en la iglesia. Nos habíamos puesto de pie para cantar y sentí que me asfixiaba. Las voces se oían lejanas. La luz que entraba a través de los vitrales se tornó amarilla. Entonces, todo se puso amarillo y luego se oscureció.

Cuando abrí los ojos, sólo alcancé a ver invertidas las caras pálidas de preocupación de la principal, sor Marita Joseph, y sor Elizabeth Regina, dentro de sus tocas negras. Yo estaba tirada sobre el piso enlosado de la sacristía, temblando de frío por el agua que habían salpicado en mi cara. Y asustada. Así que llamaron a mi madre.

Aunque iba a misa todos los domingos, lo cual era obligatorio para los estudiantes de escuela primaria de Blessed Sacrament School, mis padres nunca lo hacían. Cuando mi madre llegó, las hermanas armaron un gran escándalo. ¿Había ocurrido esto antes? Pensándolo bien, me había caído de la chorrera, la caída había sido antecedida por una repentina sensación de mareo al pasar por encima del tope de la escalera, seguida por la visión del piso acercándose precipitadamente hacia mí y un largo momento de pánico.

"Tiene que llevarla al médico", insistieron las monjas.

El doctor Fisher ya tenía la fama de héroe en la familia. Había atendido a todos nuestros parientes en algún momento. Cuando visitaba nuestros hogares aliviaba tanto los pánicos y temores como los achaques y dolores. Inmigrante alemán, era un médico de pueblo chapado a la antigua que de casualidad ejercía en el Bronx. El doctor Fisher hizo muchas preguntas. Mami le dijo que yo estaba bajando de peso y que siempre tenía sed, y que había empezado a orinarme en la cama, lo que me mortificaba de tal manera que hacía todo lo posible por no quedarme dormida.

El doctor Fisher nos envió al laboratorio del Hospital Prospect, donde trabajaba mi mamá. No le di importancia porque el señor Rivera del laboratorio era mi amigo. Pensaba que podía confiar en él, a diferencia de la señora Gibbs, la supervisora de mi madre, quien trató de esconder la aguja detrás de su espalda cuando me operaron de las amígdalas. Pero cuando él amarró una banda elástica alrededor de mi brazo, me di cuenta de que no era una inyección común. La jeringuilla parecía tan grande como mi brazo y cuando se acercó vi que la aguja estaba cortada en ángulo y el agujero en su extremo parecía una boquita abierta.

Cuando se acercó, finalmente grité: "¡No!". Tumbé la silla y salí corriendo por el pasillo, escapando por la puerta del frente. Parecía que medio hospital estaba corriendo detrás de mí gritando "¡deténganla!", pero yo no miré hacia atrás ni para coger impulso y me tiré debajo de un auto estacionado en la calle.

Podía ver los zapatos. Alquien se agachó y metió la cabeza entre las sombras del chasis. Ahora había zapatos por todos lados, y manos tratando de alcanzarme debajo del auto. Pero yo me encogí como una tortuga, hasta que alguien pudo agarrarme por el pie. Estaba gritando tan fuerte que cuando me arrastraron hasta el laboratorio y me inyectaron la aguja, ya no podía gritar más alto.

Cuando regresamos a ver al doctor Fisher después de sacarme la sangre, fue la primera vez que vi llorar a mi madre. Yo estaba afuera en la sala de espera, pero la puerta de la oficina estaba entreabierta. Pude oír que le temblaba la voz y ver que sus hombros se estremecían. La enfermera cerró la puerta cuando se dió cuenta de que yo estaba mirando, pero ya había visto lo suficiente como para entender que estaba ocurriendo algo grave. Entonces, el doctor Fisher abrió la puerta y me mandó pasar. Me explicó que había azúcar en mi sangre, que la enfermedad se llamaba diabetes y que tenía que cambiar mi manera de comer. Me aseguró que dejaría de orinarme en la cama cuando todo estuviera bajo control —esa era la manera en que mi cuerpo se deshacía del exceso de azúcar en la sangre. Incluso me dijo que él también tenía diabetes, aunque más tarde supe que él tenía la diabetes más común, el tipo 2, mientras que yo tenía la menos común, diabetes juvenil, el tipo 1, en la que el páncreas deja de producir insulina, por lo cual es necesario inyectarse insulina todos los días.

Entonces sacó una botella de refresco del gabinete detrás de él y la destapó. "Pruébala. Es No-Cal, no tiene calorías. Igual que el refresco, pero sin azúcar".

Tomé un sorbo. "*I don't think so*". Pobre doctor Fisher. Mi madre insistía en ser educada, hasta el punto de suavizar una opinión firme, una lección que nunca olvidé. Tener licencia para poder discrepar abiertamente con los demás es uno de los placeres que ofrece el hecho de ser abogada litigante.

"Pero viene en muchos sabores, hasta de chocolate".

Pensé que la situación no tenía sentido. Él está diciendo que no es gran cosa. No comas postre y cambia de refresco. ¿Por qué mi mamá está tan afectada?

De la oficina del doctor Fisher nos fuimos directo a casa de mi abuela. Aunque era por la tarde, Abuelita me metió en su cama y dormí una larga siesta. Cerró las cortinas y me quedé acostada a media luz escuchando cómo la puerta principal seguía abriéndose y la sala se llenaba de voces. Oía a las hermanas de mi padre, Titi Carmen y Titi Gloria. También estaban mi primo Charlie y mi abuelastro Gallego. Abuelita sonaba muy alterada. Hablaba de mi madre como si no estuviera allí y yo no oía la voz de Mami, así que era claro que se había ido.

"Eso corre en las familias, como una maldición".

"De seguro que esta maldición es por parte de Celina, de parte nuestra no es".

Especulaban si mi abuela materna había muerto de esta terrible enfermedad y decían que existía una hierba especial que podía curarla. Abuelita era una experta usando las hierbas como cura. Al menor resfriado o dolor de estómago preparaba infusiones repugnantes que me dejaron por toda la vida con una aversión a todo tipo de té. Ahora confabulaba con mis tías para contarle a su hermano en Puerto Rico su plan. Abuelita le diría dónde encontrar la yerba o mata que tendría que recoger al amanecer, antes de tomar un vuelo de San Juan a Nueva York ese mismo día, para que ella pudiera prepararla al punto máximo de potencia. El hermano de mi abuela cumplió su misión, pero lamentablemente el remedio de Abuelita no fue eficaz y el fracaso de su arte en un caso que la tocaba tan de cerca la perturbó profundamente.

La ansiedad de Abuelita esa tarde era palpable y la conversación acerca de la muerte de mi abuela materna me hizo darme cuenta de lo grave que era la situación. Por primera vez entendía por qué mi madre lloraba y me estremecí. Y me estremecí aún más cuando supe que tenían que hospitalizarme para estabilizar mis niveles de azúcar en la sangre, lo cual no sabía, pero era rutinario en esa época.

EN 1962, cuando fui diagnosticada, el tratamiento para la diabetes juvenil era primitivo comparado con el tratamiento que existe hoy en día, y la expectativa de vida era mucho menor. Sin embargo, el doctor Fisher se las arregló para encontrar el mejor cuidado y atención en la ciudad de Nueva York y, probablemente, en todo el país. Descubrió que la Escuela de Medicina Albert Einstein, líder en la investigación de la diabetes juvenil, tenía una clínica en el Centro Médico Jacobi, un hospital público, que afortunadamente estaba ubicado en el Bronx. La inmensidad del Centro Médico Jacobi era impresionante. En comparación, el Hospital Prospect parecía una casa de muñecas.

Todas las mañanas, a partir de las ocho, me sacaban sangre varias veces para analizarla. Cada hora, usaban la aguja gruesa, precedida por la banda elástica alrededor de mi brazo, y cada media hora me pinchaban un dedo con una lanceta para sacar una muestra más pequeña. Así continuaban hasta el mediodía y al día siguiente repetían todo otra vez. Transcurrieron toda una semana y parte de la siguiente. No grité ni me escapé, pero nunca he olvidado el dolor.

Hicieron otras cosas que, aunque menos dolorosas, parecían extrañas. Conectaron electrodos en mi cabeza. Me llevaron a un salón de clases en el hospital, donde me sentaron al frente de médicos jóvenes que me miraban intensamente mientras un médico de mayor edad daba una conferencia sobre la diabetes, sobre las pruebas que me habían hecho y las que todavía estaban por hacerme. Él recitaba términos como cetonas, acidosis, hipo-esto, híper-aquello, y mucho más que yo no entendía, mientras yo me sentía aterrada como un conejillo de Indias.

Pero más que los procedimientos clínicos, fue mi ausencia escolar por tanto tiempo lo que me alarmó. Sabía que tenía que estar muy enferma para que mi madre lo permitiera. Ella insistía que la escuela era tan importante como el trabajo, y ella nunca faltó al trabajo. Igual de preocupante, durante mi estadía en el hospital, mi madre me traía un regalo casi todos los días: un libro de pintar, crucigramas y hasta un libro de cómics, lo que significaba que estaba haciendo un esfuerzo por complacerme, en lugar de darme lo que ella pensaba que yo necesitaba.

Mi último día en el hospital comenzó nuevamente a las ocho de la mañana con la aguja grande y las lancetas. Me dolía el brazo y los dedos me ardían. Soporté las primeras dos horas, pero justo cuando estaban acomodando los instrumentos para la tortura de las diez en punto, exploté. Después de todos esos días de ser valiente y aguantar, empecé a llorar. Y después de empezar, ya no podía parar. Mi madre debió haberme oído porque entró corriendo y yo volé llorando a sus brazos. "¡Suficiente!" dijo, furiosa como nunca la había visto. Más furiosa que cuando peleaba con mi padre. "Déjenla ya. Se acabó". Lo dijo de una manera que nadie —ni el técnico de laboratorio de pie con la jeringuilla en su mano ni ningún médico del Centro Médico Jacobi— iba a discutirle.

"¿Sabes cuánto poner en la aguja, Sonia?"

"Hasta esta línea".

"Así es. Pero hazlo con cuidado. No puedes poner de menos y no puedes poner de más. Y tienes que tener cuidado de no dejar entrar burbujas en la aguja, Sonia. Eso es peligroso".

"Sé cómo hacer esta parte. Pero no es correcto decir que yo la estoy *poniendo*, Mami. Yo estoy *recibiendo* la inyección".

"Lo que tú digas, Sonia".

"Estoy haciendo ambas cosas".

Y así fue. Aguanté la respiración y me puse la inyección.

Uno

NO HABÍA CUMPLIDO los ocho años cuando me diagnosticaron diabetes. Para mi familia, la enfermedad era una maldición mortal. Yo la veía más como una amenaza al ya frágil mundo de mi infancia, un estado de constante tensión salpicado de explosiva discordia a causa del alcoholismo de mi padre y la correspondiente reacción de mi madre, ya fuera la lucha familiar o la huida emocional. Pero la enfermedad también inspiró en mí una especie de autosuficiencia precoz que no es raro ver en niños que perciben que los adultos a su alrededor no son de fiar.

Podemos sacar provecho de la adversidad, aunque no lo vemos hasta que lo ponemos a prueba. Ya sea una enfermedad grave, penurias económicas o la simple barrera de unos padres con dominio limitado del inglés, las dificultades pueden forjar fortalezas insospechadas. No siempre ocurre así, por supuesto: he visto gente golpeada por la vida que no puede levantarse. Pero yo nunca tuve que enfrentarme a nada que pudiera aniquilar el optimismo innato y la perseverancia tenaz con los que fui bendecida.

De la misma manera, nunca diría que lo he logrado sola —todo lo contrario, en cada etapa de mi vida siempre he sentido que el apoyo de mis seres queridos ha hecho la diferencia decisiva entre el éxito y el fracaso. Y fue así desde el principio. Con todas sus limitaciones y debilidades, las personas que me criaron me amaban e hicieron lo mejor que pudieron. De eso no tengo dudas.

El mundo en el que nací era un diminuto microcosmos latino de la ciudad de Nueva York. La vida de mi familia extendida se circunscribía a unas cuantas calles en el sur del Bronx: mi abuela, la matriarca del clan, sus hijos e hijas, y su segundo esposo, Gallego. Mis compañeros de juego eran mis primos. En la casa, hablábamos español y muchos de mis parientes casi no sabían inglés. Mis padres habían venido a Nueva York desde Puerto Rico en 1944, mi madre con el Cuerpo Femenino del Ejército, mi padre con su familia en busca de trabajo, como otros tantos en una enorme migración de la isla impulsada por la estrechez económica.

Mi hermano, ahora el doctor Juan Luis Sotomayor Jr., M.D., pero para mí siempre Junior, nació tres años después que yo. Me parecía un incordio como solo un hermano menor puede serlo, siguiéndome a todas partes, imitando todos mis gestos, escuchando a escondidas todas las conversaciones. Pensándolo bien, en realidad era un niño tranquilo que no exigía muchas atenciones de nadie. Mi madre siempre decía que comparado conmigo, Junior era como estar de vacaciones. Una vez, cuando todavía era pequeñito, y yo no era mucho mayor, me exasperó tanto que lo llevé al pasillo fuera del apartamento y cerré la puerta. No sé cuánto tiempo tardó mi madre en encontrarlo sentadito donde yo lo había dejado, chupándose el dedo. Pero me acuerdo muy bien de que ese día me dieron una paliza.

Pero eso era solo política interna de familia. Cuando empezó en la Blessed Sacrament School conmigo, yo lo cuidaba en el patio de recreo, y cualquier abusador que pensara meterse con él tenía que vérselas conmigo primero. Si me pegaban por culpa de Junior, después arreglaba cuentas con él, pero nadie aparte de mí le ponía una mano encima.

Para la época en que nació Junior, nos mudamos a un proyecto de vivienda pública recién construido en Soundview, a unos diez minutos de distancia de nuestro antiguo vecindario. Las casas Bronxdale se extendían por tres largas calles de la ciudad: veintiocho edificios, cada uno de siete pisos de alto y ocho apartamentos por piso. Mi madre vio el proyecto como una alternativa más segura, limpia y prometedora que la decrépita casa de vecindad donde vivíamos antes. Abuelita, sin embargo, pensó que nos estábamos aventurando en un territorio lejano y ajeno, el jurutungo viejo* para todo fin práctico. Decía que mi madre nunca debió habernos hecho mudar porque en el viejo vecindario había vida en las calles y la familia estaba cerca; en los proyectos estábamos aislados.

Yo sabía muy bien que estábamos aislados, pero esa situación se debía más al problema de mi padre con el alcohol y la consiguiente vergüenza. Desde que tengo uso de razón, eso coartó nuestras vidas. Casi nunca teníamos visitantes. Mis primos nunca se quedaban en mi casa como yo me quedaba en la de ellos. Ni siquiera Ana, la mejor amiga de mi madre, venía a visitarnos, aunque vivía también en los proyectos, en el edificio en diagonal al nuestro, y nos cuidaba a Junior y a mí después de clases. Siempre íbamos a su casa, nunca al revés.

La única excepción a esta regla era Alfred. Alfred era mi primo —el hijo de Titi Aurora, la hermana de mi madre. Y así como Titi Aurora era mucho mayor que Mami, y más como una madre para ella que una hermana, Alfred, quien me llevaba dieciséis años, actuaba más como un tío conmigo que como un primo. Algunas veces, mi padre le pedía a Alfred que le trajera una botella de la tienda de licores. Dependíamos mucho de Alfred, en parte porque mi padre evitaba conducir. Eso me fastidiaba porque contribuía a nuestro aislamiento. ¿De qué te sirve un carro si nunca lo conduces? No entendí, hasta que fui mayor, que probablemente el motivo era su problema con el alcohol.

Mi padre cocinaba cuando llegaba del trabajo. Era un cocinero excelente y recreaba de memoria cualquier plato que hubiera probado, así como la típica comida puertorriqueña que, sin duda, aprendió en la cocina de Abuelita. Me encantaban, sin excepción, todos los platos que preparaba, hasta el hígado encebollado que Junior odiaba y que él me pasaba cuando Papi viraba la espalda. Pero tan pronto terminábamos de cenar, todavía con los platos en el fregadero, se encerraba en el cuarto. No lo volvíamos a ver hasta que salía a decirnos que nos preparáramos para dormir. Junior y yo pasábamos solos toda la noche, haciendo las tareas y prácticamente nada más. Junior no era muy conversador todavía. Más tarde tuvimos un televisor y eso llenaba los silencios.

---

* Expresión que significa "un lugar lejano" o "el fin del mundo".

Mi madre sobrellevaba la situación evitando estar en casa con mi padre. Trabajaba el turno de noche como enfermera práctica en el Hospital Prospect y muchos fines de semana también. Cuando no estaba trabajando, nos dejaba en casa de Abuelita o a veces en el apartamento de su hermana Aurora, y desaparecía durante horas con otra de mis tías. Aun cuando mi madre y yo compartíamos la cama todas las noches (Junior dormía en el otro cuarto con Papi), ella dormía como un tronco, de espaldas a mí. La falta de atención de mi padre me entristecía, pero entendía de manera intuitiva que él no podía evitarlo; en cambio, la falta de atención de mi madre me enfurecía. Ella era hermosa, siempre vestida con elegancia, aparentemente fuerte y decidida. Fue ella quien nos llevó a vivir a los proyectos. A diferencia de mis tías, ella escogió trabajar. Fue ella quien insistió en que fuéramos a una escuela católica. Quizás injustamente, porque en ese momento no sabía nada de la historia de mi madre, esperaba más de ella.

Con todo lo que se decía en casa, y a toda boca, también se callaba mucho, y en esa atmósfera yo era una niña atenta, siempre buscando señales en los adultos y escuchando sus conversaciones. Mi sentido de seguridad dependía de la información que podía deducir, de cualquier indicio que dejaran escapar cuando no se daban cuenta de que había un niño prestando atención. Mi madre y mis tías se reunían en la cocina de Abuelita a tomar café y a chismear. "¡No molestes! Vete a jugar a la otra habitación", me decía una de las tías ahuyentándome. Pero de todos modos las oía hablar de cómo mi padre había roto la cerradura del mueble-bar de Titi Gloria, arruinando su pieza de mobiliario favorita; de cómo cada vez que Junior y yo nos quedábamos a dormir con nuestros primos, mi padre llamaba cada quince minutos durante toda la noche, preguntando: "¿Les dieron comida? ¿Los bañaron?". Yo sabía que a mis tías y a mi abuela les gustaba exagerar. En realidad no era cada quince minutos, pero es verdad que Papi llamaba mucho, según aquella parte de las conversaciones de mis tías que yo alcanzaba oír, cuando ellas lo contestaban mecánicamente y con impaciencia.

El chisme tomaba entonces un giro familiar, con mi abuela diciendo algo como: "Quizás si Celina estuviera en la casa, él no estaría bebiendo todas las noches. Si esos niños tuvieran una madre que les preparara la comida, Juli no estaría preocupado por ellos toda la noche". Aunque yo adoraba a Abuelita y a nadie le molestaba más que a mí la ausencia de mi madre, no soportaba que estuviera constantemente echándole la culpa. Abuelita era incondicionalmente fiel a los de su sangre. Las esposas de sus hijos no estaban fuera del ámbito de su protección, pero no disfrutaban de la misma inmunidad de juicio. Con frecuencia, los esfuerzos de mi madre por complacer a Abuelita —ya fuera con un regalo generoso o con sus veloces servicios como enfermera— apenas eran agradecidos. Aun siendo la favorita de Abuelita, me sentía desprotegida y a la deriva cuando criticaba a mi madre, a quien yo me esforzaba por entender y perdonar. De hecho, ella y yo tuvimos que esforzarnos muchos años para lograr una reconciliación final.

Mis actividades de vigilancia se convirtieron en leyenda familiar la Navidad que llegó la muñeca *Little Miss Echo*. Había visto el anuncio por televisión de la muñeca con su grabadora escondida y supliqué que me la regalaran. Era la sensación de la temporada y Titi Aurora había buscado por todas partes una tienda que todavía la tuviera. Después de que me la regalaron, envié a mi prima Miriam a la cocina con la muñeca para grabar secretamente la conversación de los adultos, sabiendo que de mí habrían sospechado de inmediato. Pero antes de poder grabar nada, Miriam se rajó y me delató a la primera pregunta, así que de todos modos me dieron una paliza.

Una de las conversaciones que oí por casualidad tuvo un efecto permanente, aunque ahora sólo tengo un recuerdo borroso. Mi padre estaba enfermo, se había desmayado y Mami lo había llevado al hospital. Mis tíos Vitín y Benny vinieron a buscarnos a Junior y a mí, y estaban hablando en el ascensor de cómo nuestra casa era un chiquero, con platos en el fregadero y sin papel sanitario. Hablaban como si no estuviéramos presentes. Cuando me di cuenta de lo que decían, se me revolvió el estómago de vergüenza. Después de eso, todas las noches después de cenar, yo fregaba los platos, hasta las ollas y sartenes. También limpiaba el polvo de la sala una vez a la semana. A pesar de que nadie nos visitaba, la casa siempre estaba limpia. Y cuando iba a hacer compras con Papi los viernes, me aseguraba de comprar papel sanitario. Y leche. Leche en abundancia.

La pelea más grande que tuvieron mis padres fue por la leche. A la hora de cenar, Papi me estaba sirviendo un vaso y le temblaban tanto las manos que derramó la leche por toda la mesa. Yo limpié el desastre, y él volvió a intentarlo con el mismo resultado. "¡Papi, por favor, no lo hagas!", le repetía. Era lo único que podía hacer para evitar llorar; no podía hacer absolutamente nada para detenerlo. "¡Papi, yo no quiero leche!" Pero no se detuvo hasta que vació el cartón. Cuando mi madre llegó del trabajo más tarde y no encontró leche para su café, ardió Troya. Papi fue el que derramó la leche, pero era yo la que se sentía culpable.

Dos

ABUELITA IBA A cocinar para una fiesta y quería que la acompañara a comprar el pollo. Yo era la única que iba con ella al vivero.

Yo amaba a Abuelita totalmente y sin reservas, y su apartamento en Southern Boulevard era un refugio de las tormentas de mis padres en casa. Desde entonces, tengo la convicción de que para crecer bien, todo niño debe tener por lo menos un adulto en su vida que le muestre amor incondicional, respeto y confianza. Para mí, esa persona era Abuelita. Estaba decidida a ser como ella cuando fuera grande, a envejecer sin encanecer, con la misma gracia exuberante. En realidad, no nos parecíamos mucho físicamente: ella tenía los ojos muy oscuros, más que los míos, y un rostro alargado con la nariz perfilada, enmarcado por un cabello largo y lacio —nada que ver con mi nariz regordeta y mi mata de pelo corto y rizado. Pero reconocimos que éramos almas gemelas y disfrutamos un vínculo imposible de explicar, una profunda resonancia emocional que algunas veces parecía telepática. Nuestras personalidades eran tan parecidas que la gente me llamaba Mercedita, lo que para mí era motivo de orgullo.

Nelson, mi primo más cercano en edad y mi inseparable co-conspirador en todas las aventuras, también tenía una conexión especial con Abuelita. Pero ni siquiera Nelson quería ir al vivero con Abuelita los sábados por la mañana debido al mal olor. No sólo los pollos apestaban. Tenían cabritas en corrales, y palomas, patos y conejos en jaulas apiladas contra una larga pared. Las jaulas estaban apiladas tan altas que Abuelita tenía que subir una escalera con ruedas para ver las hileras superiores. Todas las aves cacareaban, cloqueaban, batían las alas, chillaban. Las plumas flotaban en el aire y se pegaban al piso mojado, que resbalaba cuando lo lavaban con manguera, y había pavos que te vigilaban con ojos crueles. Abuelita inspeccionaba todos los pollos hasta encontrar uno rellenito y animado.

"Mira, Sonia, ¿ves aquél de la esquina sentado con los párpados caídos?"

"Parece que se está quedando dormido".

"Eso es mala señal. Pero este otro, ¿ves cómo está listo para pelear con los demás cuando se le acercan? Está gordo y animoso, te aseguro que estará sabroso".

Después de que Abuelita escogía el mejor pollo, mi trabajo consistía en ver cómo lo mataban, mientras ella hacía fila para comprar huevos. En un cuarto cerrado por completo con vidrios, había un hombre rompiendo pescuezos, uno tras otro, y una máquina arrancaba las plumas. Otro hombre limpiaba las aves, y otro las pesaba una a una y las envolvía en papel. La fila se movía rápido, como en una fábrica. Yo tenía que vigilar atentamente que el pollo que habíamos escogido fuera el que recibiéramos al final. Tenía que decirle a Abuelita si se habían equivocado, pero nunca sucedió.

Caminábamos de regreso bajo las sombras entrecruzadas de los rieles elevados a la avenida Westchester hacia Southern Boulevard y a casa —porque sentía que la casa de Abuelita era la mía. Claro que la casa de Abuelita no era una casa propiamente dicha, como sí lo era la casa en la que vivía una de sus hijas, Titi Gloria, en el extremo norte del Bronx, con porche al frente y rosales. Abuelita vivía en un edificio de cinco pisos con tres apartamentos por piso y la fachada serpenteada por una escalera de incendio, como nuestro viejo edificio en la calle Kelly, donde vivíamos antes de mudarnos a los proyectos.

De regreso, Abuelita se paraba a escoger vegetales de los cajones que se alineaban en la acera. En casi todas las comidas freía tostones, así que comprábamos plátanos verdes y también pimientos verdes,

ajíes dulces, cebollas, tomates, recao* y ajo para preparar el sofrito.
Siempre regateaba, y aunque parecía que se quejaba de la calidad y
lo caro que estaba todo, al final terminaba riéndose con el vendedor.
Todavía, después de tantos años, cada vez que veo un mercado abierto
me dan ganas de regatear como aprendí de Abuelita.

"¿Sonia, quieres una china?"

A Abuelita le encantaban las chinas, pero casi todo el año estaban caras, así que solo comprábamos una para compartir y darnos
el gusto, y me pedía que la escogiera. Mi padre me enseñó a escoger
la fruta (cómo saber si estaba madura oliendo su dulzura). Mi padre
también me enseñó a escoger la carne (con suficiente grasa para un
buen sabor) y cómo reconocer si no estaba fresca. Iba a comprar
comida con Papi los viernes, que era el día de cobro. Esos viajes de
compras eran para mí lo mejor de la semana, aparte de mis días con
Abuelita. Papi y yo caminábamos al nuevo Pathmark que construyeron
en el solar vacío cerca de nuestros proyectos y regresábamos a casa con
el carrito lleno. Yo empujaba el carrito mientras Papi llevaba las bolsas
adicionales que no cabían.

Sabía que estábamos llegando a casa de Abuelita cuando veía
la marquesina del teatro en la calle de enfrente, aunque nunca íbamos a ver películas allí por las prostitutas que se paraban en los
alrededores. Cuando mi prima Miriam —la hermana de Nelson e
hija de Titi Carmen— me preguntó qué significaba "prostituta", yo
no estaba segura, pero sabía que era algo malo, que usaban faldas
muy cortas y tacones altos y mucho maquillaje. Averiguamos más
sobre lo que conllevaba esta ocupación en la época en que se puso
de moda ese *look* hacia finales de la década del 60, para profundo
disgusto de nuestras madres. Cuando Titi Gloria nos llevaba al cine,
íbamos al Southern Boulevard, generalmente a ver a Cantinflas, el
brillante comediante mexicano tan hábil con las palabras como
Charlie Chaplin con los gestos.

Nuestro viaje de compras terminaba con una última parada para

---

* Uno de los ingredientes típicamente utilizados para hacer un sofrito; también conocido
como "culantro".

comprar pan y leche en la bodega, a pocas puertas de casa de Abuelita. La bodega, un pequeño colmado*, es el corazón de todo vecindario hispano y una salvación para las zonas que no están cerca del supermercado. En aquel tiempo, el pan que vendían era tan fresco que su tibio aroma inundaba la tienda. Abuelita me daba la tetita, el extremo crujiente, aunque yo sabía que a ella también le gustaba. La bodega siempre estaba llena de la misma gente con su fiesta diaria. Se sentaban en el rincón a leer *El Diario* y discutir las noticias. Algunas veces, uno

de ellos leía el *Daily News* y les explicaba a los demás en español lo que decía. Yo podía adivinar cuándo estaba improvisando o adornando la historia; conocía el sonido de las noticias en inglés. Usualmente sólo leían el *Daily News* para saber el resultado de las carreras de caballos, aunque realmente nunca seguían los caballos. Los últimos tres dígitos de las apuestas totales en la pista eran los números ganadores de la lotería ilegal que jugaban.

Antes de que Abuelita se mudara, cuando vivía en la calle Kelly, había una bodega en la planta baja de su apartamento. A veces me enviaba sola abajo con un billete de un dólar envuelto en una servilleta con números escritos. Tenía que decirle al hombre si ella quería jugar "la exacta" o "la combinada" o cincuenta centavos para cada una. Entre todos sus atributos, mi abuela tenía una suerte extraordinaria. Algunas veces soñaba con los números ganadores. Yo nunca soñé con números, pero heredé la buena suerte para los juegos de azar, me gané algunos peluches, y hasta soy mejor en juegos como el póquer, donde la suerte depende de la habilidad. Algunas veces, Abuelita también veía venir la mala suerte y eso atemorizaba a la familia. Había acertado muchas veces.

Las escaleras al apartamento del tercer piso eran estrechas y oscuras y Abuelita no tenía ascensor como nosotros. Pero en los proyectos, el ascensor era mucho más que una comodidad: Junior y yo teníamos prohibido usar las escaleras, donde una vez asaltaron a mi madre y donde los adictos se inyectaban con regularidad, ensuciando la escena con sus agujas y toda la parafernalia. Todavía escucho a Mami advir-

---

* Pequeña tienda de comestibles.

tiéndonos que nunca, pero nunca, tocáramos esas agujas ni esa basura: si lo hacíamos, de seguro moriríamos.

Con frecuencia Mami y mis tías estaban en casa de Abuelita cuando regresábamos, aglomeradas en la cocina para el café y los chismes. Abuelita se les unía y yo iba con Nelson y los demás primos a asomarnos por la ventana del dormitorio para hacer muecas a los pasajeros que cruzaban como un rayo en el tren elevado que pasaba justo a la altura del apartamento de Abuelita. Gallego se ocupaba de escoger la música bailable para la fiesta. Sus manos temblaban ligeramente por el mal de Parkinson (todavía en sus primeras etapas en ese momento) según organizaba los discos.

Una vez al mes, mi madre y mis tías ayudaban a Abuelita a preparar el sofrito, la base puertorriqueña de vegetales y especias que intensifica el sabor de cualquier plato. La cocina de Abuelita se convertía en una fábrica, con todas las mujeres limpiando, pelando, rebanando y cortando. Llenaban frascos y más frascos, suficiente para preparar las comidas de un mes en cada casa y para las fiestas de los sábados también. Sobre la mesa, esperando su turno en la licuadora, se apilaban los pedazos de pimientos, cebollas y tomates: mi objetivo.

"¡Sonia, saca las manos de ahí!"

"¡Dame eso! ¡Te enfermarás! ¡No puedes comerlo crudo!"

"Ah, sí, claro que puedo".

Heredé el sentido aventurero del gusto de Papi y Abuelita, y todavía disfruto comiendo muchas cosas que los paladares más tímidos no se atreverían a probar.

CUANDO ÍBAMOS A la casa de Abuelita para las fiestas de casi todos los sábados, mi madre hacía el esfuerzo infructuoso de emperifollarme. Mi vestido se arrugaba o se manchaba casi de inmediato y las cintas nunca se quedaban en mi cabello, lo que Abuelita atribuía a los electrodos que los médicos habían aplicado a mi cabeza. Es verdad que mis rizos desaparecieron para esa época, pero mi cabello siempre fue demasiado fino para aguantar lazos. Miriam, por el contrario, siempre parecía una muñeca de princesa en una vitrina, sin importar la ocasión. Me ha tomado muchos años sentirme remotamente bien arreglada y todavía me cuesta esfuerzo.

Tan pronto se abría la puerta, yo salía disparada a los brazos de Abuelita. En cualquier lugar del apartamento que estuviera, yo la encontraba primero.

"¡Sonia, ten cuidado!", decía Mami. "Acabamos de llegar y ya estás hecha un desastre". Y luego, a Abuelita: "Demasiada energía, habla mucho, corre mucho. Lo siento, Mercedes, no sé qué voy a hacer con ella".

"Para, Celina. Deja a la nena. No hay nada de malo con ella, sólo tiene mucha energía". Abuelita siempre estaba de mi lado y Mami siempre estaba disculpándose con Abuelita. Algunas veces yo también quería decirle: "¡Para, Mami!".

Después, yo corría a buscar a Nelson, que siempre estaba acostado en la cama leyendo un cómic mientras me esperaba. Nelson era un genio, y mi mejor amigo además de ser mi primo. Nunca me aburría hablando con él. Él averiguaba cómo funcionaba cualquier cosa y juntos reflexionábamos sobre los misterios del mundo natural, como la gravedad. Estaba dispuesto para cualquier juego que me ingeniara, incluso las justas de caballeros, en las que nos embestíamos a través de la sala, cada uno cargando en hombros a un hermano menor y armados con una escoba o un mapo. Miriam intentó detenernos, pero no pudo evitar que Eddie, su hermano menor, se cayera de los hombros de Nelson y se rompiera una pierna. Cuando los gritos de dolor hicieron correr a mi tía, la culpa recayó sobre mí, como de costumbre, antes de confirmar los hechos: "¡Sonia! ¿Qué hiciste ahora?", otra paliza.

Tío Benny, el padre de Nelson, Miriam y Eddie, había decidido que Nelson se convertiría en médico. Para mí, Tío Benny era el padre ideal. Pasaba tiempo con sus hijos y los llevaba de paseo, que en ocasiones me incluía. Hablaba inglés, lo que quería decir que podía asistir a las reuniones de padres y maestros. Pero lo mejor era que no bebía. Hubiera cambiado de padre con Nelson sin pensarlo dos veces. Lamentablemente, con todo lo brillante que era, Nelson no cumplió con las expectativas de Tío Benny. En cambio a mí me fue bien a pesar de no tener el padre perfecto.

El apartamento de Abuelita era lo suficientemente pequeño como para que los gratos olores de su festín nos alcanzaran en cualquier lugar donde nos acomodáramos para jugar, atrayéndonos como en los muñequitos. Ajo y cebollas llamando, hasta hoy los olores más felices que conozco.

"Mercedes, debes abrir un restaurante".

"No sean tímidos, hay mucha comida".

El juego de dominó no se detenía por la cena. Era algo serio. Había que perder un partido completo y dejarle el puesto a otro antes de pensar en la comida. "¿Tú estás ciego? Benny, ¡la tienes delante de tus ojos!" Gritaban mucho y aparentaban estar furiosos.

"¡Despierta y mira lo que tienes!" Mami respondía. Era buena para eso y llevaba las cuentas de todas las fichas jugadas.

"¡Eh, sin trampas! ¿Cuántas veces vas a toser? ¡Que alguien le dé un trago a este hombre, que se está ahogando!"

"A mí no me mires, yo soy honrado. Mercedes es la que hace trampa".

"¡Yo sé que tú tienes esa ficha, así que juégala!"

"Muy bien, Celina".

Gallego salió del juego protestando. Agarró el güiro* y lo rasgó rítmicamente acompañando la música del disco, como si quisiera que apareciera alguien con una guitarra. Pero en lugar de eso, tarde o temprano alguien levantaba la aguja del tocadiscos, interrumpiendo a *Los Panchos* a mitad de canción. Las voces en la sala se apagaban con un "shhh" y todos los ojos se volteaban a mirar a Abuelita, que descansaba en el sofá luego de haber limpiado y jugado una partida de dominó. Cuando la música se detenía, era el aviso para que los que estaban en la cocina se arremolinaran a la entrada de la sala. Nelson y yo gateábamos debajo de la mesa hasta encontrar un buen lugar donde poder ver. Era la hora de la poesía.

Abuelita se pone de pie, cierra los ojos y respira profundo. Cuando los abre y comienza a declamar, su voz es diferente: más profunda y vibrante, hasta el punto que te hace contener el aliento para escucharla.

---

* Instrumento musical de percusión usado frecuentemente en la música latina.

Por fin, corazón, por fin,
alienta con la esperanza…

Yo no entendía las palabras exactas, pero eso no importaba. La emoción del poema se transmitía en la voz musical de Abuelita y en la mirada de añoranza lejana en los rostros de los oyentes.

Su larga cabellera está recogida con sencillez y su vestido es sobrio, pero para mí está más glamorosa que cualquiera que trate de impresionar. Ahora extiende los brazos y su falda ondea cuando ella gira, tratando de alcanzar el horizonte. Casi puedes ver las verdes montañas, el mar y el cielo extendiéndose, el mundo entero naciendo cuando levanta la mano. Cuando la voltea, los dedos se abren como una flor al sol.

…y va la tierra brotando
como Venus de la espuma.

Miro alrededor. Tiene a todos cautivados. Titi Carmen se enjuga una lágrima.

Para poder conocerla
es preciso compararla,
de lejos en sueños verla;
y para saber quererla
es necesario dejarla.

¡Oh!, no envidie tu belleza,
de otra inmensa población
el poder y la riqueza,
que allí vive la cabeza,
y aquí vive el corazón.

Y si vivir es sentir,
y si vivir es pensar…

Los poemas que Abuelita y su público adoraban estaban con frecuencia enmarcados en la nostalgia y bañados con matices de atardeceres prometedores que ocultaban la pobreza, la enfermedad y los desastres naturales que habían dejado atrás. No es que sus anhelos fueran infundados. Como dice el poeta: *"Para poder conocerla es preciso de lejos en sueños verla. Para saber quererla, es necesario dejarla"*. Aun aquéllos que pertenecen a las siguientes generaciones que nacieron aquí, que se han asentado decididamente en una existencia continental y raras veces tienen motivos para visitar la isla —aun nosotros tenemos un rincón en nuestros corazones donde persiste esa nostalgia. Solo se necesita un poema o una canción como *En mi viejo San Juan* para despertarla.

Las fiestas siempre terminaban tarde. Había que alimentar a los rezagados. Charlie y Tony, los hijos de Titi Gloria, podían pasar después de sus salidas de sábado por la noche. La mayoría de los demás se despedía y se iba a su casa, como Tío Vitín y Titi Judy, que generalmente se iban cargando a sus hijas, mis primas Elaine y Lillian, ya en el quinto sueño, languideciendo sobre sus hombros.

Pero para los que se quedaban, lo que venía después era el punto culminante de la noche. La *velada* era algo de lo que nadie hablaba; los adultos cambiaban el tema de manera casual si un niño preguntaba algo. Se limpiaba la mesa de la cocina y se movía a la sala. Un par de vecinos del piso de abajo se unían calladamente a la fiesta. Mi madre y Titi Gloria se iban a la cocina. Mami pensaba que todo ese asunto era una tontería y no quería participar. Titi Gloria, por su parte, le temía a los espíritus.

Los niños que quedábamos —Nelson, Miriam, Eddie, Junior y yo— teníamos que retirarnos y nos mandaban a dormir a la habitación. Sabíamos que nada pasaría hasta que los adultos pensaran que estábamos dormidos y no jugaban con eso. De alguna manera subestimaron el poder de mi curiosidad o la facilidad con la que podía imponer mi voluntad sobre los demás niños. Todos nos acostábamos en la cama en silencio vigilante, sin movernos, esperando.

La luz que entraba de la calle y a través de las cortinas se reflejaba lo suficiente en las puertas vidriadas que separaban el dormitorio de la sala para que la atmósfera fuera acogedora o aterradora, dependiendo del ánimo. Podía oír el agonizante ruido del tren que pasaba.

Por el sonido de sus respiraciones, sabía que Junior y Eddie ya se habían ido del aire*.

Mientras estábamos allí acostados, ensayaba en mi mente lo que nos había contado Charlie: cómo Abuelita y Gallego invocaban a los espíritus para hacerles preguntas; que no eran malos, pero sí poderosos, y que tenías que desarrollar tus propios poderes si querías su ayuda; que la guía espiritual de Abuelita se llamaba Madamita Sandorí y hablaba con acento jamaiquino. De solo contarlo, se le salían los ojos. Charlie y Tony tenían la edad de Alfred, una generación intermedia mucho mayor que el resto de los primos. Charlie ya era suficientemente adulto para que lo dejaran sentarse a la mesa para la velada. Gallego, que era un espiritista tan diestro como Abuelita, quería enseñarle a Charlie, pero Charlie no quería esa responsabilidad. Una cosa era tener el don y otra muy distinta era dedicarse y estudiarlo.

Aunque pareciera extraño, los informes de Charlie sobre lo sobrenatural tenían sentido. No eran como las historias increíbles de Alfred sobre los fantasmas de jíbaros muertos montando a caballo cerca de San Germán, cuyo único propósito era asustarnos. Yo sabía que Abuelita usaba su magia para hacer el bien. La usaba para sanar y proteger a sus seres queridos. Por supuesto, yo entendía que una persona con el talento para comunicarse con el mundo espiritual podía usarlo para fines siniestros, como la brujería. En el mismo edificio de Abuelita, uno de los vecinos tenía fama de echar maldiciones a la gente. Me prohibieron acercarme a su puerta so pena de recibir una paliza, algo que Abuelita nunca había hecho, así que sabía que hablaba en serio.

Finalmente, sonó suavemente la campanita. Esa era la señal. Nelson, Miriam y yo saltamos de la cama y nos asomamos sigilosamente por las puertas vidriadas. Pegamos las narices a los cristales curioseando por las diminutas rendijas en el borde de las cortinas estiradas y sujetadas sobre el cristal. Sólo podía ver el respaldo de las sillas, la parte de atrás de las cabezas, los hombros encorvados a la luz de las velas en un círculo hermético alrededor de la mesa. La campana volvió a sonar, pero salvo esa nota clara, era imposible descifrar otros sonidos a través de la puerta.

---

* Expresión que significa "estar profundamente dormido".

Abrí con cuidado la puerta solo una rendija y nos apiñamos para escuchar. Era bueno estar juntos, por si acaso. Gallego siempre era el primero en hablar, pero no con su voz habitual. No sonaba como español, pero tampoco era inglés. Se oía como alguien masticando y tragando las palabras. Ahogándose con ellas. Entonces, la voz que salía de Gallego gimió más alto hasta que se movió la mesa, como si se elevara del piso, avisando la llegada de los espíritus. Miriam, temblando, corrió a meterse de nuevo en la cama. Yo no iba a darme por vencida tan rápido. Pero por más que trataba, no podía descifrar las palabras distorsionadas. Cuando nos cansamos de intentarlo, Nelson y yo le hicimos compañía a Miriam en la cama. Nelson se tapó hasta la cabeza con la manta y susurró simulando exasperación: "¿Cómo se supone que durmamos con una casa llena de espíritus?". Todos nos quedamos quietos por un momento. Entonces, Nelson fingió roncar suavemente y Miriam y yo empezamos a reírnos.

SALVO MIS PRIMEROS recuerdos, cuando todavía vivíamos en la calle Kelly en el mismo edificio que Abuelita, mi padre casi nunca asistía a las fiestas. Era mejor así. En las contadas ocasiones que iba —Día de las Madres o Acción de Gracias— yo me ponía nerviosa, vigilando y esperando las inevitables señales de problema. Aun en medio del caos más loco que Nelson y yo pudiéramos tramar, aun clavándole el diente al irresistible pollo crujiente de Abuelita, aun cuando todos los demás estuvieran enfrascados en la música y las carcajadas, yo vigilaba a mi padre de reojo. Empezaba de manera casi imperceptible. Sus dedos se encrespaban como garras. Su cara se iba frunciendo gradualmente, al principio solo un poco, hasta irse paralizando en una mueca desencajada.

Por lo general, yo notaba antes que mi madre las primeras señales, y durante un intervalo agonizante los observaba a ambos, esperando que ella se diera cuenta. Tan pronto lo hacía, venían las palabras fuertes. Era el momento de irse a la casa, antes de que él ya no pudiera caminar. Yo no tenía un nombre para lo que ocurría, no entendía lo que era la neuropatía alcohólica. Yo sólo sabía que veía a mi padre alejarse de nosotros, para desaparecer detrás de esa máscara deforme.

Era como estar atrapado en una película de terror, con todo y el caminar torpe de Frankenstein al salir, y la certeza amenazante de que se oirían los gritos al llegar a casa.

Los mejores momentos se daban cuando no tenía que regresar a la casa. La mayoría de los sábados me quedaba a dormir en casa de Abuelita. Cuando había fiesta, Mami se llevaba a Junior a la casa; Tío Benny y Titi Carmen se las arreglaban de alguna manera para que Nelson, Miriam y Eddie llegaran a la casa para dormir en sus camas.

Cuando me despertaba por la mañana, tenía a Abuelita para mí sola. Se paraba frente a la estufa con la bata que siempre usaba como delantal, los bolsillos llenos de cigarrillos y pañuelos de papel, a preparar los *pancakes* gruesos y esponjosos que sabía que me encantaban. Esas mañanas eran la gloria. Cuando Mami venía a buscarme más tarde, le daba un beso de despedida a Abuelita. "Bendición, Abuelita". Ella me abrazaba y decía sin falta cada vez que nos íbamos: "Que Dios te bendiga, te favorezca y te libre de todo mal y peligro". Con sólo escucharla decirlo, ya se hacía realidad.

Tres

ON LA EXCEPCIÓN de mi primo Nelson, que estaba en una categoría aparte, Gilmar fue mi mejor amigo en la escuela primaria. A decir verdad, era mi único amigo verdadero, además de mi primo. Él también vivía en los proyectos Bronxdale, en el edificio enfrente del nuestro, y jugábamos afuera juntos casi todos los días.

Estábamos recostados en las tuberías de concreto al lado del parque de juegos que se encontraba lejos de casa, nuestro escondite favorito, cuando me dio la noticia. Sus padres —Gilbert y Margaret, de cuyos nombres compusieron el suyo— habían decidido mudarse a California. Me dijo que había palmas en California y que siempre estaba soleado. Yo había visto palmas cuando visité Puerto Rico, pero aparte de eso no me imaginaba cómo era California. Sin embargo, podía imaginar cómo se sentía Gilmar al tener que irse: dejar de ver nuestro rincón del mundo y toda la gente que lo habitaba, quizás para siempre.

"Gilmar, tienes que despedirte de todo el mundo. ¡Todo el mundo! Vamos, yo te acompaño".

El recorrido de la despedida al que acompañé a Gilmar ese día fue una fotografía de nuestra vida en los proyectos. Pops fue el primero en el que ambos pensamos. Salimos gateando de la tubería y corrimos hasta el camión gris que mantenía estacionado en la vía de acceso de Bruckner Boulevard. Todos los días, cuando mi padre regresaba del trabajo nos daba un centavo a cada uno y corríamos al camión de Pops a comprar dulces. Los viernes nos daban un *dime*, porque era el día de cobro.

Pops se sorprendió al vernos ese día tan temprano. Gilmar le explicó que se mudaba a California. Pops dijo que lamentaba que Gilmar se fuera y le dio la mano. Entonces, nos dejó escoger un dulce a cada uno y dijo que no teníamos que pagar.

De ahí fuimos al edificio de Louie y tocamos a la puerta. Louie vivía con su abuela porque sus padres habían muerto en un accidente de tránsito. Era una historia que sólo había escuchado susurrar a los vecinos, pero parecía confirmarla el hecho de que su abuela siempre vistiera de negro. Ella era judía. Yo suponía que, al igual que nosotros, ellos acostumbraban a vestirse de negro en señal de luto por la muerte de un ser querido. Louie asistía a la escuela hebrea y no jugaba mucho con los demás niños de los proyectos, pero Gilmar y yo jugábamos con él porque me caía bien su abuela. Ella nos invitó a pasar ese día, pero sólo nos quedamos un minuto, porque teníamos que despedirnos de otra abuela que vivía en el edificio de al lado.

La señora Beverly también vivía con un nieto, en su caso porque la madre del niño tenía problemas. Quizás había algo malo con Jimmy también; era difícil de saber. Tal vez sólo era diferente, o un poco lento. De cualquier modo, para mí era claro que él era mucho más que la típica carga con la que una anciana puede lidiar, y eso me hacía ver a la señora Beverly con un aura heroica, en especial porque además trabajaba en una oficina. Algunas veces mi madre y yo nos encontrábamos con ella en la calle y nos parábamos a charlar. Ella siempre llevaba un abrigo de piel, aunque no hiciera mucho frío, y yo pensaba que era muy elegante. Mami me explicó que probablemente ese abrigo era lo único valioso que tenía y por eso era tan importante para ella. Yo me daba cuenta de que para ella era un placer usarlo.

La señora Beverly no esperaba vernos a Gilmar y a mí frente a su puerta, y cuando le explicamos lo de California y nos despedimos, casi lloró. Siempre he pensado que las abuelas que cuidan a los niños son especiales.

En el edificio en diagonal al nuestro estaba Ana, la mejor amiga de mi madre, que nos cuidaba a Junior y a mí después de clases, hasta que Papi llegaba a casa. El esposo de Ana, Moncho, y su hija Chiqui estaban en la casa. Junior estaba allí también. Eso no era sorpresa. Él adoraba a Moncho y lo seguía a todas partes, hasta para sacar la basura. Ana decía que Junior era el rabo de conejo de Moncho. Irma y Gilbert, los vecinos del lado de Ana, oyeron el bullicio y vinieron a averiguar de qué se estaba perdiendo. La despedida de Gilmar se convirtió en una fiesta para todos.

Después, decidimos cruzar a Blessed Sacrament para decirles adiós a las monjas. Junior quería acompañarnos, pero Moncho le pidió que se quedara a ayudarlo a cocinar un pulpo que tenía en un cubo. Nos lo enseñó, con todos los tentáculos babosos y las ventosas. Junior tenía los ojos desorbitados y la boca abierta: "Mami nunca cocina *eso*". Moncho era marino mercante, les traía a sus hijos recuerdos exóticos de tierras lejanas. Me imagino que sabía todo sobre las profundidades del océano, así como cocinar cosas de las que ni siquiera habíamos oído hablar. Sin duda, sabía cómo mantener ocupado a Junior, y nosotros continuamos nuestro recorrido de despedida libre de gravámenes.

Cuando llegamos a Blessed Sacrament, el patio estaba vacío y en silencio, abandonado por las vacaciones de verano, pero la puerta de la oficina estaba abierta. Sor Marita Joseph y sor Elizabeth Regina levantaron la vista.

"Hola, Sonia. Hola, Gilmar. ¿Está todo bien? ¿Qué los trae por aquí un sábado?" Sor Marita Joseph se veía preocupada. Cuando Gilmar les explicó que se mudaba a California y estaba despidiéndose de todos, ellas me preguntaron: "¿Y tú, Sonia? ¿Estás acompañando a Gilmar a despedirse?". Yo sólo asentí. Era una habladora compulsiva en la casa, pero en la escuela hablaba sólo cuando me hablaban. "Eso es poco común", me dijo una de ellas, mirándome raro. Pensé que le parecía bien, pero no estaba ciento por ciento segura. ¿Qué tenía de raro acompañar a un amigo? Prácticamente fue idea mía, aun cuando era Gilmar quien se iba.

Sor Elizabeth era nuestra maestra ese año. Lo mejor que puedo decir del tercer grado es que era más o menos un estado de pánico continuo. Aunque intentara pasar inadvertida, los problemas siempre me alcanzaban. En Navidad, por ejemplo, todos los estudiantes llevaban regalos a sus maestras. Ese año, mi padre escogió el regalo mío para sor Elizabeth. Él no había ido a la escuela ni una sola vez, nunca la había conocido, pero escogió el regalo, que me entregó con mucho orgullo en una caja alargada, envuelta por él en papel de regalo. Ni siquiera me dijo lo que era.

Sor Elizabeth abrió sus regalos al frente de la clase —había jabones, dulces, un libro de oraciones con cremallera, una caja de papel fino para cartas y el regalo de Papi. Lo que había dentro de la caja era una regla. Pero no era una regla común y corriente de madera o de plástico, sino una regla construida de alguna aleación de metal indestructible, sin lugar a dudas inventada para fabricar cohetes espaciales o cajas fuertes (la regla del futuro, probablemente diseñada en la fábrica donde Papi trabajaba).

Sólo verla era como recibir un puño en el estómago, y efectivamente recibí varios en el receso, como había anticipado por las miradas cortantes que me clavaron todos mis compañeros de clase. Por más que me declaré ignorante no tuvieron misericordia, y lloré todo el camino a casa. Afortunadamente, el odio fue sucumbiendo porque la regla no volvió a aparecer, ni para medir ni para castigar. Sor Elizabeth también tenía su lado misericordioso.

La disciplina era lo que hacía la escuela católica una buena inversión ante los ojos de mi madre, merecedora de la pesada carga de los gastos de matrícula. Las escuelas públicas del Bronx en la década del 60 no tenían los serios problemas que surgieron después, pero tenían que luchar con la segregación *de facto* y la falta crónica de fondos, y ofrecían un entorno relativamente rudo comparado con la alternativa parroquial. No obstante, ninguno de mis tíos o tías optaron por el sacrificio de enviar a mis primos a escuelas católicas.

Para las monjas de toca negra a cargo de los salones en los que se reunían cuarenta o cincuenta niños, la disciplina en mi escuela era prácticamente el octavo sacramento. Podía tratarse de copiar una oración en mi torpe letra cursiva sin importar cuántas veces fuera necesario repetirla hasta que cada curva fuera perfecta, o someterse ante bofetadas y golpes por alguna infracción. Con frecuencia me hervía la sangre por los castigos físicos —los propios o los ajenos— particularmente cuando parecían desproporcionados al delito. Aceptaba lo que las hermanas enseñaban en la clase de religión: que Dios es amor, misericordia, caridad, perdón. Ese mensaje no encajaba con los adultos golpeando a niños. Recuerdo haber observado cómo la hermana seguía abofeteando a un niño que interrumpió la clase aun después de que le corría sangre por la barbilla como resultado de los *braces*. Muchos de mis compañeros de clase tienen recuerdos más felices de Blessed Sacrament, y, con el tiempo, encontraría satisfacción en el salón de clases. Sin embargo, durante mis primeros años allí recibí muy poco afecto. En parte, se debía a que las monjas criticaban a las madres que trabajaban, y los niños que se quedaban solos en casa sentían su desaprobación. Lo irónico era que mi madre no habría tenido que trabajar tantas horas si no hubiera sido para pagar la educación que ella consideraba clave para cualquier aspiración a una vida mejor.

CUANDO TERMINAMOS DE despedirnos de toda la gente que se nos ocurrió, Gilmar y yo regresamos a despedirnos del tubo de concreto y a decirnos adiós entre nosotros. Tirados dentro, solo veíamos un círculo de cielo brillante. Nuestras voces rebotaban en el vacío del concreto. Gritábamos y alargábamos las palabras alto y fuerte para conseguir un eco realmente bueno:

"¡Adiós, Gilmar!"

"¡Adiós, Sonia!"

"¡Te voy a extrañar!"

"¡Escríbeme!"

"¡Tú también!"

"¿Desde las palmas?"

"¡Desde las palmas!"

Yo no conocí California hasta mi segundo verano en la escuela de derecho. Recuerdo ir conduciendo por las autopistas viendo las palmas y pensando en Gilmar, entre otros amigos con los que he perdido el contacto y que quizás nunca sepan los recuerdos que han dejado en mi memoria.

Cuatro

"ÉSTA ES MI madre, Sonia, tu bisabuela", dijo Abuelita. "Dale un beso". La mejilla que era mi objetivo estaba arrugada y translúcida, tan frágil que me daba miedo lastimarla con mis labios. Sus ojos estaban en blanco. Cuando me incliné a besarla, parecía que se alejaba, pero era el sillón que cedía con mi peso. No hubo ni chispa de curiosidad o conciencia. No sé qué me perturbó más, si esa ausencia que no me daba ningún indicio de cómo relacionarme con ella o la sombra de los rasgos de Abuelita que veía inanimados en el rostro de su madre.

Bisabuela Ciriata tenía noventa y tantos años, pero para mí se veía como de doscientos. Su mecedora de madera tallada y mimbre se balanceaba entre este mundo y otro más allá de la imaginación, despidiendo olor a talco y té medicinal, auras de santos bordeados de encaje cuyos ojos miraban a un cielo cuya cercanía resultaba incómoda.

Estábamos en una zona de San Juan llamada Santurce. Abuelita conversaba con sus hermanas y hermanos mientras yo jugaba en el balcón o en jardines medio escondidos. Eran como diez en total, ella decía (Diezilita, Piatrina, Angelina, Eloy...), pero yo había perdido la cuenta y ya no sabía si eran hermanos, hermanas, primos, tíos o tías. Estábamos en la ciudad, pero parecía a punto de disolverse en la naturaleza. Las enredaderas trepaban como serpientes por las rejas y los balaustres. Los pollos escarbaban bajo los arbustos de amapolas y la flor de canario amarillo brillante. Contemplaba cómo la lluvia del atardecer caía formando una cortina alrededor del balcón, creando charcos de barro abajo en la calle, golpeando los techos acanalados y las paredes de madera hasta que Abuelita me llamó adentro para disfrutar de una merienda, quizás un tembleque (un postre gelatinoso de leche de coco y leche condensada) o frutas que nunca había visto en Nueva York (guayabas con perfume penetrante; quenepas con semillas tan grandes como uvas y una fina capa de pulpa ligera como una pluma, que fruncía la boca al chuparla; mangós que se deshacían de dulzura como nunca he probado en casa). De noche, dormía con Abuelita en una habitación repleta de hermanas y primas, y los mosquiteros transformaban nuestra cama en un acogedor escondite entre nubes de chifón. El ruido del tránsito cedía el paso al rítmico triquitraque del ventilador de techo, y los coquíes —esas ranitas musicales que son el símbolo de la isla— cantaban en las sombras hasta que me quedaba dormida.

En mis primeros viajes a Puerto Rico, cuando era pequeña —incluso el primero, cuando apenas empezaba a andar— éramos solo Abuelita y yo. Mi madre estaba decidida a no regresar jamás a la isla, pero luego cambió de idea. Algunas de las mejores vacaciones de verano que recuerdo son los viajes a Mayagüez con mi madre y Junior para visitar a su familia.

Viajar con Mami a Puerto Rico era como estar al lado de Rip van Winkle el día en que despertó. Siempre tenía una expresión de constante asombro: todo la sorprendía por la manera en que había cambiado, salvo las cosas que la sorprendían justamente porque eran como las recordaba.

Apenas salíamos del aeropuerto, nos parábamos en los puestos de comida a lo largo de la carretera, uniéndonos al mar de gente que regresaba y no podía dejar pasar un minuto más sin probar los primeros sabores del hogar. Los cocos eran grandes y verdes, no como los peludos y resecos de color marrón en las cajas de las aceras del Bronx. Los agitábamos y auscultábamos hasta encontrar uno con mucha agua gorgoteando adentro. El vendedor cortaba la parte de arriba con un solo golpe de su largo machete y le colocaba un sorbeto en el agujero. Bebíamos a sorbos el néctar dulzón y veíamos pasar los carros por la carretera mientras yo escuchaba a mi primo Papo y a

Titi Aurora, la hermana mayor de mi madre, poner al día a mi madre sobre todas las noticias que necesitaba saber antes de ver al resto de la familia: quién se había casado con quién, quién había tenido un bebé de quién, quién estaba enfermo… Aunque Titi Aurora vivía en Nueva York, iba mucho a Puerto Rico a visitar amistades y resolver problemas familiares. Antes de que ella terminara de dar su informe, yo le llevaba el coco vacío al vendedor del machete para que lo cortara a la mitad y usaba el pedacito que había cortado antes de la parte de arriba como cuchara para saborear la pulpa, que para mí era la mejor parte.

Otro día, mi madre paró a un perfecto extraño con su vaca en un campo al lado de la carretera y le pidió un vaso de leche. Él la miró como diciendo: "Americana loca". En esa época ya en Puerto Rico la gente tomaba leche pasteurizada, no directamente de la vaca. Pero los recuerdos de las viejas costumbres deben haberla abrumado. Me ofreció el jarrito de hojalata, pero yo no lo toqué. Sólo la contemplé mientras tomaba la leche, su rostro iluminado por una expresión de éxtasis celestial.

EN MAYAGÜEZ, GENERALMENTE nos quedábamos en casa de Titi María. Ella fue la primera esposa de Tío Mayo, el hermano mayor de mi madre. Titi María ayudó a cuidar a mi madre cuando ésta era pequeña y su vínculo familiar duró más que el matrimonio. Mi madre también se llevaba bien con las familias posteriores de Tío Mayo —ella tiene el talento de no tomar partido, algo muy útil en una complicada familia extendida. Es un atributo que he adoptado, tratando de no perder el contacto con primos y primos segundos cuyos padres se han separado o divorciado. Charlamos con todos. Había parientes de los que ni siquiera había oído hablar antes; mi madre estaba decidida a presentarnos a Junior y a mí a cada uno de ellos mientras tomaban café. Al principio, la gente se reía porque nuestro español era torpe y limitado, pero después de unos cuantos días, me decían que había mejorado y la gente me felicitaba por ello. Junior habría mejorado también si hubiera abierto la boca para decir algo de vez en cuando. Me tomó años comprender lo difícil que debe haber sido para él estar siempre acompañado de dos mujeres conversadoras y de voluntad férrea.

En la casa de Titi María, mi primo Papo siempre preparaba una bienvenida especial. Debajo del fregadero me esperaban dos bolsas llenas de mangós que él recogía debajo de los árboles en el monte antes de nuestra llegada. Me pasaba el día comiéndolos, a pesar de las continuas advertencias de que me enfermaría. Ahora que lo pienso, sospecho que yo estaba recibiendo una dosis de insulina mayor de la necesaria —algo que no era raro entre los diabéticos juveniles en esa época—, lo que hacía que pudiera manejar bien el azúcar adicional. De todos modos, yo odiaba la sensación de letargo que me daba el tener alto el nivel de azúcar en la sangre y no necesitaba que me lo recordaran. Tendría que comer menos de otra cosa, pero saciaba mi antojo de comer mangós.

A la hora del almuerzo, toda la familia venía del trabajo y Titi María preparaba una gran comida para todos sus hijos —mis primos adultos— y algunos de los hijos de los demás también. Aun los que vivían en otros lugares venían a menudo para saborear esa comida. Después de almorzar nos recogíamos para una siesta. Yo leía —no era fácil quedarme dormida—, pero adoraba esos momentos cuando todos estaban reunidos en el hogar y conectados en silencio.

Papo tenía un empleo diseñando vitrinas para varias tiendas grandes de la isla. Él aseguraba ser la primera persona que hacía este trabajo como diseñador profesional en Puerto Rico y viajaba a menudo a Nueva York para recopilar ideas. Charo era maestra de secundaria. Minita era secretaria ejecutiva sénior en el periódico El Mundo. Evita trabajaba en una oficina del gobierno. Para mí estaba claro aun entonces que la gente que conocía en la isla tenía mejores empleos que los puertorriqueños que conocía en Nueva York. Cuando caminaba por las calles de Mayagüez, me llenaba de emoción y orgullo leer los letreros encima de las puertas de los médicos, abogados y otros profesionales que eran puertorriqueños. Era algo que no se veía con frecuencia en Nueva York. En el hospital donde trabajaba mi madre, había enfermeras puertorriqueñas, pero solamente uno de los médicos era puertorriqueño. En las tiendas y negocios grandes del Bronx había trabajadores puertorriqueños, pero muy pocos gerentes o dueños.

La panadería de Tío Mayo era mi lugar favorito. La llamaban panadería, pero era mucho más una repostería. Tío Mayo comenzaba a hornear los panecillos y las hogazas de pan cuando todavía estaba oscuro afuera, y se conservaban calientes en una vitrina especial con una lámpara de calor. Había vitrinas llenas de bizcochos y pastelillos rellenos de crema, queso hecho en casa y mermelada de guayaba. La entonces esposa de mi tío, Titi Elisa, también se levantaba temprano para preparar almuerzos y meriendas a los trabajadores que cosían en la fábrica al cruzar la calle. Ella freía pollo, asaba cerdo, preparaba guisos, empanadas de carne y calderos de arroz y ollas de habichuelas. Los olores de sus guisos mezclados con el aroma de levadura del pan, y el café, y toda la increíble nube de sabores se extendía por toda la calle y subía por los balcones.

Cuando al mediodía sonaba el silbato de la fábrica, en pocos minutos se llenaba la panadería. Yo ayudaba a servir. Me encantaba el reto de la hora más ajetreada del almuerzo. Sabía el precio de todos los artículos y sabía cómo dar el cambio —estaba descubriendo que tenía habilidad con los números, algo que heredé de Papi— y Titi Elisa me dejaba operar la caja registradora cuando mi tío no estaba cerca. Aunque él me había visto en acción, no podía creerlo. No se sentía cómodo con la idea de una niña manejando dinero.

Cuando no estaba ocupada ayudando en el negocio, salía a jugar con mi primo Tito en el callejón detrás de la panadería, recreando escenas de *Los Tres Chiflados**. Tito era Moe y yo era Curly. Generalmente convencíamos a Junior o a alguien más de ser Larry, pero solo Tito y yo conocíamos todos los movimientos y los efectos de sonido correctos: un tañido para fingir que nos sacábamos un ojo, un crujido para torceduras de oreja y el "¡Ñie! ¡Ñie! ¡Ñie!" que servía para todo.

Antes de irse de Puerto Rico, mi madre vivió en Lajas y en San Germán, y había visto muy poco de la isla aparte de los vecindarios de su niñez. Estaba ansiosa por mostrarnos lugares de los que había oído hablar pero nunca había visitado. Fuimos a la playa de Luquillo. No se

---

* Programa *The Three Stooges*.

parecía en nada a la playa Orchard del Bronx, que era la única playa que yo conocía. No había tapones en Puerto Rico, no había que viajar como sardinas en lata varias horas en un carro caliente para llegar allí, no había arena sucia, no había que hacer fila para ir al baño. El progreso ha cambiado la isla desde mi infancia y ahora hay tapones, pero el agua todavía es tibia y transparente y la arena es de un blanco perfecto. Cuando miras dentro del agua, puedes ver el fondo, y el azul del mar se extiende hasta encontrarse con el azul del cielo.

El parque de Bombas de Ponce me fascinó, una fantasía de franjas rojas y negras que sigues viendo aún después de cerrar los ojos. El camión de incendios parecía un gigantesco juguete con su campana *ding-dong*, yo no podía imaginarlo en acción. ¿Cómo apagaron alguna vez un incendio de verdad? "Mi'ja," dijo Mami, "esas casitas de madera se quemaron de todas maneras. Pero hicieron lo mejor que pudieron". Ella decía eso sobre muchas cosas: Hicieron lo mejor que pudieron.

De todos los lugares de interés, el Museo de Arte de Ponce dejó la impresión más profunda. Nunca antes había visitado un museo. El edificio es precioso y me pareció en ese momento tan majestuoso como un castillo, con esa escalera que lo abraza con sus dos alas formando un círculo. Era tan majestuoso que tuve que correr escaleras arriba y abajo para saber lo que se sentía. Y me sentí horrible cuando el guardia me gritó. Así que caminé despacio y miré las pinturas una a una.

Descubrí que los retratos eran cuadros para los que antiguamente alguien posaba de pie o sentado, vistiendo ropas extravagantes y mirando fijamente con mucha seriedad. Me preguntaba quiénes serían. ¿Por qué un artista escogería *a esas personas* para sus pinturas? ¿Cuánto trabajo costaría pintarlas? ¿Cuánto tiempo tendrían que estar ahí sin moverse? Otros cuadros eran como cuentos, aunque no conocía cuál era la historia. ¿Por qué ella le cortó la cabeza a él? Me daba cuenta de que esa paloma no era una paloma común y corriente que sólo pasaba por allí. Sabía que tenía un significado aun cuando no conocía cuál era. Cuando me cansé de no entender los cuentos, noté otras cosas. A veces se veían las pinceladas y el espesor de la pintura; otras veces era suave, sin textura. A veces los objetos en la distancia eran más pequeños y se sentía que podías alcanzarlos; otras veces era plano como un mapa. Me preguntaba: *¿Se supone* que me fije en estas cosas? Me daba cuenta de que había mucho más de lo que podía describir o entender.

¿Es extraño que un niño tenga consciencia de los mecanismos de su mente? Recuerdo con claridad muchos de esos momentos, con frecuencia reconociendo algo que no sabía, una conciencia de una brecha en mis conocimientos. Durante años en la sala de Abuelita estuvo colgada una reproducción enmarcada de un cuadro que me hipnotizaba. Quién sabe cómo llegó allí, pero era una escena, supongo en retrospección, de la Revolución Francesa, una amplia escalera iba desde una plaza pública a una mansión, con un balcón donde había un grupo de personas, incluyendo una mujer —¿María Antonieta?— con un vestido azul pálido y un imponente peinado. En la calle de abajo, muchas personas se acercaban, mal vestidas, pero mis ojos se dirigían a un anciano en los escalones inferiores, andrajoso, recostado con una sola pierna sobre un bastón, de espaldas al espectador. Yo no conocía la historia, el trasfondo político y social que inspiró la pintura, pero entendía que de alguna manera el artista pretendía enviar un mensaje al colocar a este hombre en el punto focal. Pasaba mucho tiempo preguntándome quién sería y tratando de imaginar su rostro. Pero eso era lo más lejos que podía llegar.

"SONIA, VAMOS A visitar a tu abuelo. Mi padre". Eso captó mi atención. Mi madre ni siquiera había mencionado su existencia antes. Cuando yo le pregunté, ella respondió con una voz que sonaba como si estuviera leyendo en voz alta la letra pequeña de un paquete de medicina: "No lo conozco. Él se fue cuando yo nací. No lo he visto desde entonces. Pero Tío Mayo y Titi Aurora quieren que vaya con ellos al hospital a verlo y dicen que tú también debes venir". El abuelo desconocido no era todo el misterio. Generalmente, yo sabía lo que Mami estaba pensando por el brillo de su voz, la velocidad de su sonrisa, aunque no era frecuente en esa época, el arco delator de sus cejas. Esa mujer hablando con esa llana indiferencia no era la madre que yo conocía.

Tío Mayo nos llevó hasta la cama en el extremo de la habitación, al lado de la ventana. Mientras caminábamos a lo largo de la sala, casi no vi a los pacientes en las demás camas, porque toda mi atención estaba enfocada en mi madre y nuestro amenazante destino. Nada se me iba a escapar, aunque no tenía idea de qué esperar, ni siquiera de lo que debería estar preguntándome. ¿Lo saludaría con un beso? ¿Cómo tratas a un padre que no conoces?

Él tenía los ojos claros de Mami. Enmarcados por el blanco del cabello, el bigote y las sábanas, su color verde mar se veía más claro, más azul, más fascinante. Era guapo, pero jalado. Sus brazos como palillos asomándose por las mangas de la bata de hospital. Miles de preguntas se agolpaban en mi mente, pero no me atreví a decir ninguna en voz alta: *¿Por qué abandonaste a Mami? ¿Quién eres? ¿Estás casado? ¿Tienes otros hijos? ¿Dónde has estado viviendo?*

Me subí a la silla a observar. Mi madre se acercó a la cama y se paró a mirar al anciano. Con voz fría como el hielo dijo: "Yo soy Celina". Eso fue todo. Él no dijo nada. No preguntó cómo había sido su vida, cómo era entonces. No hubo lágrimas ni revelaciones.

Titi Aurora me llevó de la mano hasta la cama y me presentó. Él sólo asintió con la cabeza. Yo me retiré, volví a subirme a la silla y observé cómo Titi Aurora chachareaba y acomodaba sus almohadas. Tío Mayo iba y venía, hablaba con las enfermeras, se encargaba de los asuntos. Pero en medio de esta nada, comprendí algo: que mi madre habría sufrido tanto como puede sufrir un ser humano.

He guardado el recuerdo de ese día como una solemne precaución. Había un terrible sentido de permanencia en el estado al que habían llegado mi madre y su padre. Las heridas de mi madre nunca cicatrizarían, la tensión entre ellos nunca cedería porque nunca encontrarían la manera de reconocerla. Sin aceptación y comunicación, el perdón era inalcanzable. Más tarde, yo reconocería la prolongada sombra de este abandono en mis sentimientos hacia mi madre y decidiría no repetir lo que había visto. La cercanía que comparto ahora con mi madre es profunda, pero la aprendimos con lentitud y esfuerzo, y por miedo a la alternativa.

Cinco

UE EL ABRIL en que cumplí nueve años. Un día regresaba a casa derechito de la escuela porque Papi estaba enfermo y no había ido a trabajar. Generalmente, Junior y yo íbamos primero a casa de Ana y jugábamos afuera hasta que Papi regresaba del trabajo. No necesitaba avisarle a Ana porque ella sabía que Papi estaba en casa. Mi madre tomaba café con Ana cada mañana antes de ir a trabajar; no había nada sobre la vida de una que la otra no supiera al instante.

Cuando doblamos en la esquina, vi a Moncho, el esposo de Ana, fuera de la ventana del tercer piso de su edificio, lavando las ventanas pero también atento a los transeúntes. *Qué extraño*, pensé. Cuando me vio, me señaló con la mano. Pero no paró. Siguió haciendo señas frenéticamente hasta que gritó: "¡Sonia! ¡Junior! ¡Suban!" con una voz que denotaba urgencia. Junior se me adelantó brincando, feliz de ver a Moncho.

Pero cuando Ana abrió la puerta algo andaba muy mal. Sus ojos estaban hinchados por el llanto y su cara pálida. Esto no se trataba de un escándalo rutinario que había llegado a las lágrimas, algo la había conmocionado profundamente. No nos explicó, comenzó a llorar y nos hizo esperar mientras llamaba a Mami por teléfono, diciéndole a Moncho: "Celina debe decirles". Nunca había visto tan callado a Moncho. Todo era tan extraño que estaba asustada, pero también pasmada observando qué iba a pasar. Ana dijo: "Vamos". Bajamos las escaleras y cruzamos a nuestro edificio. Era una caminata muy corta, pero parecía eterna. Era difícil mover las piernas, como si el pánico las paralizara.

Alfred abrió la puerta de nuestro apartamento. Sus ojos también estaban rojos. Tío Vitín estaba allí, y podía oír otras voces. Miré a la sala y vi muchas caras que me observaban con la misma mirada lagrimosa. Mami estaba sentada en la silla al lado del teléfono del pasillo, con la mirada perdida, los ojos grandes y húmedos. Junior le preguntó: "¿Dónde está Papi?".

"Dios se lo llevó".   LX

Me di cuenta de que Junior no había entendido. Yo sí. Quería decir que Papi había muerto. ¿Pero qué significaba eso? ¿Se había convertido en un espíritu? No sabía qué se suponía que sintiera o dijera o hiciera. Como si estuviera muy lejos, pude oír mi voz uniéndose a las demás voces que lloraban. Corrí por el pasillo y me tiré en la cama. Estaba sollozando, golpeando con mis puños, cuando Ana entró en el cuarto.

"Sonia, tienes que ser una niña grande ahora. Tu madre está muy alterada, no puedes seguir llorando. Tienes que ser fuerte para tu Mami".   mucho para una niña, su padre también

¿Así que eso es lo que se supone que haga? Dejé de llorar. "Estoy bien, Ana". Ella me dejó sola. La quietud de la habitación era más fuerte que el ruido al final del pasillo. Recordé que esa mañana Papi había pregonado desde el baño que como no iba a trabajar quería hacernos un desayuno de domingo aunque fuera un día entre semana. Mami le gritó: "Vuelve a la cama si estás enfermo, los niños no tienen tiempo, tienen que llegar a la escuela, y ¿por qué tardas tanto afeitándote?".

LLEVÁBAMOS HORAS EN la funeraria. Parecía eterno, pero mi madre y Abuelita y mis tías llevaban más tiempo todavía… días. Era importante no dejar el cuerpo solo, y todos tenían que acompañarse mutuamente. Mami no quería que Junior y yo viniéramos, pero Titi Aurora insistió, porque las monjas y monseñor Hart venían de Blessed Sacrament. Sería una falta de respeto que Junior y yo no estuviéramos cuando ellos llegaran.

La habitación olía a flores, colonia y perfume enmascarando el enmohecimiento. La gente hablaba en susurros, mirando al piso, moviendo la cabeza. Hablaban de premoniciones, de saludos o palabras casuales intercambiadas con mi padre en los últimos días, y que ahora adquirían un mayor significado; del por qué se afeitó y se vistió esa mañana si estaba en casa enfermo. Como si lo hubiera sabido. Todos coincidían en que era una buena persona, un hombre de familia, y que era una tragedia morir tan joven, a los cuarenta y dos años. ¡Y Celina tan joven también, con treinta y seis años, viuda y con dos hijos pequeños!

Mis tías lloraban por turnos. Abuelita no paraba de llorar. Me senté a su lado en el sofá y le tomé la mano. Me daba una pena terrible ver llorar a Abuelita. Ni siquiera sabía si yo tenía tristeza propia, porque me llenaba la tristeza de Abuelita. Me preocupaba que su espíritu estuviera tan quebrantado por el dolor de la muerte de Papi que ya nunca más sería feliz. ¿Qué sería de mí si ella también moría?

Las monjas y monseñor Hart entraron y salieron. El doctor Fisher también vino, y algunas personas de la fábrica donde Papi trabajaba. Todo el tiempo, Mami solo permanecía allí sentada, con los ojos abiertos, pero ausente. Ni siquiera respondía a la gente que le hablaba. Titi Aurora tuvo que decirle que le diera las gracias a monseñor Hart.

Entonces llegó el momento en el que, según Titi Aurora, debía despedirme de Papi. Ella quiere que lo bese. Yo quiero gritar "¡no!", pero me aguanto porque no quiero alterar a Abuelita más de lo que está. "No tengas miedo, Sonia. Tócale la mano". Yo no tengo miedo, pero tampoco estoy bien. Esa cosa con la cara empolvada de blanco se parece a mi padre, pero no es él, y no es algo que yo quiera tocar. Pero cierro los ojos y lo hago de una vez.

Una parte de mí no se sorprendió con lo que ocurrió entonces. Un nudo que tenía fuertemente atado en mi interior por más tiempo del que podía recordar comenzó a soltarse. En el fondo, hacía algún tiempo que sabía que Papi terminaría así. Mirando esa cosa que no era Papi, me di cuenta de que no regresaría. De ahora en adelante, Mami, Junior y yo seguiríamos adelante sin él. Quizás sería más fácil así.

...SANTA MARÍA, MADRE de Dios, ruega por nosotros pecadores, ahora y en la hora de nuestra muerte.

Rezamos el rosario para Papi por siete noches corridas en casa de

Abuelita, y cada noche pensaba que nunca terminaría. Abuelita lloraba. Mami lloraba. Mis tías lloraban. Los rezos eran interminables, así como esa terrible semana. La última noche debió haber sido mejor, porque el final estaba cerca y las amistades trajeron comida en lugar de sólo pastellitos, pero la mala noticia era que teníamos que rezar tres... rosarios... completos...   *cultura*

Dios te salve, María, llena eres de gracia: El Señor es contigo. Bendita tú eres entre todas las mujeres, y bendito es el fruto de tu vientre Jesús...

En algún momento debo haberme quedado dormida, porque cuando desperté mi madre estaba de pie al lado mío, casi sacándome el brazo de sitio y apretándome la mano tan fuerte que me dolía. Todo su cuerpo se estremecía de coraje, la voz le temblaba cuando le dijo a Abuelita: "¡Mercedes, no puedes hacer esto! ¡No lo voy a permitir!". La habitación se quedó en silencio. Los ojos de todos estaban clavados en Mami, allí parada con las lágrimas corriendo por su rostro. "Te juro que la voy a alejar de ti y no nos volverás a ver. ¡Nunca!"

Me arrastró al cuarto y lloró toda la noche. Yo no tenía idea de qué la había alterado tanto para volverse contra Abuelita y ella no me lo dijo. Mucho tiempo después me enteré. En medio de los rezos me quedé dormida y aparentemente hablé con una voz extraña —parecida a la voz de la hermana de Abuelita que había muerto hace tiempo según los que la recordaban, una voz que mi abuela podría haber convocado en una de sus sesiones. El mensaje que dije fue que mi padre estaba seguro en su compañía; no había por qué preocuparse. "Confórmate", dije.

No puedo explicarlo. Nunca antes me había ocurrido algo semejante y nunca más ha vuelto a ocurrir. Todos allí estaban tan extenuados como yo, y es difícil separar lo que oyeron de lo que querían oír. Sé que deseaba hacer sentir mejor a Abuelita; es posible que hablara en mis sueños o cuando me estaba quedando dormida. En cualquier caso, no importaba. Cualquier deseo que hubiera tenido mi abuela de desarrollar lo que ella consideraba mi "don" quedó tronchado por la amenaza de mi madre de alejarme de la influencia de lo que ella percibía como superstición y brujería.   *dos mundos*

Habíamos estado durmiendo en casa de Abuelita todas las noches desde la muerte de Papi, porque mi madre no podía soportar la idea de regresar a nuestro apartamento. Eso significaba levantarnos muy temprano para que Mami pudiera llevarnos a tiempo a la escuela, después de lo cual ella iba a casa de Ana. Tomaban café y hablaban y lloraban juntas hasta la hora de terminar las clases. Entonces, nos llevaba de vuelta a casa de Abuelita. Afortunadamente, el administrador del edificio en las casas Bronxdale dejó que nos mudáramos a otro apartamento bastante rápido. Estaba en la avenida Watson, en el segundo piso —mucho mejor que el séptimo si no quieres ver lo que pasa en las escaleras. También estaba mucho más cerca de Blessed Sacrament. Lo mejor de todo es que mi madre pudo cambiar su horario en el hospital. Ya no tenía que trabajar por la noche, así que podía estar en casa cuando llegábamos de la escuela.

Tío Vitín y mi primo Alfred nos ayudaron con la mudanza. Ellos limpiaron el cuarto de Papi y se llevaron una bolsa grande de botellas vacías y ruidosas. Encontraron esas botellas planas de media pinta sin una gota de *Seagram's Seven*, debajo de los colchones, en el clóset, detrás de las gavetas, en los bolsillos de su abrigo, sus pantalones, sus camisas, en cada chaqueta. Había una incluso escondida dentro del forro de un abrigo.

Me di cuenta de que todos los días cuando llegaba del trabajo y nos regalaba centavos para comprar dulces y quince minutos más para jugar, mi padre nos dejaba afuera el tiempo suficiente para tomarse un trago antes de cenar. Junior, quien dormía en el mismo cuarto con Papi, en la otra cama individual, y muchas veces fingía estar dormido, ahora confesaba que él siempre supo que había botellas debajo del colchón. Yo siempre dormí con mi madre en el otro cuarto y nada me despertaba cuando me quedaba dormida. Me preguntaba qué más me había perdido.

Yo sé que mi padre nos quería. Pero por mucho que nos quisiera, no era suficiente para dejar de beber. Hasta el final, Abuelita y mis tías pensaban que mi madre tenía la culpa de que Papi bebiera. Es verdad que Mami podía decir siempre las palabras equivocadas; ninguno de los dos sabía cómo ponerle fin a una pelea después de comenzada. Pero yo sabía también que así como mi madre no podía hacer que dejara de beber, tampoco era la causa. Sabía que él se lo había provocado; aun siendo una niña, sabía que él era el único culpable.

Pasaba horas sentado mirando por la ventana… Yo atesoraba esos momentos en los que me quedaba de pie a su lado, inhalando la fragancia de *Old Spice* en primer plano y del arroz y las habichuelas que hervían en la olla en el fondo, y él me decía cómo imaginaba que sería el futuro: las tiendas que construirían en las parcelas vacías alrededor nuestro, o que algún día un cohete llevaría a un hombre a la luna llena que se alzaba amarilla y cercana sobre el sur del Bronx. Sin embargo, la verdad es que por cada uno de esos momentos había muchas más horas de tristeza en las que se quedaba mirando en silencio los solares vacíos, la autopista, las paredes de ladrillo, una ciudad y una vida que lo ahogaban lentamente.

El día que nos mudamos olía a pintura fresca. La vista del apartamento de la avenida Watson era diferente. Desde nuestra ventana se veía el patio de Blessed Sacrament. Los niños ya habían salido, pero todavía quedaban dos muchachos practicando en la cancha de baloncesto. Más lejos, una de las monjas paseaba cerca de los edificios, pero no podía saber quién era debajo de su toca negra… Mirando por la ventana, recordé algo que pasó el día que Papi murió, que casi había olvidado en medio de la conmoción que siguió. Estaba en el patio durante el recreo, de pie junto a la verja, mirando hacia los proyectos, y pensé en él. No fue un pensamiento normal que se te ocurre de momento ni nada conectado al pensamiento anterior. Fue más una emoción que un pensamiento, es más, ni siquiera una emoción: como una mínima sombra de una sensación pasajera o una brisa tan perfectamente suave que nada se mueve. En ese momento, no sabía todavía lo que había ocurrido, pero quizás fue Papi diciéndome adiós.

Seis

E N LOS DÍAS y semanas que siguieron al funeral, la liberación y el alivio que sentía por el final de las peleas dio paso a un desconcierto agobiante. A los nueve años, estaba preparada para comprender la pérdida, hasta la tristeza, pero no el desconsuelo, ni el de los demás ni mucho menos el mío. No podía entender qué le pasaba a Mami, y eso me aterraba.

Todos los días cuando Junior y yo regresábamos de la escuela encontrábamos el apartamento oscuro y en silencio, con las cortinas cerradas. Mami sólo salía a preparar la comida del cuarto de atrás, donde pasaba hora tras hora con la puerta cerrada y las luces apagadas. (Junior y yo compartíamos el primer cuarto en el nuevo apartamento de la avenida Watson, utilizando las camas individuales que solían estar en el cuarto de Papi en el apartamento anterior.) Después de servir la cena como un zombi, prácticamente sin pronunciar palabra, ella regresaba a su cuarto. Así que, aunque trabajaba el turno de día y llegaba a casa antes que nosotros, no la veíamos más que cuando trabajaba hasta tarde. Hacíamos las tareas y mirábamos televisión.

Los fines de semana, lograba despertar a Mami para ir a comprar víveres, repitiendo los pasos de mi padre. Recordaba las cosas que Papi compraba y eso era lo que ponía en la cesta, aunque no estaba segura de que Mami supiera qué hacer con todo. Extrañaba la comida de Papi. Extrañaba a Papi. De alguna manera, cuando murió, yo di por sentado que nuestras vidas serían mejores. No contaba con esta melancolía.

Yo no era la única preocupada por mi madre. Oí por casualidad a algunas de sus amigas hablando con Ana, y una de ellas decidió pasar por Blessed Sacrament para pedir al padre Dolan que viniera a visitar a Celina. Su negativa, reportada a la hora del café en casa de Ana, me enfureció, sobre todo por la razón: mi madre no iba a la iglesia los domingos.

Era cierto, pero enviaba a sus hijos a la iglesia y siempre con dinero para la ofrenda. Y trabajaba largas horas en el hospital para que pudiéramos ir a Blessed Sacrament School. ¿No debería el padre Dolan ser indulgente si ella necesitaba ayuda? Aun si pensaba que ella no era lo suficientemente cristiana, razonaba yo, ¿no debería ser él más cristiano? Mi reacción iba a la par de la frustración que sentía cuando lo veía de pie en el altar durante la misa, de espaldas a nosotros, como hacían los sacerdotes en aquella época, antes del Consejo Vaticano II. Yo siempre pensaba: *¡Muéstrenos qué está haciendo allá arriba!* Ahora cuando nos daba la espalda se sentía exactamente como parecía: un rechazo. Me alegré mucho cuando varios años después, bajo el Papa Pablo VI, la Iglesia volteó a los sacerdotes de frente a la congregación.

Pasó otra semana en oscuridad y silencio. Otra amiga de mi madre, Cristina, le pidió al pastor de su iglesia que visitara a Mami. Él ni siquiera la conocía y por supuesto ella nunca había asistido a su iglesia, que era bautista. Pero eso no evitó que fuera. Hablaron tranquilamente durante horas. Me impresionó que hablara español; no importaba si tenía algo que decir que ayudara, por lo menos se preocupó por intentarlo. Eso lo respeto.

La primavera dio paso al verano y Mami seguía encerrada en su cuarto oscuro y yo, de vacaciones, añorando que comenzaran las clases. No tenía deseos de jugar afuera. No podía expresar exactamente a qué le temía, pero sabía que debía quedarme cerca y vigilar.

Mi único consuelo y distracción ese verano fue la lectura. Descubrí el placer de los libros de colecciones y me devoré un montón de ellos. La biblioteca Parkchester era mi refugio. Hojear el catálogo era como tocar un tesoro infinito, más libros de los que jamás podría agotar. Mis elecciones eran más o menos al azar. No había nadie en la familia que pudiera indicarme cuáles eran los clásicos infantiles, ninguna maestra se interesaba y nunca se me ocurrió pedir orientación a la bibliotecaria. Mi madre estaba suscrita a *Highlights* para Junior y para mí, y al *Readers' Digest* para ella, pero ya en este momento, yo leía los números completos del *Digest* de principio a fin. *La risa, remedio infalible* era lo que yo necesitaba urgentemente. Algunas veces, cuando una historia cautivaba mi imaginación, buscaba en la biblioteca el libro original —tenía entendido que estos eran extractos o compendios— pero nunca tuve suerte, y eso me desconcertaba. Ahora me doy cuenta de que era poco probable que una pequeña biblioteca de un barrio pobre recibiera nuevas publicaciones.

Mi libro favorito me lo había prestado el doctor Fisher. Yo lo había visto, encuadernado en cuero rojo, en la tablilla de su oficina y le pregunté qué era. Él sacó el pesado volumen y me dijo que podía conservarlo todo el tiempo que quisiera. Esas historias de dioses y héroes griegos me acompañaron ese verano y más allá. Me imaginaba los dioses de la antigüedad clásica como versiones de los espíritus familiares de Abuelita, interfiriendo con los asuntos humanos y manteniendo abiertas las líneas de comunicación con el Bronx. Los héroes eran admirables con todas sus imperfecciones, tan fascinantes como cualquier superhéroe de cómics para un niño ávido de escapar, y sus luchas eran de tal esplendor que no podían compararse con *Flash*. Desgarrados por impulsos opuestos, estos inmortales parecían más reales y más accesibles que el excepcional, misericordioso, inmutable Dios de mi iglesia. Fue en ese libro del doctor Fisher donde aprendí también que mi nombre es una versión de Sofía, que significa sabiduría. Resplandecí con ese descubrimiento. Y nunca devolví el libro.

GENERALMENTE, CUANDO NO comprendía lo que ocurría con alguien, escuchaba atentamente y observaba hasta que lo resolvía. Pero con mi madre, todavía sentada en la oscuridad detrás de su puerta cerrada, no tenía pistas. Hasta donde sé, cuando Papi vivía todo lo que hacían era pelear. Si no estaban gritando, estaban construyendo un muro de piedra de amargo silencio entre ambos. No recordaba haberlos visto felices juntos. Por eso, su tristeza, si era eso, me parecía irracional.

El terrible dolor de Abuelita parecía menos misterioso, aunque fuera porque yo estaba más compenetrada con sus sentimientos. Las fiestas terminaron. Ya no había música ni baile, no íbamos a comprar pollo ni se convocaban espíritus. Abuelita ya no soñaba con los números ganadores. "Mi hijo murió y mi suerte con él", decía. Estaba furiosa con los espíritus, aparentemente por no avisarle que iba a pasarle algo malo a su hijo, por no darle ni siquiera una oportunidad de protegerlo. La semana después de que Papi murió, en medio de su aflicción, olvidó hacer su apuesta usual y más tarde se enteró de que el número ganador había sido el número de la lápida. Era como si los espíritus se estuvieran burlando de ella. *'tombstone # = winning #*

Sin embargo, hacía muchos años que no la veía hablar a Papi como su adorado primogénito, con ese destello de adoración que le iluminaba el rostro. En los días festivos, cuando nos acompañaba a casa de Abuelita, él se sentaba en silencio a mirar por la ventana, de la misma forma que lo hacía en casa. Se animaba un poco si había un juego de béisbol en televisión. Antes de que tuviéramos nuestro televisor, venía sólo para ver el juego, uno de sus pocos placeres reales. Esos juegos de béisbol, con sus buenos gritos para variar, eran momentos tan escasos de aparente vida familiar normal que yo me quedaba dormida con una sonrisa imborrable.

Aun así, mirándolo de manera racional —y yo era una niña muy racional— ¿por qué deberían parar las fiestas si Papi de todos modos nunca iba? ¿Por qué su ausencia haría alguna diferencia cuando no la hacía antes? ¿Por qué Titi Carmen estaba tan abrumada por la pena en el funeral que trató de saltar en la tumba y hubo que llevársela a la fuerza? Nunca la vi ansiosa por pasar tiempo con Papi cuando él vivía.

¿De qué se trataba todo este sufrimiento adulto? Yo tenía mi teoría. Todos deben sentirse culpables. Si Papi se envenenó lentamente hasta morir, por supuesto debió haber sido culpa de Mami (como fue la teoría durante mucho tiempo) o quizás Abuelita ahora se culpaba a sí misma y al fracaso de los poderes de sus espíritus. Titi Carmen puede haber tenido culpa también por no interceder. Y cuántas veces oí a Titi Judy criticar a Tío Vitín por no visitar a la familia con más frecuencia, a pesar de que Tío Vitín era el hijo de Abuelita y Titi Judy sólo su esposa. Así era como funcionaban sus mentes: Si un hombre hacía algo mal, alguna mujer tenía la culpa, ya fuera esposa, madre, hermana o cuñada. Reconocí que debe ser terriblemente doloroso imaginar que se pudo haber hecho algo para detenerlo, pero no se hizo. Pero también sabía que nada de eso tenía sentido. No había manera de salvar a Papi de sí mismo.

ES UN DÍA como cualquier otro y la puerta permanece cerrada. Mi yo racional no se ha dado cuenta todavía, pero ya no aguanto un minuto más. Antes de saber qué está pasando, golpeo con ambos puños la estúpida puerta blanca y cuando ella abre, le grito en la cara: "¡Ya basta! ¡Tienes que acabar con esto! Eres desgraciada y nos estás haciendo desgraciados a nosotros".

Hace meses que no se oyen gritos así en casa. Ella está ahí parada y sólo parpadea. Yo no puedo evitarlo, sigo gritando: "¿Qué pasa contigo? Papi murió. ¿Te vas a morir tú también? ¿Y qué va a pasar con Junior y conmigo? ¡Ya para, Mami, para!".

Me volteo y camino por el pasillo hasta el primer cuarto y tiro la puerta con todas mis fuerzas. Agarro un libro y me acuesto en la cama. Pero no puedo leer, me tiemblan las manos y tengo los ojos llenos de lágrimas. Cierro el libro y sollozo durante un largo rato. Hacía mucho tiempo que no lo hacía, llorar como una estúpida bebé.

Siete

NO FUE HASTA que comencé a escribir este libro, casi cincuenta años después de los sucesos de aquel triste año, que he venido a comprender realmente el desconsuelo de mi madre. Durante casi toda mi vida, la apreciación de mi padre y de la relación de mis padres estuvo reducida al pequeño orificio a través del cual los observaba de niña. Esa apreciación se paralizó en el instante en que murió mi padre. Mi teoría de la pena inducida por la culpa era casi tan sofisticada como la ayuda psiquiátrica de Lucy de a tres por chavo. La vaga vergüenza que rodeaba al alcoholismo de mi padre silenciaba cualquier conversación entre adultos que hubiera dado pie a que yo cuestionara lo que pensaba. Cuando crecimos, Junior y yo hablábamos más abiertamente entre nosotros, pero él no agregaba nada a mi análisis. Aunque tenía seis años cuando Papi murió, mi hermano prácticamente no tiene recuerdos de nuestro padre ni de la época anterior a su muerte. Con el tiempo, mirando hacia atrás, llegué a suponer que la intensidad del desconsuelo de mi madre implicaba alguna forma de depresión clínica que nunca se trató pero que, de alguna manera, a la larga se resolvió sola.

Nunca antes en todos estos años le había preguntado a esa mujer tan inteligente y perspicaz su versión de los hechos. Lo que descubrí me dejó atónita y agradecida, aun a estas alturas, de conocer una versión más alegre de mi padre —y de mi madre— de la que percibía. La relación de mis padres era más rica y complicada de lo que puede imaginar un niño y las historias que salieron a relucir más preciadas para mí al haberlas capturado cuando la memoria de mi madre se va desvaneciendo rápidamente con la edad.

ALGUNAS VECES LAS personas más cercanas a nosotros son las que menos conocemos.

"¿Por dónde empiezo, Sonia?"

"Por el principio, Mami".

EL NACIMIENTO DE mi madre en 1927 fue una mala noticia. Fue el motivo, o por lo menos la ocasión, tal como lo entendió ella, para que su padre abandonara a la familia. Su madre estaba enferma, inválida, desde que ella tenía uso de razón. Ella pensaba que su padre tenía alguna culpa de eso, pero la historia nunca fue clara, porque nadie hablaba de él en su casa. Al final, la enfermedad afectó la mente de su madre tanto como su cuerpo y deambulaba. Celina despertaba en la noche sola en la cama que compartían, la puerta abierta. Encontraba a su madre bajo la luna en el cañaveral, la tomaba de la mano y la llevaba de regreso a la cama.

El hogar era una casucha de madera cerca de Lajas, en medio de la plantación, con piso de tierra en la cocina y una letrina. No había agua corriente. La tarea de Celina de niña era buscar agua de la bomba manual en la casa de su tío, cerca de la carretera, para cocinar, y llevar el cubo de regreso con cuidado para no derramarla. Para lavar, recogían el agua de lluvia en bidones.

La finca había pertenecido a su madre, pero la vendió para pagar la fianza cuando su esposo se metió en líos de borrachos. Un hermano, el de la bomba de agua, le prestó ayuda a la madre de seis muchachos, pero a regañadientes. Hubo tiempos mejores, y quedaban vestigios en el porte de la abuela de Celina, con sus largas faldas de crinolina y cuellos altos de encaje al estilo español. "¡Levanta la cabeza!", le exigía a Celina si la veía encorvarse. "No tienes que avergonzarte de nada". Era estricta e insistía en los buenos modales. Hasta los hermanos de Celina, aunque eran rudos y gente de campo, sabían cómo ser educados.

Celina era la menor, y fueron sus hermanos los que la criaron, su madre imposibilitada. Aurora encontró trabajo de costurera. Cuando Celina apenas caminaba, Aurora, dieciséis años mayor, fue la primera en casarse. Fue entonces cuando se mudó a San Germán, aunque en realidad nunca dejó atrás las responsabilidades que truncaron su niñez. Regresaba cada dos semanas a recoger el trabajo por tarea de las mujeres que cosían pañuelos, y a pagarles; siempre de mal humor, siempre con una nube negra sobre ella. Le enseñó a coser también a Celina. Ella tenía que hacer dos docenas de pañuelos a la semana, despuntando los dobladillos y planchándolos. Ella no cobraba, por supuesto. Esa labor era su contribución al hogar. Aurora confeccionaba la ropa y pagaba los zapatos, un par por año.

Mario Báez, el hermano mayor, apodado Mayo, alimentaba a la familia. Salía a pescar por la mañana a La Parguera antes de reportarse a trabajar, cargando los vagones de caña de azúcar en la estación de trenes. Cuando se casó, construyó otra casita para él cerca de la carretera, y su esposa María cocinaba. Pero Celina comía mayormente las frutas que caían de los árboles: escarbando el césped como un pajarito, en busca de mangós, grosellas, tamarindos… El pescado no le gustaba.

Ante la ausencia de un padre, la disciplina estaba en manos de Mayo, y era estricto. Azotó a Celina por subirse a un árbol, por llegar tarde a la casa de la escuela porque se detuvo a meterse en el riachuelo, por pararse fuera del negocio de Tío Foro donde los hombres estaban bebiendo para poder oír la vellonera, por comprar dulces con los tres centavos que le dio para enviar una carta. Esa fue mala idea; nunca más lo hizo. Su madre se levantó para ponerle sebo de flande* en los moretones, Celina llorando de dolor y su madre llorando también mientras frotaba el pegajoso ungüento en la piel de la niña. Pedro, el hermano más cercano a ella en edad, nunca probó la correa. Pedro era el angelito, la luz de los ojos de Mayo. Celina era un problema.

Ella odiaba a Mayo por esas palizas, lo odiaba con tanta vehemencia que juró que nunca más regresaría a Puerto Rico después de irse. Por supuesto que regresó, y ahora su opinión se ha suavizado gracias

---

* Remedio casero para lesiones.

al perdón: Él hacía lo mejor que podía; una niña descarriada hubiera sido una carga terrible. Con la madre desvalida y el padre ausente, eran niños criando niños, y sólo fue mala suerte haber sido la menor. Por lo menos la enviaron a la escuela. Ella estaba agradecida por eso y en sus cálidos recuerdos de la escuela, yo percibía indicios de su pasión por la educación.

Cuando era pequeñita asistió a una escuelita cerca, y luego iba hasta Lajas, como a una hora de distancia si tenía que caminar. Caminar era difícil porque los zapatos siempre le quedaban pequeños, así que terminaba cargándolos, descalza. Pero con frecuencia pasaba la carreta de un agricultor y ella pedía a dedo que la llevara, con los bueyes balanceándose al frente de ella y la caña de azúcar atrás. Paseando de regreso a la casa se encontraba con la tentación del riachuelo y la casa donde una anciana le hacía señales con la mano para que entrara a merendar.

La escuela era un placer porque la sacaba de la casa, pero no era fácil. Los niños eran crueles de mil formas distintas. Intentaban cualquier tipo de burla tonta —hacer muecas o bailar a espaldas de la maestra cuando escribía en la pizarra— sólo para que Celina soltara su risa nerviosa. Entonces la castigaban a ella. ¡Zas! De la misma manera ella castigaba a sus pupilos. Cuando llegaba a la casa y no había nadie con quién jugar o hablar, les daba clases a los árboles: "¡Niños, repitan conmigo!". Y cuando no respondían bien, los golpeaba con un palo. Eso la ayudaba a recordar las lecciones y le gustaba estar rodeada de árboles. La naturaleza era un consuelo y una especie de libertad.

Lo mejor de la escuela era la biblioteca, y llevarse un libro a casa. Adoraba la lectura, acaparaba revistas y folletos, cualquier trozo de escritura que pudiera encontrar. Cuando terminaba de coser, leía historias hasta el anochecer a la luz del quinqué con las mariposas nocturnas danzando alrededor de la llama de queroseno.

Fue en una de esas tardes que su madre murió, cuando ella tenía nueve años. La misma edad que tenía yo cuando Papi murió. La gente vino a la casa esa misma noche para el velorio, bebiendo y conversando hasta el amanecer, con el quinqué ardiendo toda la noche. Trajeron hielo para poner encima y debajo de la caja, porque no había nada más que pudiera detener los estragos causados por el calor de los días y las noches. Sepultaron a doña Francisca Toro Torres en la mañana.

Después de morir su madre, lo poco que quedaba de la familia se desintegró. Pedro se mudó con Mayo y a Celina la enviaron a vivir con Aurora en San Germán. Su hermano Abraham ya se había ido para Mayagüez. Todavía era joven, pero suficientemente mayor como para fugarse con una mujer, y suficientemente mayor como para subirse al *ring*. Amaba el boxeo, pero no sabía cómo pelear y perdía todos los combates.

La casa donde Aurora vivía con su esposo en Barrio Bosque estaba sólo a una calle de la estación del tren. Desde el pequeño cuarto al lado de la cocina donde dormía Celina, ella oía el sonido del tren huyendo por las vías. Era el último vínculo con Lajas, con tantas personas que habían desaparecido de su vida. Pedro vino a visitarla un par de veces, pero gradualmente perdieron el contacto. Se casó y se unió al ejército. Ella no volvió a ver a su abuela. Así eran las cosas. Nunca hubo opciones, así que no había espacio para las emociones. Pero pudo haber sido peor: generalmente a los huérfanos los enviaban a trabajar a las casas de la gente rica. Aurora la salvó de ese destino.

Aurora estaba ocupada con los pañuelos, trabajaba muchas horas y viajaba para recoger el trabajo por encargo de las otras costureras. Celina seguía haciendo sus dos docenas de pañuelos a la semana. Limpiaba la casa los sábados y se ocupaba de pequeños detalles para que se viera bonita, como cortar flores para colocar al lado de las fotos enmarcadas. Allí tenían electricidad, pero el inodoro todavía estaba afuera. El esposo de Aurora, Emmanuel, era un anciano y un loco a su manera. Era herrero, pero pasaba más tiempo mimando a su hijo Alfred que trabajando. Alfred era sólo un bebé, pero ya era el centro de su universo, y la gente decía que Emmanuel parecía extrañamente obsesionado con el niño.

En la escuela, Celina estaba siempre sola y tan tranquila que prácticamente nadie sabía que estaba allí. Vivía en la biblioteca y muchas veces pasaba tantas horas leyendo que no le quedaba tiempo para estudiar. Sus notas bajaron, pero ella acumulaba una riqueza de palabras de esos preciados libros, palabras que nadie hubiera adivinado que ella conocía.

Caminando de la escuela a la casa o durante el receso del almuerzo, tenía la libertad del pueblo. San Germán es como el remate de la cúpula de una montaña, con un cielo más grande de lo que imaginas en un lugar encerrado por el bosque. Ella paseaba y miraba las casas elegantes vestidas de encaje, con ventanas de colores y verjas de filigrana, y porches que las envolvían como chales. Iba a la oficina de correos sólo para observar a las muchachas venir de la universidad a enviar sus cartas, con sus chaperonas esperando fuera, alineadas en el banco: niñeras para las jóvenes, realmente. Sólo las muchachas ricas o las muy inteligentes iban a la universidad. ¿Qué pasaría con una muchacha que no fuera ninguna de las dos cosas?

En esa época ella no sabía hacer amistades. Si tenía alguna, era sólo con los vecinos, la gente que reconocía a la niña harapienta que pasaba todos los días. Había una anciana que vivía al final de la calle en Barrio Bosque. Su nieta se había convertido en prostituta y ya no la visitaba. Así que Celina se sentaba con la abuela por las tardes.

Aurora era muy estricta, muy religiosa y temerosa de todo lo que fuera diversión, pero tenía algunas amistades que la visitaban. Celina escuchaba los cuentos que hacían cuando iban a tomar café: quién se paseaba por la plaza, las damas por la izquierda y los hombres por la derecha; los tés bailables en el hotel parador Oasis. Caminando de la escuela a la casa, echaba una ojeada a la entrada y alcanzaba a ver los difusos arcos rosa, pero nunca puso un pie dentro. Cuando las guitarras y las canciones la despertaban a medianoche, ella adivinaba a quién le daban la serenata. Era la misma muchacha que se sentaba en el balcón por la tarde, vestida como una princesa y con las uñas pintadas.

Una mañana, un grupo de jóvenes soldados salía para el Fuerte Buchanan y algunas de las compañeras de clase de Celina decidieron ir a la estación de trenes a decirles adiós con las manos. Desde lo de Pearl Harbor, Puerto Rico estaba conmocionado y los jóvenes se enlistaban tan pronto tenían edad, si no antes. Ella ni siquiera conocía a los que salían ese día de San Germán, pero le gustaba la idea de una despedida antes de partir. Quizás todavía extrañaba a Pedro. Las muchachas se pararon en la plataforma del tren y agitaron las manos hasta que el furgón de la cola desapareció en el bosque. Cuando llegaron a la escuela, a todas las castigaron por llegar tarde.

Tal vez ese día se plantó una semilla. Más tarde vio un anuncio en el periódico: ¡Únete al Cuerpo Femenino del Ejército! En el instante en que lo vio lo supo: ésta era su oportunidad. Envió su nombre y dirección, y dijo que tenía diecinueve años. Celina sólo tenía diecisiete. Le contestaron diciéndole que se presentara en San Juan. Celina le mostró la carta a Aurora.

"Estás loca", le dijo Aurora. *la moda de comunicar*

celina "No, es una orden del ejército. ¡Tengo que presentarme! No puedo desobedecer. *Tengo* que ir".

El viaje en tren a San Juan tardaba de seis a siete horas, y ese recorrido fue la mejor aventura de su vida hasta ese momento. El conductor que ponchaba los boletos parecía un general en su elegante uniforme. Los pasajeros venían de Dios sabe dónde, de todas partes de la isla, con sus bolsos, cajas y paquetes, y sus fiambreras apiladas con lo que traían para comer. El mundo pasaba volando por las ventanas. Un carro corría al lado de la vía, tocando la bocina y diciendo adiós. El tren se detenía en pequeñas paradas de bandera roja que no eran estaciones, donde los niños corrían en la plataforma para vender frutas a través de las ventanas. En un cruce, una cadena junto a la vía acordonaba una carretera que conducía a otra parte, un túnel carmesí alfombrado de pétalos que caían de un árbol de flamboyán en plena floración.

El esposo de Aurora tenía una hermana en San Juan y la llamaron por teléfono. Ella esperó a Celina en la estación del tren y la llevó al campamento al día siguiente. Impulsada por la adrenalina, Celina tomó una serie de pruebas físicas y mentales, y las aprobó todas. Entonces, le pidieron su certificado de nacimiento. Pánico. Le dijeron: "Sales para Miami dentro de cuatro días. Ve a la casa y busca tu certificado de nacimiento. Regresa a tiempo para embarcarte".

Tomó el tren de regreso a San Germán, otro día completo viajando y mucho tiempo para preocuparse. Ya en la casa, le dijo a Aurora lo que había pasado: "Tienes que buscar un certificado de nacimiento y tiene que decir que tengo diecinueve años. ¡De lo contrario, te meterán en la cárcel!".

"¡Estás loca! Tú eres la que vas a ir a la cárcel, no yo".

"Bueno, *alguien* va a terminar en la cárcel si el ejército de Estados Unidos hizo todo ese trabajo para reclutar una WAC y descubren que ha mentido".

Aurora fue a Lajas y buscó a Mayo. Mayo buscó a un abogado. De alguna manera lo resolvieron y Aurora regresó con un certificado de nacimiento que decía que Celina Báez había nacido en 1925. Todo esto mi madre lo hizo por impulso, sin dedicar un solo pensamiento a lo que le esperaba. Nunca tuvo mucha paciencia con el mundo de los espíritus, siempre mantuvo una distancia segura de esas cosas, pero este giro de acontecimientos en particular, tan imprevisto y a la larga tan fortuito, todavía se lo atribuye a la mano guiadora de su madre, que ella piensa que todavía la protege.

Mi madre abordó el avión a Miami con un entusiasmo incrédulo que nunca se desvaneció por completo. Las historias de sus días en el ejército eran de los pocos recuerdos de su juventud que compartía con las amistades y la familia cuando yo era niña. Fue el proceso de madurar, el encuentro repentino y a veces cómico con el mundo moderno y, aun con toda la disciplina militar, una época de nueva, impensable y vertiginosa libertad. Era además un extraordinario momento histórico. Mi madre fue reclutada en una de las primeras unidades de Puerto Rico del Cuerpo Femenino del Ejército (WAC, por sus siglas en inglés). Más de veinte mil puertorriqueños ya habían prestado sus servicios en las Fuerzas Armadas de los Estados Unidos antes de que se incluyera a las mujeres. Y aunque las primeras unidades se mantenían segregadas por su dominio limitado del inglés, para muchas de estas mujeres, al igual que para muchos hombres que sirvieron, ésta era la manera de sentirse estadounidenses en todo su derecho.

Al aterrizar en Miami, las nuevas reclutas eran trasladadas del aeropuerto a la estación de trenes, para esperar el *Pullman* en la plataforma, donde temblaban de frío con sus vestidos de algodón. Era diciembre, pero ninguna de las muchachas de Puerto Rico tenía abrigo ni medias. Un amable conductor negro les consiguió unas mantas para que las usaran hasta que llegaran a Georgia, a donde se dirigían para el entrenamiento básico.

En el Fuerte Oglethorpe, el sargento llevó a todo el grupo al *PX**
y las dejó escoger medias de nylon, portaligas y sostenes para usar
con sus nuevos uniformes. Se reían a carcajadas, mostrándose unas
a otras lo que harían con las piezas. En ese grupo de mujeres deshe-
chas, muchas usaban ropa interior hecha en casa y nunca en sus vidas
habían tocado prendas tan finas. Cuando aprendieron a marchar, las
medias se caían, haciendo que mi madre se riera tan fuerte que la castigaron con labores *KP*†.

El entrenamiento básico fue difícil, porque había mucho que aprender: no sólo la vida y los deberes de la milicia, sino simplemente funcionar en un mundo nuevo para ella. Nunca había usado un teléfono,
así que no sabía cómo colgar cuando fue a buscar al oficial a quien
estaban llamando. Todas las instrucciones estaban en inglés, que, para
ella, hasta ese momento había sido sólo una clase más en la secundaria. Sus libros de texto no explicaban nada de labores *KP*, ni cómo
encender una chimenea, ni cómo pelar una papa.

Aunque la guerra parecía lejana, las WAC entendían que cada tarea
que se les asignaba hubiera requerido un hombre en buena condición
física. Por cada mujer en la fuerza, había un hombre disponible para
pelear en la guerra. Después del entrenamiento básico, el grupo de mi
madre fue asignado a Nueva York, y ahí fue que realmente comenzó
su nueva vida. Vivían en el hotel Broadway Central y trabajaban en la
oficina de correos en la calle 42, clasificando cartas y paquetes para las
tropas en Europa. Practicaron el inglés, se abrieron paso por las calles
y los metros y aprendieron a vivir sin ayuda. Celina también aprendió
otra lección que las demás ya sabían: cómo hacer amigos.

Carmin fue la primera amiga verdadera que Celina tuvo y, desde
el punto de vista emocional, fue como aprender a caminar. Las dos
exploraron juntas la cautivadora ciudad. En esa época la calle 42 era
preciosa. Era elegante, todavía no era el sórdido distrito de espectáculos porno en el que se convertiría en la década del 70 ni la estridente
zona turística que es hoy día. Te sentías liberada con sólo caminar

---

* *"Post Exchange"*: Tienda encontrada en una base militar.

† *"Kitchen Police"*: Labores en la cocina.

por la calle. Los restaurantes y los espectáculos —allí vieron a Frank Sinatra y a Tommy Dorsey— y muchas otras cosas eran gratis porque usaban uniforme. Celina y Carmin estaban en un cine cuando detuvieron la película y encendieron las luces para hacer el anuncio: los alemanes se habían rendido. Salieron a la calle y en ese momento vivieron la escena que mi madre describiría tantas veces, siempre con la misma expresión de asombro: "Pandemonio hermoso", lo llamaba. Miles de personas, todos los soldados y todas las muchachas, todo el mundo abrazándose y besándose, gritando de alegría, estrechando a los desconocidos, todos jubilosos. Era mágico, era eléctrico. Nada se le comparaba.

Carmin tenía amistades en el Bronx, y un día se atrevieron a recorrer el largo camino en el metro para ir a una fiesta, poniéndose de pie en cada estación para no pasarse de la parada en Intervale. Nunca habían tomado el metro salvo para ir del hotel a la oficina de correos y viceversa.

Ese fue el día en que conoció a Juan Luis Sotomayor. La familia lo llamaba Juli, con la típica creatividad puertorriqueña aplicada a los apodos. Él vio que Celina era tímida y fue muy gentil. Y era guapísimo. A ella le gustaba cómo le prestaba atención. Nunca nadie lo había hecho. Le habló de cosas que leía en el periódico —ambos leían *El Diario* completo todos los días. Nadie antes le había hablado tampoco sobre la lectura. Más tarde, él le escribía cartas sólo para decirle cómo pasaba el día y preguntarle cuándo regresaría. Siempre había un motivo para volver, siempre había otra fiesta. Aun después de que las WAC fueron trasladadas a Camp Shanks, de alguna manera Celina y Carmin se las arreglaban para llegar al Bronx, a la calle Kelly 940.

Cuando Celina se enamoró de Juli, también se enamoró de su madre. "No me digas doña", le dijo desde el primer día que se presentó. "Llámame Mercedes. Doña es para las viejas". Mercedes adoraba a la gente, la atraía a su alrededor y era el alma de la fiesta. Ella *era* la fiesta. Siempre encontraba una razón para reír, un motivo para discutir, noticias que compartir. Llegar a esa familia, para Celina, fue despertar a la vida y la energía, la alegría de estar con la gente. Podía olvidarse de haber sido huérfana.

Mercedes y su hijo eran de tal palo tal astilla, ambos embusteros, inventando cuentos chinos que te envolvían hasta que llegaba el momento en que caías en cuenta: ¡Eso no puede ser verdad! Y la poesía que seguía cuando la habitación se quedaba en silencio y madre e hijo se miraban para ver quién empezaba; el placer de ese momento de anticipación.

¿Qué cómo fue, señora?*
Como son las cosas cuando son del alma.
…y entre canto y canto colgaba una lágrima…

Celina siempre adoró los poemas, desde que estaba en Lajas y los copiaba en pedacitos de papel para poder aprendérselos. Pero nunca había visto a nadie declamarlos para hacerlos cobrar vida.

Cuando se acercaba el final de su servicio militar, decidió que no quería regresar a Puerto Rico. Juli le dijo: "Quédate en Nueva York, nos casaremos en cuanto termines el servicio". Y así lo hicieron, en la alcaldía, sin más ceremonia que un par de firmas y un beso. Cuando Celina se mudó, eran ella y Juli, su hermano Vitín con su hermana Carmen, todos viviendo con Mercedes y Gallego, la familia entera apiñada en dos habitaciones, las mujeres en una, los hombres en la otra. Hasta que los recién casados consiguieron un apartamento en los bajos. El edificio era una antigua casa de vecinos con habitaciones estrechas y oscuras, pero la cocina era grande y Juli la puso preciosa. Colocó cortinas y azulejos. Preparó un andamio, mezcló diferentes colores y pintó las viejas molduras de yeso de la pared. Era maravilloso, ramos de flores en la pared de su cocina. Juli tenía un don.

Cuando venían a visitarlos, siempre tenía algo que ofrecer, sabía cómo hacerlos sentir en casa. Le enseñó a su esposa a bailar. Boleros. Chachachá. Merengue. Ella era torpe, siempre pidiendo disculpas. "Lo harás bien, Celina", le decía. "Lo harás bien". Ella estaba aprendiendo a ser como él, era lo único que deseaba.

En su cumpleaños, cuando entró en el dormitorio, encontró un vestido nuevo sobre la cama, con la falda abierta y rodeado de rosas. Juli lo hacía todo con una creatividad exuberante; en el fondo de su

* De "Duelo en la cañada", de Manuel Mur Oti.

corazón, era un artista. Aprendió solo a esculpir y creó bustos de
Roosevelt, Truman y MacArthur, dejándose llevar únicamente por las
fotos de los periódicos. Un día hizo la cara de Celina. Fue una sensación extraña verse como él la veía, con las cejas arqueadas y usando un
turbante. Esa cara era deslumbrante, y sí, se parecía a ella, aun cuando
ella nunca imaginó ser hermosa. Fue todavía más extraño cuando vio
que la usaron como modelo en la fábrica de maniquíes donde él trabajaba. Allí estaban esa multitud de Celinas con sus cejas y turbantes,
camino a las vitrinas de las tiendas, quién sabe dónde.

La educación de mi padre era mínima, aunque había demostrado
desde pequeño un talento prodigioso con los números. Llegó hasta
sexto grado y se unió a otros miembros de la familia, trabajando a
tiempo completo en una fábrica de botones en Santurce. Su padre se
enfermó de tuberculosis, que era endémica en la isla en esa época, y
para la cual no había tratamiento disponible; así que Juli tuvo que
ayudar a mantener a la familia. En cierto momento, no obstante,
sucedió algo extraordinario. Unos profesores de la universidad en
San Juan se enteraron sobre su talento con las matemáticas y vinieron
para verlo hacer cálculos en su mente. Querían darle una beca para
estudiar, pero su madre —mi Abuelita— no podía soportar que se
fuera. Se quedó a su lado hasta los veintidós años, cuando Abuelita
decidió que toda la familia (que ya en ese momento incluía a Gallego)
se mudaría a Nueva York para buscar trabajo. Mi padre llegó en el *SS
George S. Simons* unos días antes de la Navidad de 1944, a los pocos
días de llegar mi madre.

Cuando trabajaba en la fábrica de maniquíes, reconocieron su
talento. A él le gustaba mucho ese empleo, pero la fábrica cerró y él se
fue a trabajar a una fábrica de radiadores. Allí descubrieron que era
bueno con los números y lo sacaron del taller para que se encargara de
llevar los libros. La gente veía su inteligencia, pero sin educación, las
oportunidades eran limitadas.

A pesar de haber perdido su oportunidad de educarse, mi padre
nunca se resintió con las ambiciones de mi madre. Por el contrario, la
animaba. En los primeros años de matrimonio, ella se las arregló para
terminar la secundaria, un curso de secretarial, y estudió para convertirse en enfermera práctica. En muchos sentidos, él desafiaba el este-

reotipo del macho latino. Mi madre tardó siete años en embarazarse y, aunque Abuelita la presionaba con su impaciencia y sus comparaciones con los demás, mi padre nunca la molestó. Cuando yo finalmente nací, él estaba rebosante de alegría. Era ella, no él, la que puso en dudas sus habilidades para ser una buena madre.

La familia siempre ha contado historias sobre lo difícil que yo era de bebé y el terror en el que me convertí unos meses después. Dicen que aprendí a caminar a los siete meses y a correr el mismo día, ya para siempre el ¡Ají! — una amenaza para mí y para los demás. ¿Cuántas veces tuvieron que llevarme de emergencia al hospital en un momento de pánico? Una vez un vecino bombero tuvo que rescatarme cuando se me atascó la cabeza en un cubo por querer saber cómo sonaba mi voz en ese espacio cerrado.

Hace poco mi madre me contó que era mi padre el que me paseaba en las interminables noches de cólicos, hasta me llevaba en el carro cuando descubrió que eso me tranquilizaba; él era quien mantenía la calma y la paciencia cuando ella se desesperaba y se sentía incompetente.

Entonces, ¿cómo fue que todo se vino abajo? ¿Cuándo surgió el problema de la bebida? La mudanza de la calle Kelly a las casas Bronxdale fue un momento decisivo y ocurrió en la misma época del cierre de la fábrica de maniquíes. Mi madre vio los nuevos proyectos como un lugar más limpio y seguro para criar una familia. Pero para mi padre, era un exilio en una jungla de hormigón y solares vacíos, lejos de la vida envolvente de la familia y "el toma y dame" de los amigos, lejos de todo el bullicio de los negocios de la calle donde todos conocían a todos y cuidaban de todos, y hablaban el mismo idioma que Papi. A la larga, la familia completa nos siguió y las casas Bronxdale adoptaron un poco el calor humano del viejo vecindario, pero cuando mi madre insistió en la mudanza, fuimos pioneros.

Él ya bebía antes de eso, reconoció ella, pero todos los demás lo hacían. En aquel tiempo era más difícil diferenciar un poco de exceso de un problema grave. Pero la historia empezó mucho antes. Cuando su padre murió de tuberculosis, en un cuartito que construyó para aislarse de la familia, Juli tenía sólo trece años. Como hijo mayor y ahora proveedor, era el hombre de la casa, niño o no. Entonces, un par de años después, apareció Gallego en su guagua y Mercedes perdió la cabeza. Juli no lo tomó muy bien. Nunca aceptó completamente a Gallego, ni siquiera cuando vinieron todos a Nueva York —años después todavía se podía ver una sutil tensión entre ellos. Cuando Gallego apareció, mi padre aprendió a beber. Pero pasó bastante tiempo antes de que la bebida se convirtiera en el catalizador de las peleas diarias, antes de que mi madre se diera cuenta de que no sólo no sabía qué hacer, tampoco sabía qué no hacer, para evitar que empeorara. Pero insistía: No importaba qué más hiciera su esposo, siempre trabajaba y siempre se preocupaba por Junior y por mí. Pero no era suficiente, porque ¿cuánto te puede preocupar eso si te estás matando? ¿Si te estás bebiendo cada centavo que sobra?

Mi madre ni siquiera hubiese podido pagar el funeral de Papi si el doctor Fisher no hubiera insistido en que mi padre comprara una póliza de seguro de vida: dos mil quinientos dólares. Cuando mi madre protestó por los pagos, el doctor Fisher dijo que él mismo lo pagaría si mis padres no podían, lo que avergonzó lo suficiente a Mami como para buscar el dinero todos los meses. ¿Qué clase de médico paga el seguro de vida de sus pacientes? El hombre era un santo. Y sabía que Papi no duraría mucho.

Un médico lo vio venir, pero a todos los demás nos conmocionó. Aun siendo enfermera, mi madre no vio lo que estaba ocurriendo ante sus ojos. El día en que tomaron el autobús al hospital, ella todavía estaba llenando formularios cuando se lo llevaron en silla de ruedas. Un minuto después anunciaban un código azul por el altavoz. Ella se detuvo a escuchar como era su costumbre: alguien tiene problemas. Pero no, éste es el Centro Médico Jacobi, no el Hospital Prospect. Ella no está de guardia, y el momento pasa. No se le ocurrió que el código era por Juli, que estaba muriendo en ese instante.

Durante los meses en que se sentó en la oscuridad tras la puerta cerrada, no sólo lloraba la triste pérdida de un hombre con tanto talento, tanto encanto, tanta vida. También lamentaba la muerte de su matrimonio, el reconocimiento final que por tanto tiempo su mente negó entre sombras de rechazo y vergüenza. Y mezclado con el duelo estaba el miedo, el terror práctico de criar sola a dos niños con un sueldo minúsculo, pero todavía más, un miedo que evocaba otro más antiguo, el de la soledad, el del abandono. Viuda, huérfana, ¿cuál es la diferencia?

No, no era nada de culpa lo que sentía. Era tristeza y temor. "Y no era depresión clínica, Sonia. Soy enfermera, yo reconocería eso. Era simplemente el luto, el desconsuelo que era natural en ese momento".

Ocho

CUANDO DESPERTÉ LA mañana siguiente de haberle gritado a mi madre, ya ella se había ido a trabajar como de costumbre. Ana nos preparó el desayuno a Junior y a mí, y nos alistó para ir a la escuela como todos los días. Pero cuando regresamos a casa esa tarde, sentí el cambio tan pronto abrí la puerta. Por primera vez en muchos meses, las persianas de las ventanas estaban enrolladas y se escuchaba Radio WADO. "¡Llegamos, Mami!", gritó Junior, y ella apareció. Llevaba puesto un vestido negro con lunares blancos, y se veía tan llena de vida que no me di cuenta de que técnicamente todavía vestía de negro. Estaba maquillada y perfumada. Sentí que mi sonrisa se extendía, y un alivio invadió todo mi cuerpo.

Cuando pienso en mi niñez, puedo trazar el mapa de la mayoría de los recuerdos a ambos lados de determinadas fallas geológicas que dividen mi mundo. Los opuestos coexisten sin haberse reconciliado jamás: la sombría claustrofobia de estar en casa con mis padres frente a la alegría expansiva de la casa de Abuelita; una existencia mundana en Nueva York y un universo paralelo en una isla tropical. Pero el contraste más marcado se encuentra entre el antes y el después de la muerte de mi padre.

El silencio del luto finalmente terminó, pero más importante aún, el amargo y constante conflicto que había llenado nuestras vidas también se acabó. Por supuesto, Junior y yo todavía encontrábamos miles de razones para gritarnos, provocando la conocida señal de advertencia de mi madre, su *la la la la* que iba subiendo de tono, paso a paso, hasta que entendíamos el mensaje de que nos habíamos pasado de la raya y la justicia llegaría rápidamente si no nos esfumábamos. Todavía no éramos como una familia de la televisión, pero las peleas a gritos que me agobiaban de tristeza ya no existían.

Mi madre aún trabajaba con frecuencia seis días a la semana, pero ya no trataba de escapar de nosotros. Ahora la casa era un lugar agradable, así que trabajaba el turno temprano en el Hospital Prospect, se iba a las seis de la mañana para estar en casa a la hora que llegábamos de Blessed Sacrament. Ana venía por la mañana a prepararnos el desayuno y alistarnos para la escuela. Yo podía arreglármelas sola, pero Junior era tan dormilón que nunca habríamos llegado a clases a tiempo sin ayuda.

El apartamento estaba siempre inmaculado, pero ya no era obra mía. Dejé de limpiar compulsivamente y se lo dejé a mi madre, que ahora se ocupaba de la casa. Con un poco del dinero del seguro que quedó después del funeral de Papi, hasta compró un espejo para cubrir una pared de la sala, haciéndola ver más espaciosa y luminosa.

Yo no confiaba plenamente en esta nueva realidad, incluyendo la transformación de mi madre. De vez en cuando, aunque no mucho, ella tenía una cita: el hermano de un amigo o el hijo divorciado de alguien. Me preguntaba qué pasaría con Junior y conmigo si ella se volvía a casar. ¿Nos abandonaría? ¿Se reanudarían las peleas con un nuevo contrincante? Yo todavía estaba enojada por lo que, por tanto tiempo, percibí como su abandono y su frialdad hacia nosotros. Me tomó muchos años deshacerme por completo de esa ira, así como a ella le costó perder los últimos vestigios de frialdad. En ese momento, no era parte de la naturaleza de mi madre mostrar afecto, dar un abrazo o sentarse en el piso a jugar con un niño. Ella careció de la seguridad formativa que nutre esos impulsos. Además, habría arruinado su vestimenta.

Mi madre siempre vestía con un estilo sencillo, que parecía casi mágico considerando sus limitados recursos. Aun ahora en sus ochenta, se ve impecable, lista para las fotos, siempre regia. Nunca entendió por qué yo carecía de ese talento que era tan natural para ella. Siempre había alguna falla en mi apariencia que era evidente para

morales fuertes

ella e invisible para mí, y me fastidiaba constantemente por estar desaliñada. Chiqui, la hija de Ana, quien era unos años mayor que yo e idolatraba a mi madre, decía: "Celina parece una estrella de cine y actúa como Florence Nightingale".

Chiqui se preocupaba por la moda, por verse bien y acicalarse; yo estaba convencida de que en el fondo mi madre felizmente habría intercambiado hijas con Ana. Y sobre Florence Nightingale, también Chiqui tenía razón. Aunque fuera poco expresiva, Mami se preocupaba por la gente y era la enfermera a domicilio extraoficial, de guardia las veinticuatro horas, para parientes, amigos y vecinos de todo Bronxdale y más allá. Tomaba la temperatura, ponía inyecciones, cambiaba vendajes y llamaba al médico si surgía alguna pregunta que no podía responder ella. Se quejaba sólo cuando la gente se aprovechaba ("¡Titi Celina! ¡Necesito supositorios para las hemorroides!"). Quizás pensaban que ella podía llevarse gratis los suministros del hospital. El personal de allí muchas veces se llevaba las cosas, pero a mi madre jamás se le ocurriría. "¡Mayo me golpeó por un sello de tres centavos!", nos recordaba. "¿Tú crees que voy a robar un frasco de aspirinas o una caja de agujas desechables, siquiera para ti, Sonia?" No, ella buscaba el dinero para pagarlo. Le asustaba ver mis agujas viejas, gastadas por el uso continuo, dobladas cuando trataba de inyectarme yo misma.

diabetes
I

La curación no se limitaba a los dolores y achaques físicos. Una de sus mejores medicinas era escuchar los problemas de los demás, cosa que podía hacer con toda la atención y simpatía, sin emitir juicio. Recuerdo a Cristina, la amiga de mi madre, llorando porque su hijo tenía problemas con las drogas. Era una situación común, particularmente con los hijos que regresaban de Vietnam. Algunas veces, aunque no hubiera un consejo práctico que dar, escuchar ayudaba en algo.

También estaba John, el veterano de la guerra de Corea, quien se sentaba en su silla de ruedas al frente de nuestro edificio, el único rincón de sombra en los nuevos proyectos, donde los árboles apenas habían crecido. Todos los días, dos vecinos, ya mayores pero todavía fuertes, de camino al trabajo, bajaban la silla los cuatro escalones. Esa generosidad lo dejaba varado hasta que regresaban, así que John pasaba sus días viendo a la gente ir y venir. Mi madre siempre se detenía. Le preguntaba cómo estaba, si había sabido de su familia o si necesitaba algo. Yo nunca tuve el valor de pararme a hablar con John cuando no iba con Mami, pero su compasión me impresionaba y nunca le negué una sonrisa o un saludo con la mano cuando pasaba por allí. El papel de confidente de mis amistades es innato en mí y lo atribuyo al ejemplo de mi madre, que, si la dejaran sola en el banco de un parque, probablemente conseguiría que los árboles le contaran sus penas.

HAY UN RECUERDO de mi madre consolándome que me asalta a veces por la noche. El cuarto que yo compartía con Junior en la avenida Watson, con su pequeña ventana, no sólo era diminuto, sino insoportablemente caluroso en el verano. Teníamos un pequeño ventilador eléctrico apoyado en una silla, pero no servía de mucho. Algunas veces me despertaba agobiada en medio de la noche, con la almohada y las sábanas empapadas en sudor, mi cabello chorreando. Mami me cambiaba la cama y me hablaba en susurros en la oscuridad para no despertar a Junior. Se sentaba a mi lado en la cama con una olla de agua fría y una toallita que me pasaba por todo el cuerpo hasta que me quedaba dormida. La fresca humedad era tan deliciosa y sus manos tan firmemente suaves —manos de enfermera experta, pensaba yo— que una parte de mí trataba de permanecer despierta para prolongar un poco más esa maravillosa sensación de ser cuidada.

MIENTRAS MI MADRE parecía haber adquirido una nueva seguridad y fortaleza después de perder a mi padre, Abuelita nunca pudo salir del luto. Siempre había vestido con sencillez, pero ahora todo era sencillamente negro, como si los demás colores hubieran desaparecido de su vida. Las fiestas terminaron para siempre, el dominó y el baile ya sólo serían recuerdos. Yo seguía visitándola con frecuencia, particularmente cuando se mudó a los proyectos, a solo una cuadra de nosotros. Pero empezó a perder la vista y ya no salía, a menos que fuera absolutamente necesario. Nuestras visitas eran más sosegadas, sólo ella y yo hablando, pasando un rato juntas cómodamente. Yo traía mis tareas o leía un libro mientras ella cocinaba; siempre había más tranquilidad en su casa.

Aquel año de la muerte de mi padre fue increíblemente doloroso para ella. Su madre, mi bisabuela, murió poco después que Papi. Abuelita ni siquiera fue a Puerto Rico para el funeral, estaba demasiado abrumada por la pena de su hijo. Nunca habló de mi padre después de su muerte, por lo menos nunca que yo lo oyera, pero mis tías y tíos entendieron su transformación: Juli era el primogénito, el protegido. Si pudieron arrancarlo de su lado, nada en el mundo era seguro. Algo en el tejido de su universo se había desgarrado irreparablemente.

Durante mucho tiempo, el mal de Parkinson había estado consumiendo progresivamente a su esposo. Cuando mi padre murió, Gallego estaba perdiendo el habla y en pocos meses ya estaba postrado en cama, otra razón por la cual Abuelita casi nunca salía de la casa. Mi madre iba todas las semanas en su día libre del hospital para bañarlo y ayudar a cambiar las sábanas. Quizás mi abuela estaba guardando luto por adelantado también por su esposo, la tristeza tirando de un lado a otro entre Papi y Gallego como una ola atrapada. Cuando Gallego murió varios años después, ella se mudó a los pocos días al hogar de ancianos de Castle Hill. Igual que mi madre, se negó a volver al viejo apartamento después de la muerte de mi padre; Abuelita no pudo soportar quedarse en ese espacio donde los recuerdos chocaban con el vacío. Así que rezamos el rosario para Gallego en un hogar de ancianos nuevo y subvencionado.

EN LA ESCUELA también hubo cambios. Mi maestra de cuarto grado, sor María Rosalie, se esforzaba por ser más amable y yo disfruté de un respiro no oficial de regaños desde la muerte de Papi, en abril, hasta las vacaciones de verano. No fue una coincidencia que al empezar el quinto grado por primera vez tuviera ganas de ir a la escuela. Hasta ese momento, había estado luchando por descifrar qué ocurría, especialmente desde mi regreso del hospital. Ahora, de repente, las lecciones parecían más fáciles. Claro que haberme pasado todo el verano con la cabeza metida en un libro para esconderme de la melancolía de mi madre ayudó algo, pero había otra razón. En esa época mi madre hizo un esfuerzo por hablar inglés en casa.

Mami me contó una vez que para la época de *kindergarten*, una

LX

las influencias del español X
(la madre había impuesto las fiestas X)

maestra le había enviado una carta diciendo que deberíamos hablar inglés en la casa. Pero del dicho al hecho hay un gran trecho. Mi madre hablaba inglés con acento y a veces vacilaba, pero se las arreglaba bien en el hospital, incluso trabajaba de vez en cuando un turno de fin de semana contestando el teléfono. En casa, sin embargo, se sentía incómoda hablando en presencia de Papi en un idioma que él no conocía bien.

Yo no sé si mi padre hablaba algo de inglés. Puede que haya sido muy tímido para hablarlo mal frente a nosotros. Me imagino que habrá aprendido algunas frases para sobrevivir durante sus días en la fábrica, aunque nunca lo oí decir una palabra. Yo sé que Abuelita no sabía inglés, porque mi madre le servía de intérprete cada vez que tenía que lidiar con la burocracia. Dudo que sus hijas supieran más que unas cuantas palabras, de lo contrario habrían ayudado a Abuelita. Ni siquiera puedo imaginarme a Titi Gloria manteniendo una conversación en inglés como lo hace en español. Algunas cosas son imposibles de traducir. En cualquier caso, nuestra vida familiar transcurría totalmente en español.

Sonaba raro oír a mi madre cuando empezó a hablar inglés en casa, dirigiéndose a Junior y a mí como si hablara con un médico en el hospital. Pero en cuanto encontró las palabras para regañarnos, comenzó a sentirse natural. Con el tiempo, casi no me daba cuenta en qué idioma estábamos hablando. Aun así, para Junior y para mí resultaba fácil hacer el cambio al inglés con la flexibilidad de la juventud, pero a los treinta y seis años, a mi madre le costaba un gran esfuerzo. Sólo su devoción hacia nuestra educación pudo darle la fuerza de voluntad necesaria. "¡Tienen que obtener una educación! Es la única manera de salir adelante en el mundo". Ese era su estribillo constante, y a mí me daba vueltas en la cabeza como un comercial que uno ha oído miles de veces.

Un día sonó el timbre y mi madre le abrió la puerta a un hombre que llevaba dos maletines. No era el hombre que visitaba los proyectos vendiendo seguros. Tampoco era el anciano que venía los sábados a cobrar dos dólares por las cortinas que nos había vendido meses atrás. Mi madre se sentó en la cocina con el vendedor y hablaron por largo rato, mirando libros, haciendo cálculos. Yo estaba en la otra habitación, escuchando palabras sueltas: "incalculable regalo de conocimiento... como una biblioteca con miles de libros... bajos pagos mensuales...".

Cuando llegaron los dos cajones etiquetados _Encyclopaedia Britannica_, fue como si se hubiera adelantado la Navidad. Junior y yo nos sentamos en el piso rodeados de libros como exploradores al pie del Everest. Cada uno de los veinticuatro tomos era capaz de aguantar una puerta, la clase de libro que esperarías ver en una biblioteca, nunca en casa de alguien, y menos veinticuatro de ellos, ¡incluyendo un libro completo dedicado sólo al índice! Al hojear al azar las finas páginas de la apretada encuadernación, viajé por la geografía mundial, ponderé moléculas encadenadas, me maravillé ante la fisiología del ojo. Conocí a Flora y Fauna, las microscópicas estructuras de las células, mitosis, meiosis y el jardín de guisantes de Mendel. El mundo se abrió frente a mí en miles de direcciones diferentes, más o menos como había prometido el vendedor y, cuando resultaba abrumador, sólo tenía que cerrar el libro. Allí esperaría mi regreso.

No todos los esfuerzos de mi madre por ampliar nuestros horizontes fueron tan bienvenidos como la enciclopedia. Las clases de ballet fueron una breve tortura de las que me libraron mis quejas. Yo era larguirucha y totalmente descoordinada. Fin de la historia. El piano no fue mucho mejor, e igual de breve. Todavía no puedo marcar el ritmo, aun cuando el metrónomo me hipnotiza. Las clases de guitarra, que Junior y yo tomamos juntos, fueron las peores. El verdadero problema era ir y volver cruzando un vecindario en la calle White Plains, donde una pandilla de abusadores burlones nos mostró que, sin lugar a dudas, los niños puertorriqueños no eran bienvenidos. Uno de ellos me golpeó y traté de defenderme, pero a la larga salimos corriendo: no había manera de ganarles.

Mi primo Alfred tenía una respuesta para esta amenaza: nos enseñaría defensa personal, que él aprendió en la reserva del ejército. Teníamos que hacer _push-ups_ mientras él gritaba órdenes como un sargento instructor loco. Me daba bofetadas una y otra vez. Él las contaba, cincuenta en total. Decía que eso fortalecería mi valentía y resistencia. Yo no tuve el valor de decirle que ningún entrenamiento básico iba a endurecerme lo suficiente como para enfrentarme a una pandilla de niños mayores sólo para ir a tocar mal la guitarra. Hay que saber retirarse a tiempo.

Había otra razón, aparte del placer de la lectura, la influencia del inglés y las diversas intervenciones de mi madre para que yo finalmente comenzara a echar para adelante en la escuela. La señora Reilly desató mi espíritu competitivo. Ella colocaba una estrella dorada en la pizarra cada vez que un estudiante hacía algo realmente bueno y ¡yo no podía resistirme a esas estrellas doradas! Estaba decidida a coleccionar tantas como pudiera. Cuando las primeras "As" comenzaron a aparecer en mi informe de calificaciones, prometí solemnemente que de ahí en adelante cada informe tendría por lo menos una "A" más que el anterior.

Una promesa por sí misma no era suficiente; tenía que descifrar la manera de lograrlo. Las destrezas de estudio no eran algo que nuestras maestras en Blessed Sacrament abordaran explícitamente. Obviamente, algunos niños eran más inteligentes que otros; algunos niños se esforzaban más que otros. Pero también me fijé que un puñado de niños, siempre los mismos, obtenía rutinariamente las mejores notas. Ese era el grupo al que yo quería unirme. Pero, ¿cómo lo hacían?

Fue entonces, en la clase de la señora Reilly, bajo la seducción de las estrellas doradas, que hice algo un poco inusual para un niño, aunque me pareció una cuestión de sentido común en aquel momento. Decidí acercarme a una de las niñas más inteligentes de la clase y preguntarle cómo estudiar. Donna Renella pareció sorprendida, quizás hasta halagada. De cualquier modo, generosamente divulgó su técnica: cuando iba leyendo subrayaba los datos importantes y tomaba notas para condensar la información en fragmentos más pequeños que fueran más fáciles de recordar, y la noche antes de un examen, releía el capítulo importante. Estas son cosas obvias una vez que las conoces pero, en ese momento, descifrarlas sola hubiera sido como inventar la rueda. Me gustaría creer que las escuelas en los vecindarios pobres han progresado en la enseñanza de destrezas básicas de estudio desde mis tiempos en quinto grado. Pero la lección más fundamental que aprendí ese día es una que muchos niños todavía no conocen: no seas tímido en convertir en maestro a cualquier persona dispuesta a enseñar siempre y cuando sepa lo que está haciendo. Mirando hacia atrás, puedo ver lo importante que fue ese patrón para mí: con facilidad buscaba mentores, pedía orientación a profesores o colegas, y de cada amistad asimilaba con avidez cualquier cosa que esa persona pudiera enseñarme.

En ese momento, lo único que sabía era que mi estrategia funcionaba. En poco tiempo, la señora Reilly me mudó a la fila al lado de la ventana, reservada para los estudiantes más destacados. Mi satisfacción se diluyó, sin embargo, cuando me enteré de que la maestra de Junior lo había enviado a la fila más lejos de la ventana, donde sentaban a los niños más rezagados. Naturalmente, Junior estaba molesto, y la injusticia me irritó a mí también. Es verdad que yo le decía estúpido, pero esa era mi prerrogativa como hermana mayor y yo sabía que no era cierto. Él estudiaba casi tanto como yo. Él era callado, pero escuchaba y prestaba atención; no se le escapaba nada.

"Es un niño", decía Mami. "Ya llegará su momento". Las Hermanas de la Caridad tenían una visión todavía más pesimista de los niños varones: la mayoría eran problemáticos, muchas veces necesitaban una buena paliza y era poco probable que llegaran a ser algo. Había más sabiduría en el estímulo abierto de mi madre. Ella nunca nos forzó ni a Junior ni a mí a mejorar las notas, nunca nos trató con mano dura para que hiciéramos las tareas ni nos sermoneó acerca de establecer metas altas, como hacía Tío Benny con mi primo Nelson. Cuando llevaba mi informe de calificaciones a la casa para que lo firmara, me daba cuenta de lo feliz que era al ver que estaba obteniendo 'Aes'. Con esa misma sonrisa de orgullo recibió años más tarde la noticia de que yo era la mejor de la clase, o de que me graduaba *summa cum laude.* No importaba si ella no entendía exactamente lo que yo había logrado para hacerla sentir orgullosa. Ella confiaba en mí y también en Junior. "Sólo estudien", decía. "No me importan las notas, sólo estudien. No me importa si lavan baños. Lo que importa es que lo hagan bien". El éxito estaba muy bien, pero lo más importante era el proceso, no la meta.

EN ESA PRIMERA Navidad sin Papi, Alfred me ayudó a llevar el arbolito a casa. Él sostenía la base y yo aguantaba la parte superior, llevándolo por todo el camino, repitiendo las expediciones de mi padre de años anteriores. La gente siempre lo paraba para preguntarle dónde había encontrado un arbolito tan perfecto. Nadie nos detuvo ni a Alfred ni a mí. Pero no fue hasta que subimos ese triste ejemplar en el ascensor y lo metimos en el apartamento que nos fijamos en lo inclinado que estaba hacia un lado. Siempre recordaré esa lección, aunque sea por temporadas: asegúrate de que el tronco esté derecho.

Ahora yo estaba a cargo de la decoración. Recordaba que Papi siempre decía que no puedes tener dos luces del mismo color juntas ni dos adornos iguales uno al lado del otro, y que tienes que colgar cada lágrima plateada por separado en una rama. No puedes tirar puñados de lágrimas de manera agrupada, lo cual descalificaba a Junior como ayudante, porque él no tenía la paciencia necesaria para hacerlo bien. Pero lo que no podía descifrar era cómo Papi siempre se las arreglaba para colgar las luces tan hábilmente que los cables fueran invisibles. Yo pasaba horas sin ningún éxito. Él siempre pasaba un gran rato fajándose, así que yo sabía que no era fácil, pero obviamente él tenía un truco que nunca me enseñó. Recordé otra Navidad cuando era pequeña —tan pequeña que la familia todavía nos visitaba en los días festivos— antes de que Papi bebiera sin control. Fui a la cocina y había un lechón asado ocupando toda la mesa, con el pellejo crujiente y una manzana en la boca. Me quedé fascinada: el cerdo era demasiado grande para caber en nuestro horno y no podía imaginarme cómo mi padre lo había cocinado. ¿Acaso lo había cortado cuidadosamente, asado por secciones y luego había juntado de nuevo los pedazos? Por más que lo escrudiñaba no le veía costura alguna.

Mientras las guirnaldas de luces se convertían en mis manos en una maraña de hilos sin remedio, Mami entró y yo la miré angustiada, pero ella sólo movió la cabeza y dijo: "Juli era el que siempre adornaba el árbol. Yo no sé hacerlo".

Era mejor no tratar de descubrir los trucos de Papi. Un año, yo estaba empeñada en averiguar dónde estaban los regalos y descubrí el tesoro en la parte de atrás de un clóset, muy bien camuflado. Una pequeña rasgadura reveló un tesoro inimaginable: ¡nuestro propio televisor! Antes de eso, solíamos ir a casa de Abuelita cuando había un juego de béisbol; y para ver los muñequitos o *Los Tres Chiflados*, yo iba a casa de Nelson. Me emocioné tanto con el descubrimiento que pensé que iba a explotar de la alegría. Corrí a preguntarle a Papi si podíamos ver televisión enseguida. Su mirada de sorpresa y luego la desazón de su rostro fueron desgarradoras. Yo había arruinado su sorpresa. La emoción convertida en vergüenza garantizaría que nunca más tendría la tentación de mirar a hurtadillas, ni siquiera cuando años después mi madre me ponía a envolver regalos que, a falta de una tarjeta de dedicación, yo sabía que eran para mí.

Siempre me tomé muy en serio esa parte de la Navidad. Por años, cuando era pequeña, compraba regalos para todos con dinero que ahorraba de los centavos que ganaba de los depósitos obtenidos de las botellas. Juntaba las botellas, las lavaba y las llevaba de vuelta a la tienda. Reclutaba a Abuelita y a mis tías para que me guardaran también sus botellas. Abuelita incluso llevaba las suyas vacías a la bodega y luego me daba el dinero. Ganaba un poco más de dinero recogiendo las semillitas aladas de los sicomoros del patio de Tío Tonio y Titi Gloria: cinco centavos por cada bolsa de compras llena. Nelson me ayudaba, pero los demás pensaban que el trabajo era muy aburrido. A fines de año, tenía un par de dólares ahorrados y con eso me iba a la tienda de baratijas: un espejito para Abuelita, un pañuelito para Titi Gloria, dulces para Titi Aurora... Ninguno de mis primos lo hacía. Yo era la única desesperada por portarme bien, ser querida y ganarme a la familia.

Finalmente, de una forma u otra, terminamos de decorar el arbolito. Utilizamos la falda de algodón como nieve para el nacimiento. El cuadro se encontraba completo: suaves destellos, colores centelleantes y luces asomando tímidamente por detrás de un velo de oropel, con la refulgente estrella como broche de oro.

En ese momento me hubiese gustado recibir un abrazo de Papi. No podía negar que nuestra vida era mejor ahora, pero lo extrañaba. Con todo el sufrimiento que causó, yo estaba segura de que nos amaba. Esas cosas no se pueden medir ni pesar. No puedes decir: esta cantidad de amor equivale a esta cantidad de sufrimiento. No son opuestos que se cancelan mutuamente; ambos son verdaderos al mismo tiempo.

Nueve

L A DOCTORA Elsa Paulsen me intrigaba. Era alta y muy refinada, y hasta parecía de la realeza con su bata blanca. Al hablar, tenía un ligero acento que no era de Nueva York, pero tampoco del extranjero. Cuando entraba en la clínica de diabetes pediátrica del Centro Médico Jacobi todos los internos, residentes y enfermeras prestaban atención. Era obvio que querían complacerla; ella era la jefa, aun cuando también fuera simpática y amigable. Cuando me examinaba, no sólo se dirigía a mi madre, realmente hablaba conmigo.

La doctora Paulsen fue la primera mujer que conocí que tenía una posición de poder en el mundo real. En el Hospital Prospect, donde trabajaba mi madre, todos los médicos eran hombres. Las supervisoras de enfermería eran mujeres, pero de ahí no pasaban. Aun en Blessed Sacrament, las monjas ejercían su poder sólo sobre los niños. Ante el monseñor Hart y el padre Dolan, las hermanas se doblegaban.

En la clínica, la enfermera me pesaba y me tomaba muestras de orina. Si era mi día de suerte, también me sacaba sangre. De lo contrario, tenía que soportar que uno de los internos hiciera el trabajo por primera vez. Viéndolo en retrospectiva, sentirme de vez en cuando como un conejillo de Indias fue un pequeño precio a pagar por el beneficio del tratamiento de avanzada provisto por la Escuela de Medicina Albert Einstein. Dicha escuela tenía un programa de investigación sobre la diabetes juvenil y, teniendo en cuenta lo poco común que era la enfermedad en ese momento, fue una suerte extraordinaria que la clínica estuviera en el Bronx, aunque tuviéramos que viajar un gran trecho en el metro y luego tomar el autobús para llegar allí.

Con un sólido enfoque en la educación del paciente, la clínica fue pionera en diversas prácticas que ahora son habituales, tales como clases para niños sobre cómo vivir con diabetes, la importancia de la nutrición y lo que ocurre en el cuerpo como resultado de la diabetes. Desde el comienzo de mi tratamiento, la enfermedad había avanzado hasta el punto de que mi páncreas ya no producía insulina. Sin las inyecciones, en pocos días, si no antes, hubiera muerto. La insulina disponible en ese momento era de acción prolongada, una sola dosis en la mañana. Pero algunas veces durante el día había fluctuaciones inesperadas del nivel de azúcar en la sangre. Así que tenía que llevar un horario estricto de comidas y tener a mano meriendas o jugos por si tenía bajones de azúcar. No era cierto que no podía comer dulces o que los mangós me matarían, como advertían mis tías. Afortunadamente, mi madre era más avanzada en sus conocimientos y ambas celebrábamos después de cada visita a la clínica compartiendo un pedazo de *cheesecake* con cerezas en la cafetería del hospital. No se trataba de una lección de moderación; mi Mamá sabía que podía confiar en mi criterio respecto a la comida. Tampoco era una recompensa para mí; a mi madre siempre le gustaron más los dulces que a mí. Sencillamente, había que someter ofrendas de comida ante el altar de la culpa materna.

La moderación con los dulces para mí era natural porque me desagradaba la sensación que me causaba una subida del azúcar. Reconocía las primeras señales: una pesadez en cámara lenta, la sensación de tratar de levantarme de la silla con una pesa de mil libras en la falda. Un bajón en el nivel de azúcar también me sentaba mal, pero de otra manera. Empezaba a sudar y a marearme, perdía la paciencia y se me nublaba el pensamiento. Para complicar las cosas, en aquel entonces no había una forma precisa de hacerse la prueba de azúcar en la sangre, no había glucómetros, sólo tiritas de prueba de orina que reflejaban únicamente cómo estaban los niveles de azúcar horas antes. Así que para llevar cuenta de mis niveles de azúcar, desarrollé una conciencia constante de cómo se sentía mi cuerpo. Aun ahora, cuando la tecnología es mucho más precisa, todavía compruebo mentalmente a cada minuto del día las sensaciones físicas. Junto con la disciplina, el desarrollo de una conciencia interna sobre mi diabetes fue probablemente otro beneficio fortuito de mi enfermedad. Creo que esa conciencia interna se encuentra atada a la facilidad con la que puedo recordar emociones ligadas a mis memorias, y también con una alta sensibilidad al estado emocional de los demás, lo cual ha sido muy útil en los tribunales.

Pero aun cuando me inyectaba puntualmente y vigilaba cuidadosamente mi dieta, en aquel momento todavía quedaba la sombría realidad de mi enfermedad: probablemente moriría más temprano que tarde de alguna complicación. Con los avances en materia de tratamientos que se han venido dando desde mi infancia, un promedio de vida más corto ya no es tan probable como antes. Pero esa era la realidad durante mi infancia y eso explica por qué mi familia recibió mi diagnóstico como una catástrofe de proporciones trágicas. El principal temor de mi madre era el riesgo de amputación, ceguera y una colección de otras complicaciones típicas en esa época. Tan serena, profesional y calmada que era en la sala de emergencia, tan segura y tranquila cuando auxiliaba a un vecino enfermo, cuando la paciente era yo, se desmoronaba. Si me golpeaba el dedo del pie, empezaba a gritar que me iba a dar gangrena. A veces yo me desahogaba haciendo travesuras imprudentes en el patio de recreo sólo para asustarla. Y siempre, desde aquel primer día, reafirmé mi independencia poniéndome yo misma mis inyecciones de insulina.

Me di cuenta de que pudo haber sido peor. Mi prima Elaine tenía un brazo paralizado y atrofiado de nacimiento, metido en una férula. Al ser invisible, mi diabetes parecía ser de dos males el menor. Y Titi Judy se preocupaba todavía más por Elaine que mi madre por mí. Tan pronto Elaine se atrevía a hacer el menor movimiento en el patio de recreo, Titi Judy entraba en pánico. El miedo de su madre era contagioso y yo pensaba que prevenía a Elaine de todo lo que era perfectamente capaz de hacer.

Mi primo Alfred era el único que se negaba a creer que la diabetes era una terrible incapacidad. Quizás eso explicaría su determinación de sargento instructor de enseñarme a ser fuerte. Fue Alfred quien me puso un par de esquíes y hasta me montó en un caballo dos o tres veces. Cuando nos llevó a Junior y a mí a la Estatua de la Libertad, nos hizo subir las escaleras hasta la corona. Cuando llegamos al pedestal, yo estaba agotada, pero no: "¡Adelante y hacia arriba! ¡Hasta la cima!", me ordenaba Alfred. Los últimos tramos fueron una tortura, las piernas me dolían tanto que se me salían las lágrimas. Pero de ninguna manera iba a dejar que Alfred me viera llorar, lo que significaba que tenía que mantenerme al frente de él, y fue así que llegué hasta la parte superior de la estatua.

Con el tiempo, traduciría el fatalismo de mi familia a una perspectiva que se adaptaba mejor a mi temperamento: probablemente no iba a vivir tanto como la mayoría de las personas. Así que no tenía tiempo que perder. En la escuela, nunca consideré perder un semestre o un año. "Más tarde" puede que sea nunca, así que mejor me pongo a trabajar ahora mismo. Esa urgencia siempre se ha quedado conmigo, aun cuando el peligro ha pasado.

SENTADA EN LA sala de espera de la clínica, me preguntaba: "¿Nunca se le ha ocurrido a nadie en la Escuela de Medicina Albert Einstein que los niños con una expectativa de vida acortada se merecen algo mejor que esperar interminables horas con nada que leer aparte de las pilas de *Highlights* viejas? Debí haber traído mi libro de Nancy Drew", refunfuñaba.

Pero cuando llegó mi turno, me dieron algo más para leer: un folleto sobre cómo escoger una profesión. Tengo diez años, pensaba. ¿No es muy temprano para preocuparme por eso? *Puedes ser una actriz famosa*, aseguraba el folleto, *como Mary Tyler Moore. Puedes ser un atleta profesional, como Arthur Ashe. Puedes ser:*

médico
abogado
arquitecto
ingeniero
enfermera
maestra...

La lista de posibilidades para una persona con diabetes no parecía muy larga. Y peor aún, había una lista de profesiones que estaban fuera de los límites. No puedes ser piloto de aviones ni conductor de autobuses. *Tiene sentido,* pensaba yo: *nadie quiere alguien que se pueda desmayar en medio de un vuelo.* No puedes servir en servicio militar. Muy bien: ya he tenido suficiente entrenamiento en mi vida gracias a Alfred. Y no puedes ser policía… ¡Ea rayo! Eso sí que fue una bofetada.

¿Cómo que no puedes ser policía? Eso quiere decir que no puedes ser detective. ¡Eso era una catástrofe! Es verdad que Nancy Drew se las ingenió sin ser oficial de la policía, pero ella era la excepción. También era un personaje de ficción. Yo conocía suficiente del mundo real como para saber que los detectives generalmente son policías y no jovencitas de dieciocho años con vidas afortunadas. Pero Nancy Drew tenía un gran poder sobre mi imaginación. Todas las noches, cuando terminaba de leer y cerraba los ojos, continuaba la historia conmigo en el papel de Nancy hasta que me quedaba dormida.

La joven detective se paseaba en su pequeño auto convertible azul con la capota baja. Era una optimista incurable que hábilmente utilizaba los obstáculos para su propio beneficio. El padre de Nancy Drew era abogado. Él le hablaba de sus casos y le daba consejos que la ayudaban a resolver los crímenes. Eran como socios padre e hija.

El mundo en el que vivían era como un cuento de hadas, donde las personas tenían casas con sinuosos caminos de entrada bajo la sombra de árboles; visitaban casas de veraneo en el lago, y asistían a bailes de beneficencia en el club campestre. Nancy también viajaba. Había ido incluso a París. ¡Qué no hubiera dado yo por ver algún día la Torre Eiffel! Pero aun cuando Nancy Drew era rica, no era una *snob.* Y aun cuando fuera ficción, yo sabía que ese mundo existía. No era el de Cenicienta y la calabaza convirtiéndose en carruaje. Era real, y yo estaba ansiosa por investigarlo.

Yo estaba convencida de que sería una detective excelente. Me decía a mí misma que mi mente funcionaba de una manera similar a la de Nancy Drew: era una observadora minuciosa y escuchaba detalladamente. Captaba las pistas. Resolvía las cosas a base de lógica y me gustaban los enigmas. Me encantaba la sensación de claridad y enfoque que lograba al concentrarme en resolver un problema, mientras todo lo demás alrededor mío se desvanecía. Y podía ser valiente. Tenía que serlo.

Podría ser una detective excelente, si tan sólo no tuviera diabetes.

"¡JUNIOR, CAMBIA EL canal! Perry Mason está empezando". Muy bien, no podía ser policía ni detective, pero se me ocurrió que la solución a mi dilema aparecía en blanco y negro en esa pantalla chica todos los jueves por la noche.

Perry Mason era abogado de la defensa. Trabajaba con un detective, Paul Drake, pero aun así era Perry Mason el que descifraba la verdadera historia detrás del crimen, que nunca era lo que parecía. Y era cuando comenzaba el juicio que las cosas se ponían interesantes. Claro está, se supone que Perry Mason es el héroe. Su nombre era el nombre del programa, a quien le hacían las tomas en primer plano, el que ganaba casi todo el tiempo, y el que recibía los abrazos y las lágrimas de gratitud al final. Pero Perry Mason no monopolizaba mis simpatías. Le tenía cariño también a Burger, el fiscal. Me gustaba que fuera buen perdedor, que estuviera más comprometido con descubrir la verdad que con ganar el caso. Si el acusado era en realidad inocente, explicó Burger una vez, y el caso se desestimaba, él había cumplido con su trabajo, porque se había hecho justicia.

Lo que más me fascinaba era la figura del juez. Una presencia mínima, pero vital, una imagen más abstracta que un personaje: la personificación de la justicia. Al final del episodio, cuando Perry Mason decía: "Su Señoría, solicito que se desestimen los cargos en contra de mi cliente y que sea puesto en libertad", era el juez el que tomaba la decisión final. "Caso desestimado" o "aprobada la moción": eso concluía el episodio. Había que estar muy atento porque ocurría muy rápido, pero yo sabía que ese era el momento más importante del programa. Y aun antes de la decisión final, era el juez quien mandaba, quien decidía "no ha lugar" o "ha lugar", cuando el abogado decía: "¡Objeción!".

Aquí había un vocabulario totalmente nuevo. Y aunque no estaba segura de lo que significaba cada detalle, seguía la esencia del argumento. Era como los acertijos que tanto me gustaban, un complicado juego con sus propias reglas, uno en el cual se intersecaban los grandes conceptos del Bien y del Mal. Estaba intrigada y resuelta a descubrirlo.

Decidí que podría ser una excelente abogada. Pero estaba segura de que una parte de mí preferiría ser el juez más que ser Perry Mason. En ese momento, sin nociones de lo que cada aspiración conllevaría, una no parecía más descabellada que la otra.

Diez

ESTABA HACIENDO MIS tareas frente a la televisión una
noche cuando mi madre y sus amigas se arremolinaron para
ver el show de Ed Sullivan. Ana, Cristina e Irma estaban allí
chachareando. Ellas criticaban a mi madre por dejar a Junior y a mí
hacer las tareas con la televisión encendida, pero ella siempre les contestaba: "Esos niños son mucho más inteligentes que yo. Estudian cuatro o cinco horas todas las noches y sacan buenas notas. ¿Quién soy
yo para decirles cómo estudiar?". No podían discutir con esa lógica.
Pero no eran las únicas con esa preocupación. Las monjas de Blessed
Sacrament tenían sus propias teorías sobre los peligros de la televisión
en las mentes impresionables. Podían tolerar a Ed Sullivan, pero no
al agente de CIPOL, un pecaminoso espía ruso haciendo el papel de
un tipo bueno era demasiada amenaza para la narrativa popular de la
guerra fría. Parecía que a nadie le importaba que la televisión ayudara
a ampliar nuestros horizontes más allá del Bronx, donde era poco probable encontrar un abogado en acción o cualquier otra cosa a la que
yo pudiera aspirar.

De cualquier modo, en realidad, la mayor parte del tiempo yo no
miraba la televisión. Se había convertido ya en ruido de fondo, aun
cuando una vez había sido un talismán que alejaba la asfixia de un
silencio que se tragaba la casa. Hacía tiempo que había aprendido
cómo concentrarme en otras cosas que sucedían a mi alrededor. Algunas veces, si hubiera caído una bomba en Bruckner Boulevard no me

habría distraído. Así que Mami y sus amigas probablemente pensaron que yo no les estaba prestando atención esa noche de 1965 cuando Tom Jones movía sus caderas y rugía: *It's not unusual…*

"¡Qué guapo!", se le escapó a Ana en un susurro.

"Si me invitara a salir, no podría decirle que no". Se me pararon las orejas. ¿Mi madre dijo eso? Bueno, no es cierto que nada podía distraerme.

Cristina le ganó a ambas: "Puede dejar sus zapatillas debajo de mi cama cuando quiera". Debo haberme puesto roja como un tomate.

No es que yo fuera una inocente. Sabía que mi amigo Carmelo y su novia hacían mucho más que besarse en nuestra habitación cuando venían de visita; era una de las razones por las que les gustaba visitarnos. Los muchachos chismeaban. Donna mostraba sus *hickeys*. Esas cosas pasaban. Esas cosas pasaban todo el tiempo, lo quisieras o no. Pero yo, por mi parte, todavía no había llegado a eso.

Apenas comenzaba a encontrar mi lugar en la escena social de la escuela intermedia. Carmelo tenía mucho que ver con ello, particularmente por el apodo con el que me había bautizado: "Cabeza de computadora" o "Compy" para abreviar. Su intención era halagarme: yo era racional y metódica. Cuando mi mente se ponía a trabajar, él veía bombillas que se encendían, cintas grabadas que se rebobinaban, hombres con batas blancas y portapapeles que me alimentaban dándome tarjetas perforadas como desayuno. Carmelo comprendió las ventajas de ser amigo de una "estofona" y se sentaba a mi lado en todas las pruebas y exámenes, aunque yo no se lo hacía fácil. Se debe de haber lesionado los músculos de su cuello tratando de obtener buenas notas. Pero era agradecido. A cambio, me cuidaba y no dejaba que ningún abusador me acosara.

Carmelo era uno de los chicos más populares en la escuela. Tenía la desenvoltura del muchacho guapo: alto, con el cabello rizo y muy corto, y se le hacía un *dimple* en un lado cuando sonreía. Él y Eileen, otra de las muchachas *cool*, eran muy buenos amigos míos, lo que hizo maravillas para mi estatus social. Ambos vivían en Rosedale Mitchell-Lama Co-op al otro lado de la autopista, un nivel más alto que las casas Bronxdale. (O varios niveles, según Titi Judy y Tío Vitín, quienes también vivían allí.)

Al grupo le gustaba pasar el rato en mi casa porque mi madre, feliz de tener niños a su alrededor y bajo su cuidado, los hacía sentirse en casa. Nunca hubo el más mínimo indicio de desaprobación de alguien que yo invitara a mi casa: todos era bienvenidos con bastante arroz y habichuelas. Muchas veces, las hermanastras de Eileen, Solangela y Myra, también venían, aun cuando eran mayores y estaban en secundaria. Eran tan amigas de Mami como mías, y hablaban incesantemente con ella sobre sus vidas amorosas.

"Mami, si invito a algunos muchachos mañana, ¿puedes hacer tus chuletas?" Metía la cabeza en el refrigerador para hacer el inventario de lo que teníamos y lo que había que comprar. Mi madre me miraba como si le acabara de pedir que se dirigiera a la Asamblea General de las Naciones Unidas en cinco minutos. A pesar de su buena disposición para recibir a mis amistades, estaba convencida de que era una terrible cocinera, desde el Día de Acción de Gracias después de la muerte de Papi, cuando asó su primer pavo dejando la bolsita de órganos y entrañas dentro del mismo. Era un misterio cómo alguien a quien nunca le gustó cocinar preparaba unas chuletas tan divinas.

Para mí era un placer encargarme de las compras y del resto de los preparativos. Ser anfitriona me venía naturalmente. Me encantaba que el apartamento se llenara de risas, conversaciones, música y aromas desde la cocina. Me recordaba las fiestas de Abuelita, aunque fuera solamente un grupo de muchachos de escuela intermedia. Intentaba recordar cómo lo hacía Abuelita y lo adaptaba a estudiantes de séptimo grado. No había ron, pero sí mucha Coca Cola, montañas de arroz y habichuelas y las chuletas de Mami.

Junior asomaba la cabeza por la puerta de la cocina y pregonaba burlonamente: "Sonia está enamorada de Ringo, na na na na na na...".

Junior era mi cruz, la plaga perpetua de un inquebrantable hermano menor. Cuando mis amigos venían de visita, él escuchaba cada palabra que decían, fingiendo que hacía las tareas o que miraba la televisión. Tarde o temprano cualquier cosa que yo dijera, hasta la confesión de cuál era mi Beatle favorito, era usada en mi contra.

A esa edad, peleábamos rutinariamente y nuestras peleas eran físicas. Por lo menos en casa funcionaba así. Fuera, en la escuela o la calle, yo todavía era la protectora de Junior y tomaba muy en serio esa responsabilidad, recibiendo muchos golpes y moretones en su defensa. Después, en privado, me las arreglaba con él. Seguimos así hasta el día que me percaté de un estirón que yo no iba a poder igualar. Siempre sería tres años menor, pero era varón, con todas sus consecuencias hormonales, y un varón que pasaba horas todos los días en la cancha de baloncesto. Había llegado el momento de hacer la guerra por otros medios: "Junior, ya estamos muy grandes para esto. Seamos civilizados, podemos arreglar las cosas hablando", le decía —aunque no recuerdo haber usado tantas palabras para la última parte— "y siempre podemos chantajear el uno al otro". De ahí en adelante, ése fue el rumbo que tomaron nuestras hostilidades. Llevábamos cuenta de las ofensas del otro, íbamos con el cuento a Mami o amenazábamos con hacerlo, lo que nos diera la mayor ventaja. Nuestras acusaciones muchas veces iban acompañadas de llamadas al hospital que deben haber vuelto loca a mi madre, sin mencionar a sus supervisores, bendita sea su tolerancia. Siempre he pensado que se deben permitir las llamadas de los hijos para que las madres se sientan a gusto en sus lugares de trabajo, y cualquiera que haya trabajado en mi oficina puede atestiguarlo. Más tarde, en la secundaria, Junior y yo superamos nuestras batallas y, con el tiempo, acabamos muy unidos. Aunque no hablamos con mucha frecuencia, cuando se trata de algo importante, acudimos el uno al otro antes que a cualquier otra persona. No obstante, mi hermano alega que me guarda rencor por haber pasado su niñez esperando crecer lo suficiente como para poder vencerme físicamente y que yo le haya cambiado las reglas cuando él estaba al borde del triunfo.

CUANDO EL PAPA PABLO VI visitó Nueva York en el otoño de 1965, monseñor Hart hizo los arreglos para que un grupo de estudiantes de Blessed Sacrament lo viera. Yo quería que me incluyeran más que nada en el mundo. Esto no era sólo una excursión —realmente nunca íbamos de excursión en Blessed Sacrament. Era parte de la historia, la primera vez que un papa visitaba Estados Unidos. Y Pablo VI no era un papa común y corriente. Había sido elegido el verano después de morir mi padre, época en la cual yo pasaba mucho tiempo leyendo.

Todo lo que leía sobre él me inspiraba, y ahora casi todos los días salían artículos en periódicos y revistas describiendo los planes de su visita y las ideas que tenía: sobre terminar la guerra de Vietnam y usar el dinero del desarme para ayudar a los países pobres, sobre el diálogo entre religiones y de continuar el trabajo del Vaticano II para que la Iglesia fuera más receptiva y abierta a la gente común.

Era común que los libros me emocionaran y entusiasmaran, pero ¿qué tan a menudo un artículo de prensa te estremece? Tuve que buscar en el diccionario palabras que no conocía (ecumenismo, vernáculo), pero todos sus impulsos resonaban dentro de mí. ¡Yo amaba a este papa!

Así que me dio un gran disgusto y desilusión que no me dejaran verlo, aunque no me sorprendió: sólo los niños que iban a la iglesia con regularidad fueron incluidos. Desde que el padre Dolan había rehusado visitar a mi madre durante su sufrimiento, mi asistencia a la iglesia Blessed Sacrament no había sido la misma. Muchas veces iba con Titi Aurora a San Atanasio. Pero eso no contaba en Blessed Sacrament. Así que concluí que tendría que averiguar por mí misma lo que en realidad había pasado.

"¿Y cómo fue? ¿Les dio la mano? ¿Habló con ustedes?", le preguntaba a mis compañeros de clase. A pesar de la amargura de la exclusión, estaba ansiosa por conocer todos los detalles. Así que fue un alivio saber que no me perdí gran cosa. Los niños de Blessed Sacrament estaban entre una multitud de miles y vieron menos de lo que yo vi por televisión. Las cámaras siguieron al Papa por las calles de Manhattan, abarrotadas de gente, hasta San Patricio; tuvo una reunión con el presidente Johnson y fue a una misa en el Yankee Stadium. Lo mejor de todo fue que transmitieron su discurso ante la asamblea general de las Naciones Unidas: "No más guerra, nunca más. Paz, es la paz la que debe guiar los destinos de los pueblos y de toda la humanidad". Todo en un día extraordinario.

SE ME OCURRIÓ que si iba a ser abogada —o, quién sabe, juez— tenía que aprender a hablar de manera convincente y con seguridad frente al público. No podía ser un manojo de nervios. Así que cuando pidieron voluntarios para ser lectoras en la misa del domingo, vi la oportunidad para ponerme a prueba. Muchachas leyendo el texto sagrado era algo nuevo, una pequeña ola del Vaticano II, comparado con el maremoto que cambió la misa de latín a inglés y provocó que el sacerdote, al fin, se volteara de frente a la gente. No podíamos ser monaguillos, sin embargo; eso todavía estaba reservado para los varones.

Ser lectora no era lo mismo que ofrecer un discurso, claro, porque no tenías que preocuparte por qué decir, ni siquiera por memorizarlo. Estaba muy lejos de litigar un caso en un tribunal, pero era un pequeño paso en la dirección correcta. Y por algo había que empezar.

Subiendo los pocos escalones de piedra hacia el púlpito, me temblaban las rodillas. Vi cómo mi mano temblaba al apoyarla en el pasamano, como si fuera de otra persona. Si ni siquiera podía mantener quietas las manos, ¿qué pasaría cuando abriera la boca para hablar? Todos los escaños estaban repletos, hileras y más hileras de personas mirándome a la cara, esperando, me parecía, que yo hiciera el ridículo. Sentí náuseas. Imagínate vomitar aquí, ahora, sobre la Biblia. Había practicado la noche anterior, había leído en voz alta el pasaje muchas veces, ¿todo eso sería en vano?

Mi voz, al principio temblorosa, se estabilizó y también mis rodillas. Las palabras empezaron a fluir. Sabía que era importante levantar la vista al final de cada oración, pero no me atreví. Las caras me aterraban. Si miraba a sus ojos me perdería, quizás hasta me convertiría en una estatua de sal. Así que al final de cada oración miraba al techo: las vigas de madera demarcando arcas rectangulares, bordes en espiral dorado, lámparas colgando de aros de metal negros. Sin embargo, la rareza de mirar hacia arriba me hizo sentir de pronto aún más cohibida y empecé a preocuparme por el modo en que los feligreses podían interpretar mi mirada al techo: "¿Acaso esta niña cree que le está leyendo a Dios?". Afortunadamente después de uno o dos versículos, tuve una inspiración: para no caer en la trampa de los ojos de los feligreses, me enfocaría en las frentes…

Antes de darme cuenta, estaba bajando los escalones y regresando a mi asiento. Lo había logrado y sabía que lo haría de nuevo.

PASÉ OCHO AÑOS en el Blessed Sacrament School, mucho más de la mitad de mi vida para cuando sonó la última campana de octavo grado. Ted Shaw, un amigo de la secundaria que más tarde se convirtió en el director legal del Fondo para la Educación y Defensa Legal de la NAACP, describe la escuela católica como su salvación y su perdición: moldeó su futuro y aterrorizó su corazón. Me identifico con esa descripción. Las Hermanas de la Caridad me ayudaron a moldear mi carácter, pero hubo muchas otras cosas que no me dio tristeza dejar atrás.

EN EL FOLLETO mimeografiado que era nuestro anuario de octavo grado, cada estudiante escribió una "última voluntad y testamento" sobre la vida que dejábamos atrás en el Blessed Sacrament; las hermanas respondieron con algunas palabras "proféticas" sobre cada muchacho. Mirando esas páginas, me impresionan las expectativas tan bajas que tenían de los jóvenes a su cargo. De una muchacha, por ejemplo, dicen: "Tiene esperanzas de ser diseñadora de modas, pero pensamos que sería mejor que se convirtiera en madre de seis niños". Lamentablemente, ese desaliento, dirigido incluso a las muchachas que aspiraban a una profesión tradicional, como la de secretaria, no era raro. Sin embargo, para una pequeña escuela con recursos muy limitados en un vecindario pobre donde muchas vidas jóvenes terminaban fatalmente seducidas por el alcohol y las drogas, o interrumpidas por la violencia, el Blessed Sacrament impulsó a muchos de mis compañeros de clase a una existencia productiva y valiosa, a alcanzar un éxito mucho más allá de esas profecías mimeografiadas. No se puede negar que hay que dar crédito a las Hermanas de la Caridad y a la disciplina que me inculcaron, a pesar de su dureza.

Mi propia inscripción me sorprende por la seguridad en mí misma. Ya me encontraba segura de mi intelecto:

Yo, Sonia Sotomayor, en pleno uso de mis facultades mentales, por la presente dono mi cerebro para ser dividido equitativamente a la clase entrante de 8-1, de manera que nunca tengan que conocer la ira de sor Mary Regina por la falta de conocimientos.

Y aquí, con menos seguridad, pero todavía con esperanzas, lo que escribió sor Mary Regina:

Las ambiciones de esta niña, por extraño que parezca, son convertirse en abogada y casarse algún día. Ojalá pueda tener éxito en ambos campos. Predecimos una nueva vida de retos en Cardinal Spellman, donde asistirá a la secundaria, esperemos que pueda cumplir con estos nuevos retos.

RECIENTEMENTE FUI A visitar el Blessed Sacrament. Tiene muchos menos estudiantes y clases más pequeñas que cuando yo estudiaba allí. Es evidente que las maestras, ahora tanto laicas como monjas, dejaron de creer que la letra por sangre entra y han optado por un enfoque más enriquecedor. Cada generación tiene su propio estilo para demostrar que se interesa por el bienestar de sus alumnos.

Once

LA SECUNDARIA Cardinal Spellman estaba a una hora de camino de las casas Bronxdale, asumiendo que los trenes y autobuses estuvieran puntuales. El edificio de la escuela estaba dividido a la mitad por una grieta en la pared, las niñas en un lado, los varones en el otro. En cada piso, una monja hacía guardia en la grieta para asegurarse de que ni las niñas ni los varones cruzaran al otro lado sin permiso de una maestra. Las monjas eran Hermanas de la Caridad, la misma orden del Blessed Sacrament, pero para el tiempo en que entré a la secundaria en 1968, muchas ya habían dejado las tocas negras y los largos hábitos negros, por lo que se veían menos amenazadoras que antes.

Se permitía que las niñas y los varones se mezclaran en el comedor, pero teníamos clases separadas, salvo religión, y alguno que otro curso superior, la mayoría de nivel avanzado. Otra excepción era el español de primer año. Todos los estudiantes que hablaban español en sus hogares estaban en la clase avanzada que daba una monja recién llegada de España. Su plan era, según nos dijo, condensar tres años de español de secundaria en un mes de "repaso" y entonces comenzar a enseñarnos literatura.

A una sola semana de haber iniciado el semestre, ya la clase estaba a punto de motín. Una turba desesperada nos rodeó a Eddie Irizarry y a mí —los dos más bocones— para pedirnos que representáramos a la clase.

"Díganle que no somos españoles, somos americanos".

"¡Cuarenta y cinco minutos y nadie entendió ni una palabra de lo que dijo!"

Nuestra maestra no tenía idea de que los niños puertorriqueños criados en el Bronx no tenían educación formal en su lengua materna. En cuanto a la lengua adquirida, muchos de nosotros luchamos en nuestros primeros años por sobrevivir una transición en escuelas que no daban ningún apoyo a los niños que entraban con poco o ningún conocimiento del inglés. Así que empecé la secundaria sin haber estudiado nunca la gramática española, ni haber conjugado un verbo, ni haber leído más que unas cuantas oraciones seguidas: un anuncio, un titular de periódico, quizás un artículo muy corto. Nunca había leído un libro en español, por supuesto. Ninguno de nosotros podía entender el acento castizo correcto de la maestra o su elegante dicción. Nos quedábamos con la mirada extraviada, incapaces de seguir sus instrucciones, y ni hablar de las tareas.

Mi español era tan deficiente que ni siquiera pronunciaba bien mi nombre. Ella me llamó la atención al respecto. "Tienes el más noble de los apellidos españoles", me dijo. "No dejes que nadie lo pronuncie mal. Eres *Sonia Sotomayor* y cualquier otra cosa es vergonzosa. Pronúncialo correctamente y llévalo con orgullo".

Me di cuenta de que tenía un buen corazón. Y como era de esperarse, cuando Eddie y yo le explicamos la situación, fue comprensiva y complaciente. Al día siguiente, empezó con una disculpa y un plan nuevo y mucho más realista: iríamos de todos modos el doble de rápido que la clase de español normal, pero cubriríamos lo básico y aprenderíamos gramática primero, y luego empezaríamos con la literatura en español el segundo año. Fue una buena lección sobre el valor de aprender a expresar tus necesidades básicas y confiar en que serás escuchado. Finalmente, me di cuenta de que las maestras no eran el enemigo.

Por lo menos no la mayoría. Estaba la maestra de geometría, apodada Rigor Mortis. Se decía que estaba en la escuela Cardinal Spellman desde antes de que inventaran el triángulo, parada frente a miles de cláses de primer año, como un espantapájaros prehistórico, flaca y arrugada con una mata de pelo rojo brillante.

Me indigné cuando me llamó a su oficina y me acusó de hacer trampa. La base de su acusación era mi calificación perfecta en el examen de geometría *Regents*. Nadie en todos sus siglos de existencia había obtenido un 100 en el *Regents*.

"¿Entonces de quién me copié?", le pregunté molesta. "¿Quién más obtuvo un cien de quien yo haya podido copiarme?"

Por un momento pareció paralizarse. "Pero nunca habías tenido una calificación de más de 80 o 90 en los exámenes de práctica. ¿Cómo pudiste obtener un cien?"

La verdad, según le expliqué, es que nunca tuve una respuesta incorrecta en los exámenes de práctica; me había restado puntos sólo porque no seguí los pasos que habían indicado. Yo había seguido mis propios pasos, los que tenían sentido para mí, y ella nunca me había explicado qué tenían de malo. En el examen *Regents* sólo había que dar la respuesta, nadie verificaba los pasos.

Lo que sucedió después realmente me maravilló. Ella buscó mis exámenes anteriores y los revisó. Reconociendo la validez de mi evidencia, cambió mis calificaciones. Resultó que hasta Rigor Mortis no era en realidad tan rigurosa.

TAL VEZ ESTE fue el más inverosímil giro de acontecimientos en esos primeros meses: Miriam y yo nos inscribimos en los *maritime cadets*. Los viernes por la noche, íbamos a PS 75 en Hunts Point y marchábamos alrededor del gimnasio. Usábamos uniformes. Memorizamos términos náuticos y aprendimos a hacer nudos. Nunca llegamos a poner un pie en un bote, pero marchamos en el desfile puertorriqueño.

Nuestro verdadero motivo para unirnos a los cadetes era escoltar a Nelson, el hermano de Miriam, que tocaba la trompeta en la banda. Nelson, mi cómplice en la niñez, mi genial compinche, se había convertido en un imán para las chicas. Era increíblemente guapo, tan inteligente como siempre, con un retorcido sentido del humor. Además se había convertido en un músico talentoso. De hecho, estaba desesperado por dedicarse a esa pasión, aun cuando Tío Benny siempre había deseado que fuera médico. La única razón por la que permitió que Nelson se uniera a la banda de música fue porque pensó que la disciplina le vendría bien, y eso lo alejaría de la calle.

La seducción de las chicas y la música no era el único motivo por el cual Tío Benny quería que alguien vigilara a Nelson.

Nelson había empezado en el Bronx Science el mismo año que yo entré en la escuela Cardinal Spellman, y ya estaba en apuros. De su capacidad científica no había dudas. Cuando llegó a la secundaria ya había ganado varios premios importantes por sus proyectos en las ferias científicas, y sus maestras lo distinguían como un prodigio, con un talento por igual tanto para la ciencia como para la música. No, las dificultares reales de Nelson no eran intelectuales, sino emocionales: Tío Benny y Titi Carmen se estaban separando.

Yo no soportaba los chismes sobre el divorcio. Me tapaba los oídos cada vez que alguien hablaba de quién tenía la culpa. Y por supuesto nunca creí la teoría de Abuelita y mis otras tías, convencidas de que le habían hecho brujería a la pareja dejándole tripas de pollo en el umbral de la casa para que se separaran. Ya era suficiente sufrimiento sin importar las razones, y no podía imaginar cómo se sentían Nelson, Miriam y el pequeño Eddie.

Especialmente Nelson.

Cuando éramos pequeños, Miriam siempre tenía miles de razones para decir que no a cualquier juego nuevo o plan que yo sugiriera. A la larga accedía, pero convencerla requería un gran esfuerzo. En la secundaria la pasamos muy bien juntas, pero de niña era recatada. Nelson, por el contrario, nunca me dijo que no. Estaba dispuesto a lo que fuera, arriesgándose a cualquier cosa por un amigo, sin pensarlo dos veces. Esas cualidades que yo adoraba de él cuando éramos pequeños fueron las mismas que lo hicieron vulnerable a las peores tentaciones, particularmente en un vecindario que se ahogaba en las drogas.

Algunas veces, cuando veía a Nelson practicar con la banda, lo imaginaba de pie en la proa de un barco tocando la trompeta con todo su corazón, el barco flotando sin rumbo hacia el mar y dejándome a mí parada en el muelle.

EN EL VERANO entre el primer y el segundo año de secundaria, cumplía con la asignación de lecturas de verano hasta que *El señor de las moscas* me hizo parar de seco. No estaba lista para empezar con otro libro después de terminar este. Nunca había leído algo con tantas interpretaciones. Me obsesionaba y tenía que darle más pensamiento. Pero no quería pasarme todo el verano nada más leyendo y mirando televisión. Junior era feliz tirando bolas al canasto todo el día, pero no había mucho más que hacer en los alrededores de los proyectos si ya eras muy grande para el patio de recreo y no estabas metido en drogas. Orchard Beach todavía me atraía, a pesar del tráfico abrasador, pero no se podía hacer ese viaje todos los días. Además, sin la risa de Abuelita y la anticipación del banquete campestre que cargábamos, sin Gallego acelerando el motor del auto lleno de niños, ya no era lo mismo.

Así que decidí buscar empleo. Mami y Titi Carmen estaban sentadas en la cocina de Abuelita tomando café cuando anuncié mi plan. En los proyectos no había tiendas ni negocios, pero quizás podría buscar quien me contratara en el viejo vecindario de Abuelita. Titi Carmen todavía vivía en Southern Boulevard y trabajaba en United Bargains. Los negocios familiares al lado del tren elevado, o "El", como lo llamábamos, no contrataban niños —preferían el trabajo de los parientes que pagarle a un desconocido— pero las tiendas más grandes a lo largo de Southern Boulevard quizás lo harían. Les propuse caminar por toda la calle y preguntar en cada tienda. "No hagas eso", dijo Titi Carmen. "Déjame preguntarle a Angie". Angie era la jefa de Titi Carmen.

Mi madre se veía afectada y se mordió los labios. No dijo nada hasta que Titi se fue. Entonces, por primera vez, me contó algo de su niñez: sobre cómo cosió y planchó pañuelos para Titi Aurora desde que tenía uso de razón, todos los días por horas. "Me molestaba, Sonia. No quiero que crezcas sintiendo lo mismo que yo sentí". Se disculpó por no poder comprarnos más cosas, pero insistió que sería peor si la culpara algún día por haberme privado de mi infancia.

Me sorprendió. Nadie me estaba obligando a trabajar. Claro que un poco de dinero para los gastos no vendría mal, pero esa no era la motivación principal. "Mami, yo *quiero* trabajar", le dije. Ella trabajó tanto durante toda la vida que no podía entender que el tiempo libre podía ser aburrido, pero aburrimiento era lo que me esperaba si me quedaba en casa todo el verano. Le prometí que nunca la culparía. En ese momento, comencé a entender lo dura que había sido la vida de mi madre.

Titi Carmen me dijo que Angie estaba dispuesta a contratarme por un dólar la hora. Eso era menos que el salario mínimo, pero como de todos modos yo no tenía edad para trabajar legalmente, me pagarían por debajo de la mesa. Tenía que tomar el autobús para encontrarme con Titi Carmen en su casa, y entonces caminar juntas hasta United Bargains. Esa se convirtió en nuestra rutina. No era un vecindario para caminar sola.

United Bargains vendía ropa de mujer. Yo ayudaba donde hiciera falta: surtiendo mercancía, arreglando, vigilando los vestidores. Tenía que estar atenta a las señales que delataban a una ladrona cuando trataba de desaparecer detrás de los percheros para enrollar la mercancía y meterla en una cartera.

Las adictas siempre eran especialmente sospechosas. Era fácil reconocerlas por las sombras bajo sus ojos, aun cuando cubrían sus marcas en los brazos con mangas largas hasta en el verano. Nunca surgió una discusión ni un escándalo. De vez en cuando, tenía que decir: "Saca lo que pusiste en tu cartera". La mayoría de las veces no necesitaba decir nada. Ellas sacaban las piezas de su bolsa, las colgaban de nuevo o me las daban, nuestros ojos nunca se encontraban. Ellas sólo se iban avergonzadas. Siempre las dejábamos ir. No había muchas opciones: en un precinto que llegó a conocerse como Fort Apache, el Viejo Oeste, la policía tenía las manos llenas lidiando con las pandillas. Además, la gerencia entendía que la vergüenza y la lástima eran castigo suficiente y yo naturalmente estuve de acuerdo. Yo odiaba que sintieran lástima por mí, esa tristeza degradante de segunda mano que siempre asociaba con la reacción de mi familia a la noticia de que yo tenía diabetes. Sentir lástima por otra persona no se sentía mejor. Cuando la dignidad de alguien se hace añicos frente a tus ojos, deja un vacío que cualquier corazón sensible quiere llenar, aunque sea con su propia tristeza.

Los sábados por la noche la tienda abría hasta tarde, y ya estaba oscuro cuando bajábamos las puertas metálicas. Dos policías nos esperaban en la puerta y nos escoltaban hasta la casa. No sé cómo llegaron a este arreglo o si era cierto que una de las vendedoras dormía con uno de los policías, pero de todos modos me alegraba. Por el camino, veíamos el equipo de SWAT en las azoteas por todo Southern Boulevard, sus siluetas abultadas por los chalecos antibalas, los rifles de asalto listos. Una por una se iban oscureciendo las tiendas y oíamos las puertas de metal cubiertas de grafitis bajando estrepitosamente, los camiones saliendo, hasta que éramos las únicas caminando. Hasta las prostitutas desaparecían. Podías tropezar con torniquetes y bolsitas de papel celofán vacías si salías al área del patio al frente de donde vivía Titi Carmen, pero no te topabas con ningún vecino. Me pasaba la noche en la casa de Titi Carmen, conversando con Miriam. Me hubiera gustado que Nelson también estuviera presente, pero ya nunca estaba en su casa.

Recuerdo haberme quedado dormida pensando de nuevo en *El señor de las moscas*. Era como si la cabeza del cerdo llena de moscas en la estaca hubiese sido plantada en una grieta de la acera en Southern Boulevard. Los adictos que rondaban el callejón eran niños cubiertos con pintura de guerra, abandonados en una isla hostil, y los ojos de los cazadores pasaban lentamente por la calle, iluminados con apetitos primitivos. Los policías con chalecos antibalas eran sólo una tribu más feroz. ¿Dónde estaba el caracol?

A la mañana siguiente, a plena luz del día, Southern Boulevard era menos amenazante. Los vendedores ambulantes estaban afuera, las fachadas de los negocios abiertos, la gente entrando y saliendo. De camino a casa, me detuve en un kiosco improvisado de frutas a comprar un guineo y comérmelo de tentempié. Estaba pelando mi compra cuando vi una patrulla subirse a la acera. El policía se bajó, señaló aquí y allá lo que deseaba —no hablaban el mismo idioma— y el vendedor llenó a capacidad dos bolsas grandes con frutas. El policía hizo el ademán de buscar la billetera, pero sólo era un gesto;

y el vendedor le dijo con la mano que no pagara. Cuando el policía se fue con sus frutas, le pregunté al hombre por qué no le había cobrado.

"Es el precio de hacer negocios. Si no le doy las frutas, no puedo vender las frutas".

Me dio un vuelco el corazón. Le dije que lamentaba que las cosas fueran así.

"Todos tenemos que vivir", dijo, encogiéndose de hombros. Parecía más avergonzado que ofendido.

¿Por qué me molestó tanto? Sin los policías, nuestro vecindario hubiera sido una zona de guerra peor de la que era. Trabajaban duro en un empleo peligroso con poco agradecimiento de las personas que protegían. Los necesitábamos. ¿Acaso estaba furiosa porque tenía un concepto más alto de la policía, tan alto como el del padre Dolan y las monjas? Había algo más, más allá del abuso de confianza, más allá de la corrupción de alguien cuyo uniforme es símbolo del orden cívico.

¿Por qué fracasan las cosas? En *El señor de las moscas*, los niños perdidos más maduros comienzan a construir una sociedad moral y funcional con las mejores intenciones, basándose en lo que recuerdan: cuidando a los pequeños, construyendo refugios, manteniendo la fogata prendida. Su pequeña comunidad de todos modos fracasa, destruida por los que son más auto indulgentes, los que se dejan llevar por su ego y por el miedo.

¿De qué lado estaba el policía?

Los niños en *El señor de las moscas* necesitan reglas, ley y orden para mantener a raya sus peores instintos. El caracol que soplan para llamar a reunión o mantener el derecho a hablar representa el orden, pero no tiene poder por sí sola. Su único poder es el que ellos aceptan honrar. Es hermosa, pero frágil.

Cuando era más joven, algunas veces acompañaba a Titi Aurora en el verano al lugar donde trabajaba de costurera. Debe haber sido cuando Mami trabajaba el turno de día o cuando por algún motivo no podía ir a casa de Abuelita. Aquel salón con máquinas de coser zumbando era para mí una visión del infierno: el calor sofocante, la oscuridad, la falta de aire, las ventanas pintadas de negro y la puerta herméticamente cerrada. Era muy pequeña para ser útil, pero trataba de ayudar de todas maneras, para pasar el rato. Titi Aurora me daba una caja de *zippers* para desenredarlos, me pedía que agrupara ganchos de ropa, organizara pedazos de tela según el color o que buscara cosas para las costureras. Todo el día velaba si alguien se dirigía a la puerta. Tan pronto la abrían, salía corriendo y asomaba la cabeza buscando una bocanada de aire, hasta que Titi me veía y me azuzaba para que volviera a entrar. Le pregunté por qué no dejaban la puerta abierta. "Porque no pueden", decía.

Detrás de las puertas cerradas y las ventanas ennegrecidas, todas estas mujeres estaban violando la ley. Pero no eran criminales. Sólo eran mujeres trabajando duro durante largas horas en condiciones deplorables para mantener a sus familias. Hacían lo que tenían que hacer para sobrevivir. Fue mi primer indicio de la vida dura que había tenido Titi Aurora. Titi nunca recibió la educación que tuvo Mami, y tuvo que soportar la carga del padre que Mami se libró de conocer. Su vida de casada tuvo muchos retos y pocas recompensas. El trabajo era la única manera que conocía de seguir adelante, y no faltó un solo día. Y aunque Titi era la persona más honesta que yo conocía —al punto que si encontraba un *dime* en el teléfono público llamaba a la operadora para preguntar a dónde podía enviarlo— violaba la ley todos los días cuando iba a trabajar.

Una tarde en United Bargains, las mujeres estaban haciendo llamadas de broma, marcando números al azar del directorio telefónico. Si respondía una voz femenina, actuaban como si tuvieran amoríos con el esposo y entonces se reían a carcajadas ante la respuesta de la pobre mujer. Titi Carmen se les unía, tomando su turno al teléfono, y se reía tan fuerte como las demás. Yo no podía entender cómo alguien podía ser tan arbitraria e inútilmente cruel. ¿Qué placer le encontraban? De camino a casa, le pregunté: "Titi, ¿te imaginas el dolor que están causando en ese hogar?".

"Era una broma, Sonia. Nadie tiene intenciones de herir a nadie".

¿Cómo es posible que no lo imaginara? ¿Cómo era posible que

el policía no entendiera que dos bolsas de compras grandes reple-
tas de frutas representaban en la vida de un pobre vendedor quizás
los ingresos de todo un día? ¿Era tan difícil ponerse en el lugar del
otro?

Yo tenía quince años cuando comprendí por qué fracasaban las
cosas: las personas no podían imaginar el punto de vista de los demás.

Doce

TRES DÍAS ANTES de Navidad y a mediados de mi primer año en la secundaria Cardinal Spellman, nos mudamos a un nuevo apartamento en Co-op City. Una vez más, mi madre nos llevó a lo que parecía el fin del mundo. Co-op City era un pantano, donde no había nada, salvo un parque de diversiones llamado Freedomland, hasta que llegaron las concreteras y los camiones de volteo un año antes que nosotros. Nos mudamos a uno de los primeros edificios de los treinta que se habían planificado para un complejo diseñado para cincuenta y cinco mil personas. Para ir de la escuela a casa, tenía que caminar una milla por la avenida Baychester, cruzar el paso elevado de la autopista y atravesar la inmensa obra de torres a medio construir, con el barro arrasado y desnudo, antes de alcanzar la fase habitable. Un viento helado que podía levantarte del suelo corría desde el río Hutchinson. Las grúas de construcción bajo un cielo opaco se veían borrosas por las ráfagas de nieve, y todo se parecía a Siberia, pero en el Bronx.

Por lo menos, ahora vivíamos lo suficientemente cerca de la escuela como para caminar y eso me alegraba. El viaje de una hora por autobús y tren desde la avenida Watson era tedioso. El pobre Junior, que todavía estaba en sexto grado cuando nos mudamos, tuvo que viajar de Co-op City a Blessed Sacrament, en sentido contrario, durante otros dos años. Ningún conocido nuestro había oído hablar de Co-op City. Mi madre se enteró por un artículo en el periódico sobre los planes que tenía la ciudad de construir viviendas asequibles. Allí, el costo de vida se ajustaba al ingreso. Al mismo tiempo, comprabas acciones en una cooperativa. Así que, en teoría, era una exención de impuestos.

Mi madre estaba ansiosa por mudarnos a un lugar más seguro, porque los proyectos Bronxdale iban rápidamente cuesta abajo. Las pandillas dividían el territorio y se enfrentaban entre sí, agregando la amenaza de la violencia gratuita al flagelo de las drogas y la pobreza. Una plaga de incendios se extendió por los vecindarios circundantes cuando los propietarios de los edificios en ruina buscaban cobrar el seguro. Nuestro hogar se empezaba a ver como una zona de guerra.

Fue el doctor Fisher el que hizo posible la mudanza. Cuando murió, le dejó en el testamento cinco mil dólares a mi madre, la última y la menos esperada de las innumerables atenciones que nunca pudimos corresponderle, aunque lo intentamos. Cuando el doctor Fisher fue hospitalizado después de la muerte de su esposa, Abuelita hizo que Gallego pasara todas la mañanas de camino al trabajo a recoger la ropa sucia del doctor Fisher y llevarle piyamas limpios.

Sí, Co-op City era el fin del mundo, pero cuando vi el apartamento, todo tuvo sentido. Tenía pisos de parqué y un ventanal en la sala con una vista abarcadora. Todas las habitaciones eran el doble de los cuchitriles de los proyectos y la cocina era tan amplia que te podías sentar y comer allí. Lo mejor de todo, Willy, el amigo de mi madre que era músico y hacía trabajos de obra, dividió el dormitorio principal en dos habitaciones pequeñas, pero con suficiente espacio para una cama individual y un escritorio, de manera que al fin Junior y yo pudimos tener cuartos separados. Cada uno tenía su puerta y Willy hasta nos dejó escoger a cada uno el empapelado. Junior escogió algo neutral, en un sobrio tono crema. El mío tenía constelaciones, planetas y signos zodiacales en un estilo antiguo, como si un cartógrafo renacentista hubiera dibujado un mapa para viajes espaciales.

Yo leía mucha ficción y fantaseaba viajando a otros mundos o escabulléndome a través de un túnel del tiempo. Apenas el verano anterior, en julio de 1969, dos astronautas habían caminado por la luna. Yo estaba atónita de que esto hubiese ocurrido durante mi vida, particularmente porque recordaba la predicción de Papi. Neil Armstrong y

Buzz Aldrin llevaron mensajes de los líderes mundiales grabados con letras microscópicas en un disco de silicón, mensajes que cabían en la cabeza de un alfiler, para depositarlos en la superficie lunar. El del Papa Pablo fue del Salmo 8:4-7: "Al ver tu cielo, obra de tus dedos, la luna y las estrellas que has fijado, ¿qué es el hombre, para que te acuerdes de él? ¿Qué es el hijo de Adán para que cuides de él? Un poco inferior a un dios lo hiciste, lo coronaste de gloria y esplendor. Le has hecho que domine las obras de tus manos, tú lo has puesto todo bajo sus pies".

EMPECÉ UN NUEVO trabajo en Zaro's Bakery, en el pequeño centro comercial al frente de nuestro edificio en Co-op City. En los días que hacía el turno de la mañana, abría el negocio junto con la gerente y su asistente, ponía en marcha la máquina que hervía los *bagels* y llenaba las vitrinas de pastelillos y panes. Entonces, mientras esperábamos el momento de abrir, nos sentábamos juntos a tomar café y a comer un bocadillo, que para mí era siempre un buñuelo francés cubierto de chocolate, balanceado luego por un almuerzo bajo en almidones, por supuesto. Me encantaban esos ratitos diarios, reírme de los cuentos que se contaban envuelta por el aroma del café y el pan recién horneado. Me transportaban a la panadería de Tío Mayo en Mayagüez.

En poco tiempo, los clientes estaban haciendo fila para el ritual familiar de recibir el cambio y charlar. Yo movía la cabeza cuando trataban de hablarme en *yiddish*. "¿What, no yidish? ¿Una linda jovencita judía como tú?" Oía esta frase con tanta frecuencia, que ya conocía la rutina: mi jefa explicaba con un poco de *yiddish* que yo reconocía. '*Shiksa*' era técnicamente peyorativo, pero ella lo decía con afecto, así que no le ponía reparos. Por lo menos no era '*spic*' —en otros lugares recibía ese insulto con más frecuencia.

CO-OP CITY SE fue transformando gradualmente de una obra en construcción a una comunidad. Al terminar los días más crudos del invierno, se veía a las parejas paseando, los niños jugando, los ancianos observando desde los bancos. Una gran cantidad de residentes eran judíos, como evidenciaba la clientela de la repostería, pero había personas de todos los orígenes imaginables, provenientes de los cinco distritos, una población ligeramente más próspera que la que acostumbrábamos a ver en los proyectos: maestras, oficiales de policía, bomberos y enfermeras como mi madre. Los edificios eran impecables y perfectos en aquel momento, por lo que todavía se mantenía oculta la mala calidad de su construcción. Los jardines estaban sembrados con árboles y flores, y todo el lugar se iluminaba de noche.

Una vez que Mami plantó bandera en Co-op City, a todos los demás les pareció buena idea. Alfred, que para entonces ya se había casado con Lucy, se mudó a un edificio cerca del nuestro, donde sus hijos Mike, Marisol y Caroline crecieron, llamándome Titi Sonia. Más tarde, llegó Titi Carmen con Miriam y Eddie; Charlie, con su nueva esposa, Ruth; y, finalmente, Titi Gloria y Tío Tonio. Titi Aurora le ganó a todos. Tan pronto nos instalamos, la hermana de mi madre se mudó con nosotros.

Con todo el cariño que le tenía a Titi Aurora, estas no fueron buenas noticias. Acabábamos de adquirir suficiente espacio para respirar y ya estábamos otra vez sobrepoblados. Titi dormía en un sofá cama en el vestíbulo. Ella se levantaba temprano y protestaba si Junior y yo nos quedábamos despiertos después de las diez. Si teníamos visitas, se retiraba a la habitación de mi madre. Titi lo guardaba todo. Yo no podía abrir un clóset para buscar una toalla sin que me cayera en la cabeza una avalancha de cosas. Y me quedaría corta si dijera que Titi Aurora era austera. No creo que haya gastado nunca un centavo en algo para su disfrute o comprado algo que no fuera estrictamente necesario. Usaba la misma ropa año tras año y la remendaba como una experta hasta que ya no aguantaba más. La sola idea de comer en un restaurante o gastar un dólar en huevos y tostadas la perturbaba. A su vez, la austeridad de Titi molestaba mucho a mi madre, que se enorgullecía de vestir bien y disfrutaba derrochando el dinero en pequeños placeres. Mami nunca ahorró, nunca guardó dinero y daba el máximo por lo que consideraba importante, como haber comprado la enciclopedia o mantenerme en una escuela católica. Muchas veces tuvo que endeudarse, pero trabajaba sin descanso para pagar esas deudas.

Estas dos hermanas eran una pareja despareja. Aunque ninguna de las dos demostraba afecto, y sobre todo Titi podía ser austera y severa, también era claro que tenían un vínculo que yo no acababa de comprender. Eran como dos árboles con raíces profundas tan enredadas que inevitablemente se apoyaban una en la otra, pero también se sofocaban entre sí. Los dieciséis años de diferencia entre ellas las hacía parecer más madre e hija; así fue como empezaron y así continuaron. Junior y yo sospechábamos que la intención de Mami de invitar a Titi Aurora a mudarse con nosotros fue para reclutarla como espía o por lo menos un disuasivo. Se mantenía la vigilancia y Mami evadía la culpa. Tenían un acuerdo, sin embargo, de que Titi no podía disciplinarnos directamente.

Tenía que mantener informada a Mami sobre cualquier cosa terrible que hiciéramos. Cuando esto no ocurría, Mami, a quien le disgustaba oír malas noticias, extraía de los balbuceos lúgubres de Titi un informe de lo ocurrido, y sólo entonces decidía qué castigo debíamos merecer.

Esto casi siempre funcionaba a favor nuestro. Cuando Titi llamaba al hospital en estado de pánico para decirle que Junior había cometido una ofensa indescriptible, ¿no era en realidad un alivio para Mami saber que él no había cometido ningún crimen, ni estaba usando drogas, ni había terminado en la cárcel? Atraparlo con una novia en el dormitorio era prácticamente una buena noticia si lo veías desde esa perspectiva.

AL IGUAL QUE en los proyectos, nuestra casa seguía siendo el lugar de reunión favorito de mis amistades. Y aun con las protestas de Titi, la fiesta continuaba, y mi madre aparecía a intervalos regulares a buscar una taza de café, sólo para recordarnos su presencia. Si hacíamos mucho ruido, no obstante, uno de los vecinos seguro llamaba a la seguridad de Co-op City. La primera vez que ocurrió y un guardia uniformado golpeó a la puerta, salimos en desbandada, buscando dónde esconder dos paquetes de seis cervezas. Antes de darme cuenta, Mami salió de un salto de su habitación como una tigresa, con los ojos ardiendo. Abrió la puerta de par en par y gritó en el pasillo: "¡Díganle a esos vecinos que se trata de jóvenes pasándola bien en mi casa! ¡Por eso los muchachos se meten en problemas, porque la gente no deja que se diviertan en su hogar!". Y todavía más fuerte: "¡Si alguien tiene problemas con eso, que vengan a hablar conmigo! ¡No llame a seguridad!". Cuando terminó de gritar, invitó al guardia a tomar café y le dijo a los muchachos que ya estaban recogiendo sus cosas que se podían quedar, pero que hablaran más bajito, por favor.

Y así, gracias a Mami, nuestra casa fue <u>centro de fiestas</u> y cuartel general para las elecciones del consejo estudiantil. Celebrábamos fiestas para preparar afiches, pintar consignas en cruza calles que extendíamos a todo lo largo de los pasillos. Hacíamos fiestas de victoria si ganábamos y fiestas de consuelo si perdíamos. Durante mis años en la secundaria, el apartamento 5-G en Dreiser Loop 100, era el mejor lugar.

MARGUERITE GUDEWICZ Y yo estábamos loquitas por Joe. Él jugaba con ambas, y no tomaba en serio a ninguna. ¿Qué pensaba, que las muchachas no hablábamos? Cuando nos dejó a las dos por otra, Marguerite y yo nos hicimos mejores amigas.

Cuando iba a casa de Marguerite había algo que me traía recuerdos de la casa de Abuelita en mi niñez. El lugar era como un pueblo, sus abuelos vivían en la planta baja, Marguerite, su hermano y sus padres arriba, y el tío Walter en un apartamento en el sótano. Me sentía como en casa.

El padre de Marguerite, John Gudewicz, no medía sus palabras, pero por lo menos hacía un esfuerzo por suavizar sus comentarios cuando yo estaba cerca. Tenía sus opiniones sobre "esos puertorriqueños", pero su risa amable hacía imposible ofenderse. En 1971, cuando por primera vez apareció Archie Bunker en *All in the Family*, todos bromeábamos diciendo que el señor Gudewicz podía demandar a CBS por no respetar los derechos de autor. No obstante, si lo presionaban, se ponía de mi lado. Una noche, su hermano le preguntó explícitamente: "¿Quién es la '*spic*'?".

"Es nuestra invitada y si no te gusta puedes irte al infierno", dijo. No sólo estaba siendo un buen anfitrión. Me enteré de que cuando los padres de Marguerite se casaron, en sus comunidades la unión entre una alemana y un polaco era vista prácticamente como un mestizaje. Más aún, la madre de Marguerite, Margaret, una mujer modesta que nunca hablaba sobre sí misma, había escondido judíos en Alemania en los tiempos de la guerra. Los Gudewiczs no necesitaban lecciones sobre la vileza de los prejuicios.

Más allá del mundo limitado de mi familia y unas cuantas calles del sur del Bronx, un mundo mucho más amplio se iba abriendo ante mí, aunque sólo fuera al estilo de Nueva York. Si creces con salsa y merengue, las polkas y el *jitterbug* te parecen salidos de las páginas de *National Geographic*. Para el gusto puertorriqueño, la comida alemana, polaca e irlandesa resulta sosa, pero parecía que teníamos mucho que aprender al preparar los vegetales. Noté también que las *mishigas** en los pasillos de Co-op City o en Zaro's eran similares a la locuacidad de la vida familiar puertorriqueña. Sin embargo, de habernos lanzado la clase de insultos que nuestros vecinos judíos se decían regularmente, la deshonra y la mortificación habrían durado generaciones. Siempre me maravilló oírlos reír juntos minutos después de un altercado.

Las diferencias eran evidentes, pero no eran nada en comparación con lo que teníamos en común. Cuando me acostaba por la noche y veía por la ventana el cielo reflejando el resplandor tenue de la ciudad, pensaba en la feroz lealtad de Abuelita hacia la sangre. ¿Pero qué es realmente lo que une a la gente como familia? La manera en que se sostienen con historias; cómo los hermanos pueden pelearse amargamente, pero hacen lo que sea necesario para ayudarse uno al otro; cómo una muerte a destiempo, un hijo que se va antes que un padre, estremece los cimientos; cómo los más débiles, los que tienen heridas invisibles son resguardados; cómo un jolgorio continuo es la medicina contra la soledad, y cómo celebrar las mismas ocasiones año tras año nos forja para los cambios que auguran. Y siempre, en el centro de todo, la comida.

DE LA MISMA manera en que mi mundo emocional estaba creciendo en Co-op City, mis horizontes intelectuales comenzaban a expandirse en la escuela. La señorita Katz, que nos enseñó historia en tercer año,

---

* Una palabra Yídish que significa "locura".

era distinta a todas las maestras que había tenido antes, distinta, en realidad, a todas las personas que había conocido. Comparada con las monjas, se veía joven y vibrante. Ella nos advirtió que no nos quedáramos atrapadas aprendiendo las cosas de memoria, que necesitábamos dominar el pensamiento conceptual y abstracto. El significado de todo esto se revelaría cuando escribiéramos nuestros primeros ensayos. ¿Nuestros primeros qué? Ahí estábamos sentadas, hileras de rostros en blanco en nuestras reglamentarias faldas azul marino, blusas blancas y chalecos de suéter. Once años de memorización habían moldeado nuestras mentes de la misma manera uniforme. ¿Ensayos? De alguna manera, habíamos llegado al tercer año de secundaria sin haber escrito nada aparte de informes sobre libros. Las monjas siempre nos dieron los datos y nosotras sólo los repetíamos como papagayos. Yo era muy buena en eso. Me enorgullecía saber que podía absorber vastos océanos de datos. Ninguna maestra me pidió nunca nada más a cambio de una "A".

La señorita Katz pedía algo más. Sus pronunciamientos y retos me intrigaban. ¿Qué quería decir pensar de manera crítica sobre la historia? ¿Cómo se analizan los datos? Por lo menos, yo había aprendido ya el valor de pedir ayuda. Si iba a hablar con ella después de clases, no me tiraría la puerta en la cara.

De hecho la puerta estaba abierta de par en par, y tuvimos varias conversaciones largas y fascinantes. Me habló de su novio, un brasileño que describió como luchador por la libertad y que trabajaba a favor de los pobres y oprimidos por la dictadura militar. Le pregunté cómo siendo judía había venido a trabajar a una escuela católica, y me dijo que la inspiraron las monjas y los sacerdotes que encontró en Latinoamérica. Ellos arriesgaban sus vidas para ayudar a los pobres. Habló de manera similar sobre el padre Gigante, lo que me tomó por sorpresa, pero tenía sentido.

El padre Gigante era nuestro sacerdote en San Atanasio, donde yo iba a misa con Titi Aurora antes de mudarnos a Co-op City. Poco a poco me enteré de que, más allá del santuario, la figura familiar en el altar era una presencia de proporciones épicas, un activista de derechos de los inquilinos, famoso por caminar por las calles humildes con un bate de béisbol cuando negociaba con las pandillas y los arrendatarios. En la misma parroquia donde Abuelita y toda mi familia vivieron hasta que mi madre encabezó el éxodo, el padre Gigante estaba trabajando para reclamar edificios abandonados o arrasados por los incendios intencionales, y renovarlos para convertirlos en viviendas de bajo costo. No se me hubiera ocurrido llamarlo un luchador por la libertad, pero, ¿por qué no?

La señorita Katz era la primera progresista con la que me topaba de cerca. Claro que no había muchas más en la secundaria Cardinal Spellman en aquellos tiempos, y ella sólo duraría un año. Recuerdo que me preguntaba qué la hacía tan enigmática. ¿Cómo alguien se convierte en una persona interesante? No era únicamente por tener un novio que describía como héroe, aunque eso por supuesto me llamó la atención. Tenía que ver más con su manera de cuestionar el significado de su existencia, con pensar en términos de su propósito en la vida. Era maestra, pero se educaba a sí misma, aprendía sobre el mundo y participaba activamente. Yo comencé a tener un presentimiento de que la educación podía ir más allá de abrirte las puertas para una oportunidad de empleo como insistía el estribillo perpetuo de mi madre.

Me gustaría decir que el mismo tipo de reflexión que iluminaba mis conversaciones con la señorita Katz había arrojado alguna luz sobre el problema de escribir un ensayo de historia. Su receta para el pensamiento crítico y el análisis seguía siendo abstracta, pero fascinante. Aunque me fue bastante bien en su clase, tendría que esperar hasta la universidad para entender realmente lo que ella quería decir.

FÍSICAMENTE, ESTABA CLARO que Sonia Sotomayor no era nada espectacular. Yo tenía la nariz regordeta. Era torpe y carecía de gracia. Corría despavoridamente por los pasillos de Cardinal Spellman, a diferencia de otras que sabían cómo pavonearse con sensualidad. Mi misma madre me decía que tenía un gusto terrible al vestir.

De vez en cuando me invitaban a salir. Casi siempre el novio de una amiga tenía un amigo y tenían necesidad de una cuarta persona para un *double date*. Algunas veces el muchacho me volvía a invitar y otras veces duraba por un tiempo, pero nunca tanto como para que fuera algo estable. En una ocasión, fui yo la que puse el punto final: como aporte a una comida que incluía sándwiches y que algunas amistades iban a hacer en casa, mi *date* decidió robarse la tocineta. Para hacer las cosas peor, si Mami hubiera tenido dinero para prepararnos la comida ese día esto jamás habría ocurrido. Ella estaba muy apenada, pero se hubiera horrorizado de haberse enterado del robo. No quise tener nada que ver más con ese tipo.

Esencialmente me sentía como el plato de segunda mesa de todos, que es la razón por la cual cualquier cumplido me tomaba por sorpresa, particularmente si no eran los tradicionales. Por ejemplo, de acuerdo con Chiqui, yo tenía "piernas como bates de béisbol". "Gracias, Chiqui", le contesté.

"¡No, eso es bueno! ¿Ves cómo tus tobillos son pequeños y tus batatas curvean? Tienes buenas piernas".

Los oí peores: Kevin me dijo que el padre de Scully decía que yo "tenía la estructura de una letrina de ladrillos".

"Es un cumplido, Sonia".

"¿Qué clase de cumplido es ese?"

"Es solo una expresión", insistía Kevin. "Quiere decir que eres fuerte. No como una débil construcción de madera". No podía creer lo que estaba oyendo. ¿A eso se refieren al hablar del humor irlandés?

Aparte de los halagos dudosos, la verdad era que Kevin Noonan me hacía sentir atractiva y apreciada de una manera nueva. Por mi parte, yo estaba embelesada con sus ojos azul grisáceos, hasta el punto de espiar el pasillo al otro lado de la grieta divisoria de Cardinal Spellman hasta alcanzar a ver el halo de rizos color arena que hacía resaltar su delgada figura entre la multitud uniformada.

En nuestra primera cita, tomamos el tren a Manhattan. Caminamos por toda la ciudad, durante horas, hablando mientras me mostraba sus lugares favoritos. El primer sitio adonde me llevó fue un pequeño parque en la calle 53 este, donde una cortina de agua todavía baja por una pared de piedra. El sonido de la fuente hace que la ciudad se sienta lejana y convierte el parquecito en un refugio privado.

Desde esa primera cita nos hicimos inseparables. Durante el primer mes, Kevin me traía una rosa cada día. Un día después de clases, caminábamos a la parada donde él tomaba el autobús a su casa en Yonkers. Cuando pasamos por casa de Titi Gloria, arrastré a Kevin adentro para que conociera a Titi y a Tío Tonio. En realidad, yo sólo quería posponer nuestra despedida, pero tan pronto llegamos, Kevin se puso pálido y se quedó callado. Pensé que quizás le había molestado que Titi Gloria y Tío Tonio hablaran en español, aun cuando estaban haciendo un gran esfuerzo, recibiéndonos con bizcocho y galletitas y refrescos. Pero Kevin permanecía inmóvil, y yo me molesté bastante.

Al día siguiente, cuando llegué a la escuela, no recibí una rosa. Empezó a preocuparme que la relación hubiera terminado. Pero Kevin finalmente confesó: las rosas que yo recibía diariamente, ¡se las había estado robando del jardín de Tío Tonio! Me lanzó una mirada de vergüenza que no combinaba con sus chispeantes ojos y dijo: "Hay muchas, Sonia". Era cierto: los rosales de Tío Tonio eran espectaculares. Me reí tanto que casi me ahogué. Acepté con alegría que la fase color de rosa de nuestro romance había terminado. Ahora éramos una pareja.

Kevin prácticamente se mudó con nosotros, salvo que mi madre lo obligaba a irse a su casa por la noche, por supuesto. No podíamos darnos el lujo de tener muchas citas aparte de ir a la pizzería del vecindario. Así que nos quedábamos en casa, estudiando o viendo televisión. A él le gustaba leer tanto como a mí, y podíamos quedarnos horas en silencio, uno al lado del otro, pasando las páginas. Salíamos a caminar, visitábamos a mi familia o trabajábamos en el auto de Kevin. Y hablábamos constantemente sobre todo lo imaginable.

No íbamos mucho a su casa, ya que a su madre le costó trabajo aceptarme. No me lo dijo directamente, pero el mensaje llegaba claramente cuando apretaba los labios, levantaba la ceja o tiraba la puerta. Habría sido más feliz si yo hubiera sido irlandesa o, por lo menos, no puertorriqueña. Ya había pasado por esto. Un muchacho con el que salí antes de Kevin logró esquivar una taza que su madre le lanzó a la cabeza al descubrir que yo era puertorriqueña. La mamá de Kevin no expresaba su disgusto con tanta vehemencia, sino que buscaba consejo de su sacerdote. Éste, o compartía su opinión sobre mi gente, o sencillamente le faltaban las agallas para decirle que discriminar no era una actitud muy cristiana. Kevin defendía al sacerdote. La parroquia de Yonkers era ciento por ciento irlandesa y el sacerdote no tenía otra opción que afirmar los valores de su comunidad. Yo discrepaba. Los prejuicios no son valores.

Cuando le presenté a Kevin a Abuelita, se oficializó la relación. De ahí en adelante, se dio por sentado que nos casaríamos. A pesar de las diferencias entre puertorriqueños e irlandeses, nuestros familiares y amigos compartían la misma expectativa: te casas con tu primer amor. La única pregunta era si nos casaríamos al terminar la secundaria o esperaríamos hasta terminar la universidad.

RECUERDO ESTAR DE pie frente a la ventana de mi cuarto. Detrás del edificio de estacionamiento, en la esquina del solar vacío donde la basura crecía junto a la maleza, veía el Dodge de Kevin y sus piernas flacas debajo del chasis. Un surtido de piezas y herramientas estaban cuidadosamente colocadas en la acera a su lado. El motor había dado su último suspiro y él lo estaba cambiando por otro que había comprado en una tienda de segunda mano. Más cerca, en la cancha, estaba Junior jugando a solas con la bola de baloncesto, haciendo su interminable baile privado.

Mami entró al cuarto y se paró junto a mí. Ella vio lo que yo contemplaba y, apoyando una mano suavemente en mi hombro, me dijo: "Mis dos hijos".

Trece

L A CERVEZA SCHAEFER ES *la mejor cuando se toma más de una…*
Kenny Moy estaba sentado al lado de Titi Aurora frente a la
televisión, cantando a toda voz el *jingle* de la cerveza. Hasta ahí
llegaba su español, pero eso no evitó que hiciera buena liga con Titi
Aurora. Tenían estrambóticas conversaciones bilingües mientras veían
juntos la lucha libre. Titi se balanceaba de arriba abajo, gritándole al
referí, vitoreando a su luchador favorito del momento. Me encantaba
mirarla: la lucha era lo único que la hacía relajarse y disfrutar. Me
recordaba los períodos en que Papi salía de su silencio lúgubre para
apoyar a los Yankees frente al pequeño televisor en blanco y negro de
Abuelita. Pero, ¿the Sheik? ¿the Crusher? ¿Killer Kowalski? ¿Gorilla
Monsoon? ¿Cómo podía Titi creer que eso era de verdad?

Ken Moy era el tutor estudiantil del equipo femenino del Club de
Oratoria y Debates de Cardinal Spellman. Me inscribí como parte de
mi autoimpuesto programa pre-profesional para hablar en público,
que adelantaba cada vez que se presentaba una oportunidad. Cerca de
doce chicas componían el equipo, un grupo interesante de estofonas
altamente funcionales y autoseleccionadas. Kenny nos asesoraba en
debate y discurso improvisado. Él era brillante debatiendo. Su mente
era una máquina analítica capaz de desmantelar implacablemente la
posición de un oponente, paso a paso. Un búnker parecía una casa de
naipes ante sus argumentos. Y las emociones no lo contaminaban. Yo
aspiraba a tener la serenidad imperturbable y racional de Ken, aun-

que temía parecerme más a Titi Gloria con su habitual nerviosismo vacilante que acompañaba toda decisión mundana (¿el vestido rojo o el azul?).

"¡Sonia, no me importa si te tienes que cortar las manos, pero elimina esos movimientos de tu repertorio!" Ese era Kenny en primera fila del ring. ¿Decirle a un puertorriqueño que no hable con las manos? Es como pedirle a un pájaro que no alce el vuelo.

Ken debió haber ido a Bronx Science, pero su madre lo envió a Cardinal Spellman para que pudiera estar pendiente de su hermana. Janet era una radical individualista total y sin autocensura, una bomba de tiempo en una escuela católica. Una vez hasta maldijo al director en su cara cuando éste la encontró agarrada de manos con su novio. Ken puso a prueba su poderosa retórica para conseguirle un indulto. Pero la verdad es que si hubieran expulsado a Janet, Ken también se habría ido, y la escuela habría perdido un alumno estelar.

Ellos vivían en East Harlem, donde sus padres tenían una lavandería china. Nunca visité la casa de Ken ni conocí a sus padres. Según Ken, su padre tenía tres problemas —la heroína, el juego y un temperamento violento— y como vivían a casi una hora en metro, pasábamos el rato en mi casa. Ken me aseguraba que ellos eran la única familia china en el barrio, que él era un chico de barrio de la cabeza a los pies y que jugaba al dominó con los mejores. Era flaco como un fideo, pero de una sentada podía comer más arroz con habichuelas y chuletas de Mami que el resto de nosotros juntos.

En la clase de filosofía, estábamos estudiando lógica. No estoy segura de qué esperaba de la filosofía, pero la lógica formal me tomó por sorpresa. Me encantaba. Percibía su belleza, la idea de un orden que se mantenía sin importar las circunstancias. Lo que más me entusiasmaba era cómo podía aplicarla inmediatamente cuando practicaba debates al final del pasillo. Estaba maravillada de cómo algo tan matemáticamente puro y abstracto podía transformarse gracias a la persuasión humana en palabras poderosas capaces de hacer cambiar la opinión de la gente.

El Club de Oratoria y Debates era, de diversas maneras, un buen adiestramiento para un abogado, aunque apenas lo entendiera en su momento. Te asignaban un tema y el lado que te tocaba defender, a favor o en contra. No importaba lo que opinaras del asunto; lo que importaba era que lo defendieras bien. No sólo tenías que ver ambos lados, tenías que prepararte como si los fueras a defender ambos, para así poder anticipar los movimientos de tu oponente. En los cinco minutos que te asignaban, tenías que usar cuidadosamente las palabras para pintar un argumento ante los que juzgaban el encuentro. Entonces, tenías que escuchar a tu oponente. "La mitad del debate es escuchar lo que dice la otra persona", explicaba Ken. Exponer tus puntos era fácil, escuchar bien a tu oponente para responderle con eficacia era lo más difícil.

Siempre he sabido escuchar. Mis amigos confiaban en mí, me contaban sus problemas y dependían de mis consejos, de la misma manera en que las amistades de mi madre confiaban en ella. Cuando yo era pequeña, escuchar y esperar las señales era la clave para sobrevivir en un mundo frágil. Me doy cuenta cuando alguien titubea o se pone a la defensiva, cuando lo que dicen les importa más de lo que admiten o cuando se apresuran en restar importancia a un asunto. Se comunican tantas cosas con el tono de voz, las sutilezas de la expresión y el lenguaje corporal.

Ken nos enseñó una manera distinta de escuchar, más formal que mi destreza intuitiva. Nos enseñó a prestar atención a los eslabones vulnerables en una cadena de lógica, a las premisas equivocadas y los hechos supuestos que sabes que puedes retar cuando llega tu turno. Pero aunque absorbía las estrategias lógicas de Ken, sabía por instinto que las emociones no desaparecían. De la misma forma en que mantenías las tuyas a raya, tenías que considerar también las de tus oyentes. Una línea de razonamiento puede persuadir pero, de igual manera, también puede hacerlo una secuencia de sentimientos. Construir una cadena lógica era una cosa; elaborar una cadena de emociones requería un entendimiento diferente.

LLEGUÉ A LA competencia final de discurso improvisado. El cronómetro arrancó y escogí a ciegas un papelito. Tres temas basados en acontecimientos de actualidad: elige uno. Tengo quince minutos para pensar en todo tipo de ideas y organizar un discurso de cinco a siete minutos. Varios de los tres temas habían sido abordados por las noticias de la noche: la matanza de My Lai, la masacre en Kent State University, la guerra extendiéndose a las fronteras, las protestas en los recintos universitarios. Se me hace difícil oír mis pensamientos. El tercer tema me llama más la atención: el asesinato a sangre fría de Kitty Genovese y los vecinos que lo presenciaron sin hacer nada. Más cerca de casa —Queens en lugar de Camboya— y me toca la fibra sensible.

El tiempo está corriendo. ¿Qué recuerdo sobre los reportajes que vi en las noticias? ¿Adónde quiero llevar esto? ¿Cuál es mi propósito? ¿Cuál es la mejor manera de empezar? Comenzaré presentando un panorama… y recordaré mantener mis manos quietas.

"En una fría noche de comienzos de primavera, hace seis años, una joven regresaba del bar donde trabajaba, conduciendo su auto hasta su apartamento en Queens. Eran alrededor de las tres de la madrugada cuando aparcó su auto en un estacionamiento cercano. Cuando se dirigía por el callejón hacia su apartamento, un desconocido salió de entre las sombras y se le acercó. Asustada, salió corriendo, pero el hombre la alcanzó y la apuñaló en la espalda. Ella gritó y pidió ayuda. Varios vecinos oyeron sus gritos y el forcejeo que ocurrió cuando Winston Moseley asaltó a Kitty Genovese".

Los miré y observé la sala silenciosa y cautivada. Los tenía en el bolsillo.

"Pero la noche estaba fría y las ventanas cerradas. Los que oyeron los gritos probablemente pensaron que era una pelea de enamorados o un par de borrachos ruidosos. Kitty Genovese gritó y gritó, pidiendo ayuda mientras su agresor la golpeaba repetidamente en la cabeza, la apuñalaba una y otra vez y le hería el cuerpo entero. Finalmente, la violó mientras agonizaba tirada sobre el pavimento. Cuando todo terminó, uno de los vecinos llamó a la policía. Llegaron en pocos minutos, pero Kitty Genovese murió en la ambulancia de camino al hospital".

"Winston Moseley se escapó esa noche. Fue detenido más tarde por robo y confesó el asesinato. Está encerrado por el resto de su vida. Eso no es lo que me preocupa hoy. No, lo que me preocupa es esto:

treinta y ocho vecinos también confesaron. Cada uno de ellos oyó o presenció algo del ataque, que duró más de media hora. Treinta y ocho vecinos no hicieron nada para intervenir. Solo miraron, sin hacer más nada; y, al así hacerlo, dejaron que esta joven sufriera una muerte espantosa".

Hago una pausa para mirar las caras frente a mí y veo una oportunidad: me imagino que ellos son los vecinos, sentados justo aquí en el auditorio. ¿Cómo supero lo que los paraliza? ¿Cómo logro que den un paso adelante, asuman la responsabilidad y ayuden a Kitty?

"Treinta y ocho vecinos no hicieron nada. ¿Cómo ocurre esto? Ocurre cuando nos tornamos apáticos a nuestro papel en la sociedad. Ocurre cuando olvidamos que somos una comunidad, que estamos conectados los unos a los otros y que tenemos la obligación de relacionarnos con otros seres humanos". Muy bien. Ahora tengo que elaborar un poco, cubrir las bases y concluir el argumento. "Kitty Genovese fue víctima de un crimen que pudo haber sido el acto de una persona perturbada. Otros crímenes pueden tener causas diversas, que apuntan hacia fracasos más amplios de la sociedad. Pero en el momento de la oportunidad, cuando un criminal aprovecha la ocasión y la víctima sufre, nuestra responsabilidad es clara. Cuando el criminal encuentra a su víctima en un callejón oscuro, el vecino, el espectador, también tiene su oportunidad. ¿Verán ustedes a la víctima no como una extraña o una mera estadística, sino como un ser humano igual que ustedes? ¿Serán ustedes completamente humanos en ese momento, y sentirán la obligación de actuar, y de involucrarse? ¿Serán ciudadanos en todo el sentido de la palabra y asumirán la responsabilidad que nuestra ciudadanía conlleva?"

Todavía los tengo, todos están atentos. Así que empiezo a recapitular y me acerco para el aterrizaje… "Había una joven en el umbral de su vida, una flor en ciernes, lista para abrir". Y ahí está mi mano, casi como si no fuera mía, los dedos se ahuecan y se abren como floreciendo para luego cerrarse abruptamente en un puño: "Destruimos esa flor".

Los aplausos me acompañan al bajar los escalones. Ken sonríe ampliamente, orgulloso. ¡Anuncian que gané el primer lugar! Un poco engreída, le digo a Ken que <u>algunas veces está bien hablar con las</u> <u>manos. Es quien soy, es de donde vengo.</u>

ESTABA HACIENDO LAS tareas en la mesa de la cocina, mientras Junior hacía las suyas, como de costumbre frente a la televisión, cuando la puerta se abrió. Mami hizo una entrada dramática, tirando al piso el montón de libros que traía en los brazos.

"¡No voy a volver!", anunció con voz temblorosa. "Es demasiado para mí. Lo siento, no puedo hacerlo".

"¡Junior, ven acá!", grité. Enseguida, apareció en la puerta. "Si tú no puedes, Mami, nosotros tampoco. Junior, descansa, no vamos más a la escuela". Con ambas manos cerré de un golpe el libro que estaba leyendo, un sonido muy satisfactorio. Primero me fijé en el número de la página, claro.

Este motín surgió unos cuantos meses después de que mi madre se sentara con Junior y conmigo en esa misma mesa de la cocina para preguntarnos si estábamos dispuestos a hacer algunos sacrificios para que <u>ella pudiera estudiar y así obtener el título</u> de Enfermera Graduada. Hacía años que deseaba continuar sus estudios, pero esa esperanza se había esfumado con la muerte de Papi. Con el tiempo, el sueldo que ganaba como enfermera práctica se fue quedando muy lejos de lo que ganaban las enfermeras graduadas. Le preocupaba que si sus <u>benefi-</u> <u>cios del Seguro Soc</u>ial para sobrevivientes finalizaran cuando Junior y yo termináramos de estudiar, <u>ella no podría arreglárselas</u> sola. Por supuesto, <u>ella no quería depender de nosotros para su sustento.</u> Tendríamos que apretarnos los cinturones por un tiempo mientras ella dejaba el hospital para volver a estudiar.

El dinero no era un problema insuperable. Mi madre aceptó un turno sabatino en una clínica de metadona para compensar un poco la pérdida de ingresos. Yo había trabajado el verano anterior en la oficina administrativa del Hospital Prospect y me dejaron continuar los fines de semanas durante el año escolar. Junior también estaba trabajando en Prospect, en la recepción, y tenía un segundo empleo como sacristán en la catedral de San Patricio. Todo iba cayendo en su lugar.

No, el problema no era el dinero. El problema era que mi madre estaba muerta del miedo. No importaba que fuera una mujer muy inteligente y ambiciosa. No importaba que el Hostos Community College, donde se matriculó, hubiera sido creado especialmente para atender a la comunidad hispana del sur del Bronx con un programa bilingüe para estudiantes como ella. No importaba que ella hubiera estado haciendo la labor de una enfermera graduada extraoficialmente durante años, aunque fuese porque el Hospital Prospect era muy pequeño y todos confiaban en ella. No importaba incluso que ella hubiera atendido a la mitad de los residentes de Hunt's Point, Bronxdale y Co-op City en algún momento. ¿Exagero? No mucho.

Mi madre estaba atormentada por la falta de confianza en su propia capacidad mental. Se aterrorizaba particularmente tan pronto algo se asemejaba a un problema matemático, en vez de verlo como un asunto tan sencillo como calcular una dosis. La palabra *quiz* era para ella una pistola de aturdimiento. La mayor parte del tiempo, ella combatía sus temores con un frenético esfuerzo. Abría los libros tan pronto entraba por la puerta, y todavía la medianoche la sorprendía estudiando. No obstante, ocasionalmente la ansiedad la invadía y entonces se imponía la psicología inversa; algunos dirían un chantaje emocional. La idea de que Junior y yo también nos rindiéramos, aunque fuera improbable, era más aterradora que cualquier examen.

Volver a ver a mi madre estudiando era la mejor manera de comprender que a veces las emociones logran persuadirnos mejor que cualquier lógica. Pero lo más importante era su ejemplo de que un superávit de esfuerzo puede vencer un déficit de confianza. Yo recordaría eso muchas veces al pasar los años, cada vez que me enfrentara a temores que no era lo suficientemente inteligente para superar.

Catorce

OR MÁS QUE yo ambicionara tener el <u>pensamiento racional</u>, <u>desapasionado y frío</u> de Kenny, *Love Story* me cautivó, igual que a todas las demás jóvenes de secundaria en los Estados Unidos. Pero hubo algo en la pantalla que me hipnotizó más que la conmovedora historia de la enfermedad de Ali MacGraw o los ojos azules de Ryan O'Neal. Harvard, el campus universitario donde supuestamente ocurría la película, se parecía al país de las maravillas. Entre campos nevados inmaculados se levantaba una catedral del conocimiento donde sus habitantes vivían en una especie de fantasía de antaño, debatiendo bajo arcos góticos y paredes forradas de libros, y descansando en sofás de cuero. <u>Aparte de Camden, Nueva Jersey, y la realidad alterna de Puerto Rico, nunca había viajado lejos del Bronx</u>, y por supuesto nunca había visto nada como esto. Si hubiera sabido entonces que muchas de las escenas de *Love Story* en realidad habían sido filmadas en la Universidad de Fordham, que se hallaba en el distrito donde vivíamos, puede ser que mi futuro hubiera sido distinto.

Hasta esas horas oscuras vividas dentro un cine, nunca había pensado mucho en cómo sería la vida universitaria o en qué se diferenciaría de la secundaria. Fue entonces, en el otoño de mi último año, que sonó el teléfono. Era Kenny, con su característica voz profunda y firme, que me llamaba a larga distancia desde Princeton, donde cursaba su primer año. Según depositaba monedas en la caja cada varios minutos, me describía el nuevo mundo en el que ahora navegaba. Me aconsejó que ya era tiempo de que fuera pensando en solicitar admisión a la universidad, y algo que me dijo se quedó grabado claramente en mi memoria, porque no tenía idea de qué hablaba: "Trata de entrar en una *Ivy League*". Ken era el primer estudiante de Spellman que había cruzado a ese mundo, y el término *Ivy League* nunca antes había surgido en una conversación. Me explicó que esa era la mejor educación disponible y que me abriría todas las puertas, lo que curiosamente sonaba a una versión más informada de la afirmación de Mami sobre la educación superior en general. Anoté los nombres de las universidades según él las iba recitando de un tirón y añadí Stanford, por si acaso.

Al día siguiente, la consejera académica me hizo sólo una pregunta mientras hojeaba el grueso catálogo que había tomado de la tablilla: "¿Has pensado en Fordham?". El libro dedicaba un par de páginas a cada universidad: un resumen de su misión y un supuesto, pero en realidad, insípido código inspirador, unas cuantas estadísticas, fotos genéricas en blanco y negro de estudiantes que aparentaban estar seriamente ocupados. Cuando dije que no a Fordham, me ofreció nombres de otras universidades católicas.

Le dije que no estaba interesada en colegios universitarios parroquiales; yo quería solicitar a Harvard, Yale, Princeton, Columbia, Stanford…

Me miró y me dijo: "Muy bien". Y hasta ahí llegó su orientación. En una secundaria católica que se nutría de los hijos de inmigrantes irlandeses e italianos, tenía sentido el enfoque en universidades parroquiales: entrar a la universidad representaba más que lo que la mayoría de los padres de los estudiantes había logrado. Yo me gradué al umbral de un cambio, cuando muchos de los graduados de Spellman llegarían a las universidades más competitivas. Pero aquel otoño, Kenny Moy en Princeton era esencialmente el primer estudiante de Spellman que caminó sobre la luna.

Conseguí las solicitudes y escribí mis ensayos, garabateando en la oscuridad, sin idea alguna de cuál podría ser un tema meritorio ni cómo darle forma. Manejé el SAT de igual manera. El folleto que acompañaba la solicitud era la única clave que tenía sobre qué esperar del examen. En cualquier caso, no hubiera tenido el dinero para pagar un curso preparatorio, aunque hubiera sabido que tal cosa existía.

Es difícil para los estudiantes de hoy imaginar el vacío que existía antes de Internet y lo común que era mi ingenuidad en aquella época. Si asistías a una escuela preparatoria de élite, sin duda había información en el aire que sería imposible no inhalar. Y, obviamente, los solicitantes cuyos padres habían estudiado en la misma universidad tenían acceso a información privilegiada, y ni hablar de aquellos que eran candidatos por su parentesco. Si tus padres habían ido a la universidad, no importa cuál, por lo menos todavía tenías información de primera mano. El resto de nosotros andábamos dando tumbos.

1st gen

Calificar para recibir ayuda financiera fue la parte más fácil. Mi madre era estudiante en el Hostos Community College. Vivíamos básicamente de los beneficios del Seguro Social para sobrevivientes, complementados a duras penas por el trabajo parcial de Mami en la clínica de metadona y lo poco que aportábamos Junior y yo de nuestros empleos de verano. No teníamos activos que reportar. No teníamos ni una cuenta de banco. Los días de cobro yo caminaba cinco cuadras desde el Hospital Prospect al lugar donde cambiaban los cheques cerca de la estación del tren, igual que lo había hecho siempre mi madre, igual que lo hacía el resto del personal del hospital. Allí también podías comprar un giro postal para pagar el teléfono. El dinero en efectivo te servía para todo lo demás.

Desconocer lo selectivas que eran las universidades a las que estaba solicitando fue lo mejor. De haberlo sabido, quizás habría vacilado. Pero entendía lo suficiente como para cubrir mis apuestas: CUNY sería mi *safety*, porque era de admisión pública. Entre las alternativas, pensé que lo más probable era que terminara en la universidad estatal en Stony Brook, adonde quería ir Kevin. Había descartado Stanford porque estaba muy lejos. Volar a través de todo el país para echar un vistazo ya habría costado más de lo que podía pagar, y eso sin añadir la visita a casa durante Navidades.

En noviembre, recibí una postal de Princeton con tres casillas, un mensaje codificado al lado de cada una: "probable", "posible", "improbable". En mi postal, la primera estaba marcada con una x.

Parecía más un mensaje de la Bola Mágica número 8 que el de una universidad. No estaba segura de qué debía hacer con esta clave secreta, así que me dirigí a la oficina de la consejera académica.

Más allá de la expresión de absoluta sorpresa que contorsionó sus facciones, el oráculo anunció: "'Probable' significa eso mismo. Que hay grandes probabilidades de que te acepten". Y yo pensé: *¿En serio?*

Todavía estaba asimilándolo, cuando un par de días después pasaba por la oficina de la enfermera de la escuela. "Oí que recibiste un 'probable' de Princeton", me gritó al verme.

Me paré en seco. "Sí, es así".

"Bueno, ¿me puedes explicar cómo obtuviste un 'probable' y las dos niñas con mejor promedio sólo consiguieron un 'posible'?"

Sólo la miré. ¿Qué quería decir con eso? ¿Y el tono acusatorio? Mi perpleja incomodidad bajo su mirada funesta no fue suficiente; ciertamente, ella esperaba que mi reacción fuera sentirme avergonzada.

A veces, en este tipo de situaciones, la respuesta acertada sólo se te ocurre unas horas después: "Por mis logros en el equipo de oratoria y debates, y en el consejo de estudiantes. Porque trabajo por horas durante el año escolar y tiempo completo en los veranos. Puede que mi promedio no esté a la altura del promedio de ellas, pero estoy entre las primeras diez de mi clase y *hago* mucho más que ellas". Pero hasta esa respuesta tardía se quedaba corta. Su pregunta seguiría dándome vueltas no sólo ese día, sino por muchos años, mientras vivía la realidad cotidiana de la "acción afirmativa". Cuando solicité a la universidad, apenas entendía cómo funcionaba el proceso de admisiones en general, ni hablar de cómo la acción afirmativa podía influenciar dicho proceso. Escasamente había pasado una década desde la implementación de la acción afirmativa en la contratación gubernamental. Se encontraba en la etapa experimental con respecto a las admisiones a las escuelas *Ivy League*, y los estudiantes de minoría que se beneficiaron de dicha política apenas se habían graduado.

Poco después, aquellos sobres gruesos que todos reconocían como paquetes de aceptación comenzaron a llenar mi buzón casi a diario. Ahora que el momento de la decisión era real e inminente, tenía que sentarme a pensar en serio. A la Universidad de Columbia podía ir en el metro. Demasiado cerca para mi gusto: tendría que vivir en casa, incapaz de justificar el gasto adicional de una residencia universitaria. Eso dejaba a Radcliffe, la institución hermana de Harvard, a Yale y a Princeton. Cada una merecía una visita.

Con el recuerdo de *Love Story* todavía fresco en mi mente, programé la vista a Radcliffe primero. Me dijeron que después de una entrevista en la oficina de admisiones, un grupo de estudiantes me mostraría los alrededores. Pero tenía que llegar a Massachusetts y, antes de eso, a Manhattan. A pesar de lo cerca que me encontraba, sólo había ido a Manhattan en ocasiones especiales: la primera cita con Kevin; espectáculos navideños y de Pascua en el Radio City Music Hall; la marcha de la muerte con Alfred hasta la cima de la Estatua de la Libertad. El día que estaba programada mi visita, uno lluvioso y miserable, los pasillos lúgubres de la estación de trenes de Grand Central parecían un refugio del frío, con su bóveda oscurecida por décadas de suciedad. Los ferrocarriles estaban resurgiendo después de una larga decadencia, rescatados apenas recientemente gracias a Amtrak y, en Nueva York, a la larga reconstrucción de Penn Station en lo que sería el Madison Square Garden. Mis nueve dólares y noventa centavos me sirvieron para comprar un asiento en un vagón destartalado y lleno de colillas de cigarros.

Una lluvia tiznada me acompañó durante el viaje de Nueva York a Boston. Cuando llegué a la oficina de admisiones después de navegar el metro de Boston y caminar las últimas calles, estaba empapada como una rata de alcantarilla. También estaba sintiéndome un poco decepcionada. La arquitectura neogótica era abundante, pero el campus no era un paraíso idílico apartado del mundo. Harvard y Radcliffe se unieron a Cambridge, de naturaleza densamente urbana y enredada con el tráfico de los autos tocando la bocina.

En la sala de espera, cuando la puerta interna finalmente se abrió, me encontré cara a cara con una criatura como nunca había visto: una mujer con un peinado —no, aquello era un tocado— de plata esculpida, con un vestido negro hecho a la medida, collar y pantallas de perlas, zapatos preciosos y cerrados. *¡Esto sí que es diferente!*, pensé.

Seguí a esta aparición a su oficina, y nuevamente me quedé boquiabierta por lo que tenía ante mis ojos. Nunca había visto una alfombra oriental, su elaborado patrón, el más hermoso rompecabezas serpenteando el piso. Y nunca antes había visto un sofá blanco. Para ser franca, probablemente nunca había visto un sofá que no estuviera cubierto de plástico. Me ofreció asiento en un elegante sillón de orejas que parecía un trono, en donde me sentía tan pequeña como el personaje Edith Ann de Lily Tomlin, sorprendida de que mis pies tocaran el suelo. Nunca había visto una habitación así en persona, pero me daba cuenta: eso era lo que significaba el buen gusto. Y esto sí que era el dinero.

Los ladridos de los perros me sacaron del trance. Probablemente habían estado ladrando desde que entré, pero ahora me saltaban encima, enseñándome sus dientes y sus garras. Realmente eran sólo perritos falderos, uno blanco y otro negro, pero me asustaban. Ella los llamó y se subieron al sofá blanco a su lado, y allí completaron un retablo surrealista, tres pares de ojos mirándome fijamente, una visión en blanco y negro.

Esa debe haber sido la entrevista más corta de mi vida, quizás unos quince minutos en total. Las palabras que siempre me fluían —y aún me fluyen— de manera natural cuando conozco a una persona, prácticamente se secaron. Cuando regresé a la sala de espera, demasiado temprano para encontrarme con los estudiantes que venían a buscarme, el letargo se disolvió en un pánico sofocante: ¡Yo no encajo aquí! Por primera y, hasta ahora, última vez en mi vida, hice lo inimaginable: escapé. Le pedí a la recepcionista que le informara a los estudiantes que venían a buscarme que lo sentía, pero tenía que irme.

Era temprano en la noche cuando retomé mis pasos de vuelta a casa. Mi madre levantó su mirada de las tareas esparcidas sobre la mesa de la cocina. "¿Qué pasó? Se suponía que ibas a estar fuera un par de días".

"Mami, ese no es el sitio para mí".

Por un momento, me pareció que su mirada iba a cuestionar mi decisión, pero después de pensarlo un minuto, me dijo: "Tú sabrás lo que es mejor para ti, Sonia". Eso lo diría muchas veces de ahí en adelante, a manera de confesión sobre las limitaciones de su juicio en el mundo en que yo estaba entrando, y reconociendo que yo había alcanzado la etapa adulta de la autodeterminación. Y esa fue la última palabra que hablamos sobre Radcliffe. Estaba convencida de que retirarían la oferta. No lo hicieron, pero mi lista tenía un nombre menos.

Mi visita a Yale fue una historia totalmente diferente. Cuando llegué a la estación de New Haven, ya una veterana de Amtrak, los dos estudiantes latinos enviados a recogerme me dijeron que venían de una protesta en el campus. Ansiosos por volver a la lucha, me pidieron disculpas y me explicaron que por el momento sólo me dejarían allí y me mostrarían los alrededores más tarde... a menos que, quizás, ¿quisiera acompañarlos a la protesta?

Mi experiencia en protestas en contra de la guerra se limitaba a lo que había visto por televisión. Aunque mis amigos se preocupaban mucho por la suerte que correrían en el sorteo del servicio militar, y aun cuando Vietnam fuera un tema del Club de Oratoria, en el comedor no ardían espontáneamente los debates. El cardinal Spellman, el arzobispo de Nueva York cuyo nombre llevaba la escuela, era también vicario de las Fuerzas Armadas, ferviente partidario de la guerra, y pasaba las Navidades en Vietnam con las tropas. Cuando se intensificaron los bombardeos y se extendieron a Camboya y Laos, los manifestantes en las escalinatas de la catedral de San Patricio la llamaron "la guerra de Spelly". Pero lo más cerca que estuvimos de una protesta en la secundaria Cardinal Spellman fue cabildear por un salón para fumar y el ocasional viernes sin uniforme.

Eso no quiere decir que yo no entendiera los motivos detrás de la causa, pero alzar la voz y el puño contra la intervención de Yale en la guerra no parecía ser una manera inteligente de prepararse para una entrevista. Decidí caminar. El centro de la ciudad de New Haven en esa época era pobre, deprimente e intimidante, nada mejor que el sur del Bronx y con menos vida. Realmente, hacía que Co-op City pareciera un paraíso.

Cuando mis guías se encontraron conmigo de nuevo, estaban agitados por la protesta y ansiosos por charlar. Nos reunimos con un grupo más grande de muchachos hispanos, algunos de Nueva York, otros del suroeste, todos más radicales que cualquiera que yo hubiera conocido. Acampé en la residencia estudiantil durante dos días y recorrí el campus con ellos, escuchando cuentos sobre la revolución, Cuba, el Che Guevara, y sintiéndome desinformada en general. Por lo menos el nombre de Fidel Castro me resultaba familiar, y las noticias de la crisis de los misiles en Cuba habían penetrado incluso la burbuja de mi niñez en la escuela católica, donde el comunismo se consideraba una amenaza impía, más cósmica que política. Podía reconocer mejor las diferencias entre el limbo y el purgatorio, que las distinciones entre socialismo y comunismo que estimulaban los argumentos durante esos dos días en Yale. Estaba tan avergonzada de mi ingenuidad que cuando regresé a la casa fui a la biblioteca a leer sobre el Che Guevara.

Estaba avergonzada también de toda la conversación sobre "abajo los blancos". Yo no compartía esa actitud y no estaba dispuesta a adoptarla. Muchos de mis amigos, la mayoría de mis compañeros de clase y casi todas mis maestras eran blancos. Ya fuera por el color indefinido de mi piel o por mi altamente definida personalidad, me movía con facilidad entre mundos diferentes sin usar disfraces. Por supuesto que había experimentado prejuicios específicamente dirigidos hacia mí, desde las burlas descaradas de mis días de peleas callejeras hasta los desaires de la mamá de Kevin y las más recientes pullas no tan sutiles de la enfermera de la escuela. Por supuesto que sabía que las dolorosas consecuencias de la intolerancia —tan común y hasta endémica en aquella época— iban más allá de la hiriente palabra *spic*, como muchas veces me llamaron. Pero yo no veía esa estrechez de mente como el mecanismo de las fuerzas sistémicas de la historia, y tampoco veía cómo encajaba en el plan original de la perpetua lucha de clases, como lo veían estos muchachos de Yale. Estas cosas simplemente no me definían de ninguna manera importante. Si alguien me llamaba *spic*, eso me decía mucho sobre la persona, pero nada sobre mí. ¿Y en qué ayudaba que yo respondiera lanzando otro insulto?

Me resultaba difícil verme cuatro años en este ambiente, especialmente con las visitas de Kevin los fines de semana. Salí de Yale pensando: "*Aquí no*", aunque no sentía la misma urgencia aterradora de escapar que sentí en Harvard. Aun cuando no compartía sus actitudes, sabía de dónde venían estos muchachos, y cuando hablaban de la familia y el hogar, reconocía cuánto teníamos en común.

PARA CUANDO FUI a visitar Princeton, ya me encontraba buscando menudo para pagar el autobús, porque carecía del presupuesto para costear Amtrak. Cuando Kenny me recibió en la parada de autobuses, me sorprendió verlo con el cabello muy largo, una expresión de su nueva libertad. Dejamos mis cosas en su dormitorio antes de irnos a recorrer el campus.

Entramos por la puerta principal de la calle Nassau; la luz del sol de aquel agradable día de primavera danzaba mágicamente sobre la arenosa arquitectura neogótica universitaria, el césped esmeralda y los bosques circundantes, un paisaje que ha encantado a generaciones de estudiantes de Princeton, pero que a mí me tomó totalmente por sorpresa. Aunque me recordaron a los leones de piedra que custodian la biblioteca de Nueva York, los tigres de bronce que flanquean la entrada del edificio cubierto de hiedra de Nassau Hall se veían más pensativos y elegantes.

Kenny había reunido a un grupo pequeño de amigos. Al igual que él, eran muchachos de los barrios pobres de la ciudad, excepcionalmente brillantes, pero ligeramente excéntricos, radicales en sus políticas, aunque pacíficos, quienes se mantenían a distancia de la mayoría de los niños *preppy* de Princeton. Nos quedamos hablando cómodamente hasta tarde en la noche en un dormitorio de la residencia. "Socialmente, esto es un pueblo fantasma", me dijo Kenny, su opinión validada por solemnes gestos de aprobación de los otros estudiantes de primer año. "Son seres humanos privilegiados, muy extravagantes, que no vas a entender. Pero desde el punto de vista intelectual, puedes lidiar con esta gente. No son *tan* inteligentes". A nadie pareció importarle, o siquiera notaron, que yo no participé cuando pasaron la pipa. No sentí la necesidad de dar explicaciones ni hablar de mi diabetes. Este grupo era inmutable de la cabeza a los pies.

En mi entrevista a la mañana siguiente, me sentí igual de cómoda conversando con el oficial de admisiones en su pequeña oficina esquinera. Tenía apariencia de catedrático, con sus coderas de cuero y sus lentes con montura de carey, pero era franco y accesible.

Antes de concluir el fin de semana, mi decisión era final y una beca completa la coronó.

Al ver las reacciones de la gente cuando averiguó que yo iría a Princeton, comencé a entender el poder que los nombres de las *Ivy* ejercían y que Kenny me había revelado por primera vez. El Hospital Prospect se alborotó con la noticia. Durante todo el día todo el personal —no sólo las enfermeras y camilleros, sino también los médicos— desfiló por la oficina de la administración: "¡Felicidades! Sonia, ¡qué excelente! ¡Estamos tan orgullosos de ti!". Vinieron a abrazarme todas las mujeres con las que pasé largas horas de almuerzo durante el verano en la cafetería jugando cartas y saboreando un pollo asado sorprendentemente rico, con el sonsonete de las novelas televisadas de fondo y las mujeres compartiendo los más recientes capítulos de sus propios dramas familiares. El señor Reuben, el contralor, a quien nunca le entusiasmó la idea de tener a una niña trabajando en la oficina, suavizó su habitual ceño fruncido. Hasta el doctor Freedman, el dueño del hospital, quien había ignorado las objeciones del señor Reuben cuando solicité un empleo más exigente que el de voluntaria, pasó por allí para unirse al coro de buenos deseos. Todo esto me aturdió un poco. Otros jóvenes habían sido aceptados en la universidad. Yo también esperaba ser admitida. ¿De verdad era Princeton tan especial?

CUANDO, A FINES del verano, finalmente llegó el momento de decir adiós, las mujeres del hospital hicieron una colecta. "Sonia, ve a comprarte unos zapatos para la universidad. ¡Por favor!"

"Pero estos zapatos que tengo son cómodos", contesté con las palabras de siempre. No era la primera vez que me rogaban que actualizara mi calzado. Los zapatos nuevos frecuentemente me ocasionaban ampollas, así que cuando finalmente había domado un par no había manera de que los remplazara. Todos en la oficina me habían oído defender mis zapatos maltrechos ante mi abuela por teléfono. "¡Ya cómprate unos zapatos nuevos! Haz feliz a tu abuela", era siempre la misma historia, cuyo último giro era comprar zapatos nuevos para la universidad.

Por consejo de Kenny, hice planes para conseguir una bicicleta tan pronto llegara a Princeton. El otro artículo que me recomendó fue un impermeable. Mami se ofreció a comprarlo y fue de compras conmigo. Buscamos de arriba abajo por Fordham Road sin encontrar nada que me gustara. Hasta fuimos a Loehmann's, la primera vez que entraba allí. Aunque era una tienda de descuentos, y popular en Co-op City, para nosotros los precios eran un *shock*. Así que seguimos —¿a dónde más?— a la Tercera, el centro de compras latino del sur del Bronx en la Tercera Avenida.

No tuvimos suerte en Alexander's. No es que yo fuera quisquillosa; sólo que me costaba trabajo imaginarme en esa tierra mágica de arcos y césped impecable usando algo de lo que veía en los bastidores de la tienda. Al otro lado de la calle, dividida por la línea elevada del tren rugiendo en las alturas, estaban las tiendas de ropa un poco más exclusivas, lugares en donde podías comprar un vestido para una boda u otra ocasión muy especial. En este caso, nuestro último recurso.

Ahí estaba: blanco brillante con botones alargados, el frente y alrededor de la capucha ribeteado con un delicado toque de piel sintética. Tan improbablemente blanco como un sofá blanco, blanco como un manto de nieve sobre el césped universitario.

"¿Te gusta, Sonia?"

"Me encanta, Mami". Esta era otra primicia. Contrario a mi madre, Chiqui, mi prima Miriam, y muchas de mis amigas, yo nunca me había enamorado de una prenda de vestir. Pero envuelta en esta, sabía que no me sentiría extraña. Desafortunadamente, era muy pequeña. Me probé otros abrigos, pero aquél me había robado el corazón, y Mami lo sabía.

Estaba lista para irme a buscar en otra parte, pero ella me dijo: "Espera… Sonia, quizás puedan pedirlo". Fue al mostrador y esperó en silencio mientras la vendedora atendía a otra clienta. Y luego a otra y a otra. Mi madre es una mujer muy paciente, sabía lo que le había costado que finalmente dijera: "Señorita, necesito ayuda".

"¿Qué desean?", contestó bruscamente, sin voltearse.

"¿Tiene éste en talla doce?"

"Si no está en el perchero, no lo tenemos".

"¿Tienen otra tienda? ¿Lo pueden encargar?"

La mujer finalmente se giró y la miró. "Bueno, eso sería mucha molestia, ¿no cree?"

Ya yo estaba llegando a la puerta, esperando que mi madre se diera por vencida, pero ella se mantuvo firme. "Yo sé que es mucha molestia, pero mi hija se va a la universidad y a ella le gusta este abrigo. Quiero regalárselo. Así que le agradecería si puede buscar este abrigo para mi hija".

Su silencioso gesto de desdén decía a gritos: Cómo joroba esta señora. Pero cuando se alejaba, preguntó con indiferencia: "¿Y a qué universidad va?".

"A Princeton".

Vi la cabeza de la vendedora girar como en la acción retardada de los muñequitos. La transformación fue impresionante. De repente era toda cortesía y respeto, llena de halagos hacia Princeton. Con mucho gusto haría la llamada para buscar mi abrigo, que resultó que llegaría en una semana. Mami le dio las gracias efusivamente y dejó un depósito. Era mucho dinero, pero ese abrigo me duraría los cuatro años de universidad. Tenía que durarme.

Cuando íbamos de regreso a la estación, hice un comentario sobre el cambio de actitud de la vendedora. Mi madre se detuvo a la sombra de las vías elevadas y me dijo: "Sonia, déjame decirte que en el hospital me tratan como una reina ahora. Los médicos que nunca habían tenido una palabra dulce, que nunca me habían dirigido la palabra, han venido a felicitarme".

En lo alto, el tren rugía con tanta fuerza que tuve que hacer una larga pausa antes de reconocer que nunca había imaginado el efecto que haría Princeton en la gente.

Me miró fijamente. "Hija, yo no sé en lo que te estás metiendo. Pero lo vamos a averiguar".

Quince

EN LA SEMANA desde que Alfred se alejó en el auto con Mami diciendo adiós por la ventanilla, una mirada tenebrosa venciendo su mandíbula apretada, el cuento de hadas universitario se tornaba más en uno de ciencia ficción. En parte era el calor sin precedentes del verano de 1972, que plateaba las vistas frondosas de Princeton, dotando todo de un aura más sobrenatural de lo que podía recordar. Pero estaba descubriendo también que muchos compañeros de clase parecían venir de otro planeta, y que esa impresión era recíproca.

Mientras esperábamos afuera del Dillon Gym, donde teníamos que reunirnos con nuestros consejeros, entablé conversación con una muchacha de primer año que estaba sentada a mi lado. Era de Alabama, me dijo. Nunca había escuchado un acento como el de ella en la vida real. Escuché embelesada su explicación. Su padre, abuelo y hermano mayor habían estudiado en Princeton. Ella no podía estar más encantada de representar a su generación. "Y es el lugar más amigable y acogedor que puedes encontrar", me dijo efusivamente. "Quiero decir, ¡mira toda la gente rara que viene aquí!". Se refería a un par de jóvenes que se acercaban, con las cabezas unidas, riéndose a carcajadas.

Conocí a mi compañera de cuarto, Dolores, y a nuestra amiga Teresa. Dolores tenía una apariencia remotamente mexicana, con la piel trigueña y el pelo lacio negro. Teresa era un poquito más oscura que yo, y sus facciones eran latinas. A mí me parecían muy normales. Sin premeditación, las saludé con efusividad disparando frases rápidamente en español, aunque generalmente hablábamos en inglés entre nosotras. No lo hice con mala intención hacia la joven de Alabama, pero mi pulso se aceleraba con determinación. No hizo falta decir nada más.

Dolores Chávez era de Nuevo México. Probablemente nos asignaron la misma habitación porque alguien supuso que dos hispanas tendrían mucho en común. Pero lo único que Dolores sabía de los puertorriqueños provenía de *West Side Story*, y sospecho que al principio estaba un poco asustada, pensando que yo la apuñalaría mientras dormía. Yo sabía menos de Nuevo México de lo que ella sabía de Nueva York. Dolores me parecía una chica de campo, de temperamento dulce, tímida y muy lejos de casa. Una noche después de llegar, buscó su guitarra y cantó suavemente por un rato antes de irnos a dormir, una profunda nostalgia en su voz.

Con lo sociable que soy, en esos primeros días me encontraba callada, tratando de entender las conversaciones a mi alrededor. Una tarde, me encontraba con un grupo de chicas sentada en la habitación de nuestra consejera residente. Una de ellas mencionó que la habían invitado a una boda y había decidido escoger un regalo del registro. *¿Qué rayos era un registro?*, me preguntaba. Nuestra consejera, que estaba en cuarto año, admitió que su padre algunas veces recibía invitaciones de personas cuyos nombres no reconocía, probablemente desconocidos esperando que él se lo achacara a su mala memoria y les enviara un regalo de todos modos, inducía ella. *¿A quién se le ocurre invitar desconocidos a su boda? Peor aun, ¿quién va a enviarles regalos?* De donde yo venía, se le entregaba un sobre con dinero a la pareja durante la recepción. *¿Era esta gente tan rica que podía pagar una boda sin recibir regalos en efectivo?*

Cada vez que me sentía fuera de lugar o nostálgica, me refugiaba en la biblioteca Firestone. Los libros me habían acompañado antes en momentos difíciles y su presencia a mi alrededor eran tanto un consuelo como la respuesta a la pregunta de por qué estaba aquí. Desde mis primeros días en el campus, miraba con envidia los cubículos en Firestone, reservados para los estudiantes de tercer y cuarto año. *¡Algún* *día, uno de esos será mío!* Mientras tanto, disfrutaba de la amplitud de la sala principal del catálogo, hojeando las tarjetas que se abarrotaban en las gavetas; hileras y más hileras de gabinetes que abarcaban casi todo el largo de la planta baja. Y sobre ellos, como agujas de catedral, se apilaban los estantes, anaquel sobre anaquel, sosteniendo un libro por cada tarjeta, libros cuyos temas iban desde lo majestuoso hasta lo cómicamente misterioso. Aquí, en una de las grandes bibliotecas del mundo, tuve mi primer contacto real con la verdadera amplitud del conocimiento humano, la humillante inmensidad del entendimiento y el pensamiento. Mis días maltratando la Enciclopedia Británica me habían ofrecido sólo una muestra.

Mi apacentamiento en Firestone esa primera semana no fue al azar. La oferta de cursos en Princeton parecía un desconcertante bufet: tantos temas desconocidos que me despertaban el apetito. Escudriñé el catálogo de la biblioteca para degustar cada materia que me tentaba antes de aventurarme a una cena completa. Al mismo tiempo, era consciente de que en nuestra clase de novatos, algunos, como yo, éramos mucho más novatos que los demás. Muchos de los estudiantes venían de escuelas secundarias que sonaban más como mini universidades, con sus propios edificios de biblioteca y sus clases electivas sofisticadas. Yo había llegado a Princeton con recursos mucho más escasos que la mayoría. No tenía muchas ilusiones de lograr una educación remediadora con sólo leer por encima unos cuantos libros de los anaqueles.

Que no hubiese una concentración oficial para aquellos interesados en una carrera en derecho resultó ser una bendición, si se le puede llamar así. Tenía que decidir por mí misma cuál sería la mejor manera de llenar las enormes lagunas en mi preparación académica. Con un insignificante conocimiento previo en casi todas las materias, planifiqué absorber todo cuanto pudiera en cada clase. Así que los cursos generales parecían perfectos. Me atraían la sociología y la psicología, interesada siempre en los patrones de conducta individual, así como la estructura de las comunidades; la historia, particularmente la de Estados Unidos, era fundamental y prometía revelar cómo se había desarrollado un universo mayor. La filosofía moral se parecía mucho a lo que yo imaginaba incluía el razonamiento legal. Y nada más leer el periódico desde que entré a Spellman me dejaba claro que algún día iba a tener que lidiar con la economía. Un curso general de historia del arte podría darme las respuestas a todas esas preguntas que daban vueltas en mi mente desde que visité de niña el Museo de Ponce. Pero me inclinaría ahora hacia el lado práctico y dejaría el artístico como una recompensa de segundo año.

Mi consejera aprobó mi programa de clases sin discusión, y sentí que estaba bien encaminada. Pero cuando regresé a la residencia, flaqueé. Todo el mundo regresaba de la misma misión, y el piso de primer año estaba alborotado con conversaciones sobre cursos exóticos y avanzados que mis compañeros de clase tomarían gracias a su trabajo de nivel avanzado en la secundaria, lo que les permitía saltar hacia adelante. En comparación, mi selección de cursos parecía aburrida, hasta perezosa. ¿Estaba desperdiciando una oportunidad de retarme seriamente? ¿Quizás yo no era tan inteligente como los demás?

Esa marea de inseguridad subiría y bajaría a lo largo de los años, varándome a veces por un tiempo, levantándome otras más allá de lo que pensaba que podía lograr. De cualquier modo, se estrellaría contra la piedra angular de mi certeza: en última instancia, me conozco muy bien. En cada etapa de mi vida, he tenido una noción clara de mis necesidades y de aquello para lo que estoy preparada. Habría tiempo en esos cuatro años en Princeton para probar *Política China* y *Derecho Romano*, ahondar en *Desorganización social, crimen y conducta descarriada*. Mientras tanto, por ser tan amplios, los cursos generales introductorios conllevaban la misma cantidad de trabajo que los cursos avanzados, y me permitirían por primera vez cultivar el pensamiento crítico que la señorita Katz me había tratado de inculcar: entender el mundo en su interacción con los grandes interrogantes en lugar de sólo absorber los hechos particulares. Esa era la manera de estudiar cualquier cosa, y aprenderlo me ha servido mucho desde entonces. Como abogada y, más aún, como juez, me he visto obligada con frecuencia a convertirme en experta transitoria en algún campo durante la duración del caso. Desde las ciencias y la tecnología hasta las artes, la variedad de industrias y ocupaciones que comparecen ante los tribunales es enorme, y muchas veces no se puede determinar cómo se aplica una ley sin tener un conocimiento práctico del campo de donde surge la interrogante.

Me faltaba escoger una clase de laboratorio para cumplir con un requisito básico. Era bien sabido por todos que los cursos de ciencias naturales eran agotadores y requerían muchas horas en vela, lo que era más adecuado para estudiantes de pre-medicina o científicos en ciernes que para una aspirante a la abogacía. Me di cuenta de que Introducción a la Psicología incluía un laboratorio que cumplía con el requisito. Una introducción a Freud y otras escuelas de pensamiento, así como una visión general de la función cerebral, parecían algo que podría ser útil. Sólo faltaba un reto por vencer, uno más sobrecogedor que todos los rigores de los laboratorios de química orgánica o biología molecular: las ratas.

Siempre le he tenido un pánico mortal a cualquier cosa que se escabulla o se arrastre: insectos, roedores, lo que te puedas imaginar. No es el miedo estereotipado de la dama subida en la silla, aunque yo lo he hecho. El asco se remonta a mi niñez. Las cucarachas gigantescas que infestaron los proyectos un año —las llamábamos cucarachas de caño— me llevaban a la histeria. ¿Cuántas veces vi a mi madre desarmándolo todo en busca del nido? El mero pensamiento de que se encontraran cerca de mí me mantenía despierta toda la noche. Así que cuando supe que el laboratorio de psicología me obligaría a manipular roedores mientras estudiaba sus reacciones, decidí, contra toda lógica, sacarle provecho. Emprendiendo el camino de lo que los psicólogos llaman terapia de exposición, diseñé un experimento que no sólo requería que aguantara las ratas, sino que les implantara electrodos en sus cerebros.

Al principio, funcionó sorprendentemente bien. Me armaba de valor para agarrar las ratas por la cola y sostener sus cuerpos peludos mientras les inyectaba un sedante. Una vez drogadas, implantar los electrodos no era tan malo. Rastrear su conducta no era nada divertido: implicaba observarlas continuamente, sin virar la cara por el disgusto. Pero lo hacía. No fue hasta las últimas semanas del semestre que todo se derrumbó estrepitosamente. Entré un día en el laboratorio y encontré a todas mis ratas arremolinadas en el mismo lugar de la jaula con una extraña determinación. Yo no veía cuál era la atracción, pero al ver su aglomeración desenfrenada, se reavivó la vieja repulsión: definitivamente yo no iba a meter la mano en esa jaula. Busqué un palo y empujé una de ellas fuera del grupo. Se volteó a mirarme y en la brecha que abrió vi la rata que estaban royendo, su abdomen a medio devorar.

El estudiante graduado que supervisaba mis esfuerzos me interceptó cuando salí de la habitación corriendo y gritando. Tratando de contener mi histeria, me explicó que el canibalismo era una conducta normal en las ratas, que había evolucionado como una manera de controlar las enfermedades en la población y que, por lo tanto, era una señal reconocida de la plaga. Claro está que dicha explicación no ayudó en nada. Me sugirió que me calmara y regresara al día siguiente.

Al día siguiente, mi estado de ánimo no había mejorado: el trauma me había afectado. Me horrorizaba tanto la idea de manipular una rata como lo había estado haciendo durante meses, como pensar que había arruinado el trabajo de todo un semestre. Afortunadamente, mi profesor lo tomó filosóficamente cuando le expliqué por qué era completamente incapaz de terminar mi proyecto. Como psicólogo, acreditó mi intención de curar mi fobia por medio de este experimento y, como maestro, aceptó que yo había sido diligente desde el principio. Mi nota no sufrió mucho por este fiasco. "Tu plan era perfectamente adecuado a lo que el curso pretendía enseñar", reconoció. "No todos los experimentos son un éxito. Esa es la naturaleza de la ciencia". La naturaleza de hacer muchas cosas, pensé yo: el éxito es una recompensa, pero el fracaso es un gran maestro también, y no se le debe temer.

PARTE DE MI ayuda financiera requería que yo trabajara varias horas en el programa de estudio y trabajo. Al comienzo del primer año, me asignaron a servir comida en Commons, pero un persistente caso de mononucleosis me sacó de la cafetería. Necesitaba un trabajo de escritorio donde no causara una epidemia. Además, estaba ansiosa por explorar algo nuevo. Servir alimentos era un empleo común para los estudiantes en un ambiente predecible. Me llamó la atención un puesto de operador de *keypuncher* en el centro de cómputos.

Las computadoras eran un mundo nuevo y desafiante cuando comencé a trabajar en el centro en 1972. El acceso estaba restringido a centros universitarios cavernosos. Judith Rowe, jefa de la división de ciencias sociales del centro, fue una de las primeras en visualizar el potencial del análisis cuantitativo en las ciencias sociales, y percibió que las computadoras serían la clave para lograrlo. Para adelantar su visión, alentó a los estudiantes graduados a usar computadoras para analizar los datos de sus investigaciones, un esfuerzo que ella facilitó al contratar estudiantes del programa de estudio y trabajo como yo para la inserción de los datos. Uno de los proyectos en los que trabajé fue con el historiador Vernon Burton, quien descubrió un tesoro oculto de viejos registros del censo cerca de su ciudad natal en Carolina del Sur. (Hay tantas coincidencias en torno a la investigación histórica: Vernon se había desviado de su camino usual para comprar un refresco cuando descubrió las pilas de registros que sostenían un estante; después de descubrir su contenido, le ofreció al encargado de la tienda construirle un nuevo estante a cambio de los registros). Mi trabajo consistía en insertar todos los datos del censo en las tarjetas perforadas y ayudar a Vernon a llevar a cabo su análisis.

Yo había tomado una clase de mecanografía en secundaria, pensando que me podría servir para conseguir un empleo de ser necesario. Ese fue todo el entrenamiento para comenzar el trabajo, ya que aparte de los programadores, nadie más tenía destrezas de programación. Bajo la tutela de Judith, aprendí un poco de programación y adquirí destrezas digitalizando los datos en la perforadora. Como el trabajo era especializado, ganaba el doble que en la cafetería. Y había otras ventajas: podíamos establecer nuestros horarios y vestir como de costumbre, con camisetas y mahones. Era el empleo ideal para un estudiante y lo conservé los cuatro años de Princeton, trabajando de diez a quince horas a la semana, además de otros trabajos que se presentaban de vez en cuando.

La unidad principal de la computadora emitía tanto calor que tenían que enfriar la habitación a temperaturas glaciales, lo cual me obligaba a usar chaqueta y guantes cada vez que bajaba al sótano a meter mis pilas de tarjetas perforadas en la máquina. Si el programa fallaba, tenía que inspeccionar individualmente cada tarjeta hasta encontrar el error. Con frecuencia, eso significaba examinar detalladamente cientos o hasta miles de tarjetas perforadas en busca de un solo golpe de tecla incorrecto, un esfuerzo exasperante. Al lado del monitor que mostraba los trabajos en turno para ejecutar en la computadora, había un poste de metal que parecía no tener ningún propósito. Pasó algún tiempo antes de que alguien me explicara: después de reparar varias veces la pared, la administración decidió instalar el poste para comodidad de los estudiantes frustrados que invariablemente necesitaban patear algo cuando su código fallaba.

Más tarde, en mi último año, estaba tomando un descanso de la redacción de mi tesis para ponerme al día con un par de horas de trabajo de *keypunch* cuando se me ocurrió una idea: ¿por qué no insertar el texto de mi tesis en el mismo tipo de tarjetas perforadas que estábamos usando para análisis de datos? De esa manera, podía hacer los cambios necesarios en tarjetas individuales sin necesidad de volver a mecanografiar todas las páginas siguientes. Judith se interesó. Pensó que valía la pena intentarlo y asignó a otro operador a meter los datos por mí. Es difícil asegurarlo, pero puede que yo haya sido la primera en la historia de Princeton en presentar una tesis de cuarto año utilizando un procesador de palabras, y ni siquiera tuve que mecanografiarla yo.

En mi primer año, no obstante, tuve mis dudas sobre si llegaría a escribir algún día una tesis de cuarto año. En mi primer ensayo parcial, para la clase de historia de Estados Unidos, recibí una "C", una nota que no recuerdo haber recibido desde el cuarto grado. Estaba devastada, pero lo peor es que no tenía idea de qué había hecho mal. Me había enamorado del tema —la Gran Depresión y el Nuevo Pacto de Roosevelt— y me entregué totalmente. Y la profesora me había inspirado tanto que quería impresionarla. Nancy Weiss era jefa del departamento, una de las primeras mujeres en todo el país en ocupar ese puesto; más tarde, como Nancy Malkiel, se convertiría en la decana de la universidad con más años de servicio.

La profesora Weiss me dio una explicación ya conocida: aunque mi trabajo contenía mucha información y hasta ideas interesantes, no tenía una estructura argumentativa, ninguna tesis se podía respaldar con mi letanía de datos sin organizar. "De eso se trata el análisis, la estructura de causa y efecto", sostuvo. Su razonamiento era una variante de lo que había establecido la señorita Katz, pero ahora llegaba de manera más clara y consecuente. Obviamente yo todavía estaba repitiendo información. Caí en cuenta de que en todas mis clases, estaba tan preocupada por absorber los datos en la lectura que no los estaba organizando en un argumento mayor. Hasta ahora, varias personas me habían indicado a dónde tenía que dirigirme, pero ninguna me había mostrado el camino. Comenzaba a perder las esperanzas de aprender cómo tener éxito en mis asignaturas cuando se me ocurrió que yo ya sabía cómo hacerlo.

Al toparme con Kenny Moy un día fuera de Firestone, recordé mis días en el Club de Oratoria y Debates. De repente, comprendí que lo que me había hecho ganar entonces era precisamente lo que necesitaba aplicar a mis ensayos. No se me hubiera ocurrido abrir la boca en un debate sin haber planeado mi posición, anticipando y atendiendo las objeciones, considerando la mejor manera de persuadir a mis oyentes. Ver la tarea en el contexto de otra ya realizada desmitificaba enormemente el problema. En mis próximos ensayos empezaría a hacer en prosa lo que había aprendido a hacer en la oratoria. Pero antes de lograr hacerlo bien, tenía que enfrentarme a otro obstáculo: la deficiencia general de mi redacción en inglés.

Ya sea una pausa elocuente o el hablar con las manos, cuando debates tienes trucos expresivos en tu repertorio, algunos de los cuales pueden ocultar una multitud de pecados contra el idioma. Al escribir, por el contrario, las palabras se muestran desnudas en la página. La profesora Weiss no tuvo reparos en informarme que mi inglés era flojo: mis oraciones muchas veces eran fragmentos, mis tiempos verbales erráticos, y mi gramática con frecuencia no era correcta. Si yo lo hubiera visto, habría podido corregirlo, pero lo que estaba mal me sonaba bien. No fue hasta el año siguiente, cuando tomé el curso de Peter Winn en historia latinoamericana contemporánea, que quedaron al descubierto las raíces de mi problema: mi inglés estaba minado por construcciones y usos del español. Yo decía *authority of dictatorship* en lugar de *dictatorial authority*, o *tell it to him* en vez de *tell him*.

Las correcciones de Peter en tinta roja fueron una revelación: ¡no tenía idea de que sonaba como mi madre! Pero mi inglés no sería tan fácil de arreglar como la falta de argumento en mis ensayos. Compré algunos libros de gramática y, como parte del mismo esfuerzo, una pila de folletos de vocabulario. En las vacaciones de verano mientras trabajaba en el Hospital Prospect o más tarde en el Departamento de Asuntos del Consumidor en el Harlem español, dedicaba la hora de almuerzo todos los días a ejercicios de gramática y a aprender diez palabras nuevas, que luego practicaba con Junior, tratando de adueñarme de ellas. Junior no se inmutaba con mis retos semánticos. Estaba feliz de estar fuera de mi sombra en sus últimos años en Cardinal Spellman.

LLEGUÉ A ACEPTAR durante mi primer año que muchas de las brechas en mi conocimiento y entendimiento eran simplemente limitaciones culturales y de clase, no falta de aptitud o aplicación como me había temido. Esa aceptación, sin embargo, no hizo que me sintiera menos acomplejada e inculta frente a compañeros de clase que habían tenido la ventaja de tener una experiencia más extensa. Hasta que llegué a Princeton, no tenía idea de lo limitada que había sido mi vida, confinada a una comunidad que era en esencia un pueblo a la sombra de una gran metrópolis con tanto que ofrecer y de lo que yo no había probado prácticamente nada. Yo era lo suficientemente realista para no inquietarme por no haber tenido la oportunidad de ir a campamentos de verano, viajar al exterior o familiarizarme casualmente con el idioma de la riqueza. Francamente, no sentía envidia ni resentimiento, sólo asombro de cuánto mundo había y cuánto conocían de él los demás. La agenda establecida por sus padres y maestros para su formación era algo que yo sola tendría que crear para mí. Mientras tanto, en cualquier momento podía ser emboscada por la desazón de descubrir algo más que se suponía ya debía saber. Una vez, traté de explicarle a mi amiga Mary Cadette, que más tarde sería mi compañera de cuarto, lo fuera de lugar que me sentía algunas veces en Princeton.

"Debe ser como *Alicia en el país de las maravillas*", comentó comprensivamente.

"¿A qué Alicia te refieres?"

Fue tan amable que salvó el momento con una rápida elegancia: "Es un libro excelente, Sonia, ¡tienes que leerlo!". De hecho, ella me guió gentilmente a una larga lista de clásicos que ella había leído, mientras yo pasaba las páginas del *Reader's Digest*. ¿Qué sabía mi madre de *Huckleberry Finn* o de *Orgullo y prejuicio*?

Más tarde, en el centro de cómputos, estaba insertando datos para un proyecto que Judith Rowe describió como un estudio sobre cómo las personas tenían suficiente dinero propio como para pagar la universidad. Mis dedos se congelaron cuando leí lo que estaba mecanografiando: cifras financieras de los más acaudalados de Princeton. Ese fue mi primer vistazo a los fondos fiduciarios; valores pasados a pérdidas y lagunas legales; empleos de verano en la firma de 'papi' que pagarían el equivalente de la matrícula de un año; ingresos millonarios, desembolsos de medio millón aquí, unos cuantos cientos de miles para ese pobre tipo allá. Entre su salario en el Hospital Prospect y sus beneficios de sobreviviente, que terminarían muy pronto, el ingreso de mi madre nunca fue más de $5.000 al año. Nada podía haber aclarado de forma más cruda dónde estaba yo parada en relación con algunas de las personas entre las cuales estaba ahora viviendo y aprendiendo.

Nunca me engañé pensando que podría ponerme al día con todo aquello que no tuve mientras crecía. Tampoco dejé de reconocer que tenía mis propias experiencias valiosas y que conocía algunos aspectos de la vida que mis compañeros ignoraban completamente. Basta con decir que Princeton me hizo entender que, mucho después de los veranos que pasé descubriendo los grandes libros de la humanidad, tendría que continuar siendo estudiante de por vida. Ha sido un placer serlo, realmente, mucho después de que la virtud dejó de ser una necesidad.

Dieciséis

CADA SEMANA, COMO un reloj, llegaba por correo un pequeño sobre cuadrado garabateado con una letra conocida. Dentro del sobre había una servilleta y dentro de ésta, un dólar. Abuelita no era de mantener correspondencia. A veces firmaba la servilleta, otras, no; pero el gesto de amor era seguro e inquebrantable. Significaba mucho saber que ella pensaba en mí, y un dólar no era poca cosa, ni para ella ni para mí. Alguna que otra vez enviaba un billete de cinco dólares, y podía ver su sonrisa a setenta millas de distancia.

Kevin venía a visitarme con frecuencia, eso también era seguro. Conducía de SUNY, en Stony Brook, a Princeton todos los fines de semana, desviándose en Co-op City para recoger una caja de frutas y jugos preparada por mi madre. Llegaba cerca de la medianoche, rendido y exhausto, todavía sin acostumbrarse a conducir por la autopista, aunque al pasar las semanas aumentaba su confianza al volante.

Cuando le pregunté a mi compañera de cuarto, Dolores, si le importaba que Kevin durmiera en el piso, ella se ofreció a pasar los fines de semana en la habitación de una amiga. Yo pensaba que su gesto era muy generoso. Ella, en cambio, pensaba que yo era una loca incorregible. Nunca soltó prenda, pero más adelante, cuando nos conocimos mejor y nos convertimos en buenas amigas, tuvimos oportunidad de reírnos sobre las primeras impresiones que tuvimos una de la otra.

Realmente yo no era alocada: Kevin y yo pasábamos nuestros desenfrenados fines de semanas estudiando uno al lado del otro. Stony Brook era una fiesta continua, y él se alegraba de la oportunidad de ponerse al día con sus estudios. Muchas veces ofrecí visitarlo para ahorrarle el viaje, pero no creo que él quisiera que yo presenciara la fiesta continua. Aceptó solo una vez y fue durante un fin de semana de fiesta cuando el campus se encontraba desierto. Podía ver por qué Kevin prefería a Princeton sobre el concreto institucional e inexpresivo de Stony Brook. Se enamoró del entorno igual que yo; más tarde, volvería para sus estudios de posgrado.

Mi madre me visitaba en el campus una o dos veces al año. La primera vez, mi primo Charlie la trajo, junto con Junior y la novia de Charlie. Kevin también vino, por supuesto. El Nassau Inn, donde se quedaban los parientes de muchos de mis compañeros de clase, era increíblemente caro, así que tuvimos un *"payama party"*. Le dejé a Mami mi cama y pedí prestadas bolsas de dormir, colchones, mantas y almohadas para que el resto de nosotros estuviéramos cómodos en el piso. Charlie tuvo un momento de conmoción en el baño, porque se le había olvidado que era una habitación de mujeres. Lo envié al dormitorio de varones al lado, pero la conmoción fue mayor al ver la política informal de compartir las duchas con las novias. No dejaba de hablar de eso.

Si visitabas Princeton durante el fin de semana, la comida de la cafetería en Commons era impredecible. La mayoría del personal estaba libre y los estudiantes cocinaban. Si había partido de fútbol, preparaban bistec, pero no hubo partidos cuando mi familia vino de visita. Mi madre se horrorizó de lo que vio en su plato y temiendo que me muriera de hambre, una muerte muy sosa, antes de graduarme, dijo solemnemente después del primer bocado: "Tenemos que salir a comer esta noche, Sonia". Yo no sabía qué sugerir. El único sitio que yo podía pagar habitualmente era una cafetería donde vendían sándwiches estilo *hoagie* en la calle Nassau. Unos amigos nos recomendaron ir unas diez millas por la ruta 27 al A-Kitchen y ahí comenzó una tradición. Con solo leer el menú y con los olores que emanaban de la cocina, me salía de mi propia piel de la emoción. La boca se me hacía agua a la voz del jengibre, el ajo y los ajíes. Los precios eran módicos y, a juzgar por la multitud, la comida era auténtica. Comida china de esa calidad e intensidad era nueva para mí, nada que ver con las costillitas y los huevos *fu yung* del Bronx.

CUANDO REGRESÉ A casa de Princeton durante un receso del primer año, Mami estaba en estado de pánico. Estaba en la recta final de sus estudios de enfermería. El programa bilingüe del Hostos Community College incluía como requisito un curso de redacción en inglés. No la aterrorizaba tanto como las matemáticas, pero era oneroso y le costaba mucho trabajo. Se le ocurrió el plan absurdo de que yo escribiera el ensayo.

"¡De ninguna manera! ¡Eso es hacer trampa!" Ante las graves amenazas de que abandonaría sus estudios, llegamos a un acuerdo. Acepté revisar lo que ella escribiera y ofrecerle recomendaciones. Pasamos incontables horas de mis breves vacaciones en la mesa de la cocina, escudriñando sus oraciones. "Aquí no hay estructura, Mami. Divaga".

"Ay, yo no sé, Sonia, no sirvo para adornar las cosas".

"Olvídate de los adornos. ¿Qué es lo que quieres decir? ¿Cuál es tu punto?"

"¡Ay, Sonia, por favor, escríbelo por mí!"

No lo dije en voz alta, pero pensé: *Por favor, Mami, no tengo tiempo para tus inseguridades. Ya tengo bastante con las mías.*

Sus exámenes finales fueron una tortura peor que los ensayos en inglés. Estudiar no era el problema. Lo había estado haciendo sin tregua durante dos años, estaba acostumbrada. Pero cuando se avecinaban los exámenes, la tensión aumentaba hasta un punto insoportable, aparecían los látigos y las cadenas y comenzaba la verdadera autoflagelación. "Nunca voy a pasar", gemía. Yo la tranquilizaba. Ella se sabía todo el material a la perfección. Había estado haciendo todos esos procedimientos durante años en el Hospital Prospect.

"No, Sonia. Debo haber sufrido algún daño cerebral de niña. Nada se me queda en la memoria".

"¡No seas ridícula! Vas aprobar. ¿Quieres apostar?"

"Sí, apuesto a que voy a fracasar".

Apostamos un viaje a Puerto Rico y sellamos, con un apretón de manos, la apuesta más estúpida que he oído: el ganador perdería más. Si Mami aprobaba los exámenes, me compraría un pasaje de avión. Si fracasaba, yo pagaría su viaje.

No sé si la apuesta era psicología inversa o un amuleto retorcido, pero sirvió para enderezar su determinación. Al final, por supuesto, yo gané: mi madre ~~pasó los cinco exámenes en el primer intento,~~ lo que no ocurre con frecuencia.

AL FINAL DEL semestre de otoño de mi segundo año, presentía que algo no estaba bien. Por dos semanas consecutivas, no recibí el sobre en mi buzón. Me preocupé y llamé a mi madre por teléfono: "¿Dónde está Abuelita? ¿Por qué no he sabido de ella?".

Hubo un largo silencio antes de que Mami finalmente respondiera. Un tono de vacilación agitada en su voz me decía que yo era la última en saber la noticia. Nadie había tenido el valor de decírmelo. Abuelita estaba en el hospital, en Flower-Fifth. Tenía cáncer de ovarios. Como muchas mujeres mayores, había dejado de ir al ginecólogo hacía mucho tiempo. Ella pensaba— y quiero enfatizar que estaba totalmente equivocada— que los chequeos rutinarios no tenían sentido o razón de ser porque ya no tendría más hijos. Así que el cáncer estaba demasiado avanzado cuando lo descubrieron. Yo iba a tomar el próximo autobús, pero Mami me dijo: "No, espera hasta Navidad para venir. Dios mediante, ella estará en la casa para entonces".

Faltaban varias semanas. Yo no tenía experiencia alguna con el cáncer, ningún marco de referencia, ninguna manera de adivinar cuán grave era la situación. Sabía que había llegado el invierno y el cielo se veía más bajo con cada día que pasaba.

Cuando llegué, Abuelita estaba delirante y tenía alucinaciones. Pasé los días a su lado, quedándome con ella, estudiando mientras ella dormía. Las tías, los tíos y los primos se apretujaban en la habitación del hospital. Entonces, en algún momento en Nochebuena, la multitud desapareció. La gente estaba nerviosa por el embargo del petróleo, lo que significaba largas filas en todas las estaciones de gasolina, y tenían que llenar el tanque antes de que cerraran las bombas durante el día feriado. Titi Gloria nos dijo: "Vamos, se van a quedar aquí varados". Mi primo Charlie y yo nos miramos: de ninguna manera nos iríamos de su lado.

Decidimos conseguir un árbol de Navidad para Abuelita —Charlie siempre decoraba el apartamento de Abuelita para la Navidad, así como yo decoraba nuestro arbolito desde la muerte de Papi. Comenzó a nevar cuando caminábamos por la avenida Lexington mientras la luz palidecía. Llegamos hasta la calle 96 antes de encontrar una floristería abierta. Escogimos un arbolito de mesa preciosamente decorado y nos turnamos para llevarlo, con las manos congeladas. Hacía tanto frío que hasta la misma nieve estaba pegajosa.

"¿Te acuerdas cuando...?" Todo el camino ida y vuelta, Charlie no dejó de hablar. Su voz era suave, musical; su sonido era de por sí un consuelo. Él tenía tantos recuerdos de Abuelita, muchos de ellos de antes de que yo naciera. También era muy unido a Gallego, y contaba historias de cuando todos vivían en Puerto Rico, algunas las había oído de terceros. Cuando Abuelita tenía sólo doce años, el párroco de Manatí reconoció que ella podía sanar a la gente que sufría de la mente. Solía llevarla al asilo a exorcizar demonios. Ella no ayudaba con las enfermedades físicas, pero si un espíritu impío poseía la mente de alguien, ella le ordenaba salir. Aun los pacientes que no podía curar sentían paz ante su presencia.

Charlie siempre tuvo una fe ciega en los poderes espirituales de Abuelita. Yo soy muy racional para eso. No hay que dar crédito a ninguna superstición para sentir cómo Abuelita protegía a sus seres queridos. Charlie me confesó una experiencia particular, abriendo los ojos más y más grandes al contarla: una vez, acompañó a su novia a la casa de ella en Brooklyn, pero se quedó dormido en el tren de vuelta al Bronx. De repente, la voz de Abuelita llamándolo con urgencia lo despertó y saltó del tren en la próxima estación, justo cuando las puertas se cerraban ante tres hombres que estaban a punto de asaltarlo. Al día siguiente, vio a Abuelita en persona y, sin ningún motivo, ¡lo primero que ella le dijo fue que mejor dejara a esa chica de Brooklyn!

Su protección feroz también se manifestaba de maneras que nada tenían que ver con los espíritus. Era rabiosamente celosa con Gallego. Una vez en una fiesta, él estaba bailando un merengue lento con la mujer equivocada. Abuelita agarró el disco de la vitrola y lo hizo añicos contra el piso; entonces, se soltó los zapatos y persiguió a la mujer escaleras abajo, gritando. Eso fue antes de que yo naciera, pero era fácil imaginarla. Mercedes era famosa por su impulsividad: paseos en auto a medianoche, picnics en el medio de la autopista…

Al lado de su cama, Charlie intentaba que Abuelita probara algunas cucharadas de gelatina, pero ella no quería. Insistía en pedir su ropa, como si se fuera a casa. Yo estaba sentada en la silla al lado de la puerta, y miró a través de mí, hablando con alguien que no estaba allí. "Angelina", dijo. Sentí escalofríos. Reconocí el nombre: su hermana, fallecida hacía muchos años. Charlie salió de la habitación por algún motivo y Abuelita me dijo: "Sonia, dame un cigarrillo".

Era la primera vez que decía mi nombre desde mi llegada de Princeton. "Abuelita, estás en el hospital", le dije suavemente, lamentando tener que negárselo. "Aquí no puedes fumar".

Lo repitió, autoritariamente: "¡Sonia, dame un cigarrillo!". La voz de la matriarca. Busqué mi cartera, saqué un cigarrillo, lo prendí y se lo puse en los labios. Le dio una jalada y tosió un poco. Entonces, vi la vida abandonar su rostro.

La abracé. Bendición, Abuelita. Y llamé a gritos a la enfermera. Vinieron corriendo, me echaron del cuarto. Fue mejor así. No volví a entrar. Necesitaba estar sola.

En el funeral, Charlie sumó a su pena la carga irracional de la culpa. Recordaba que Abuelita le había dicho el año anterior que no viviría para ver otra Navidad. "No debimos haber comprado ese arbolito, Sonia", dijo moviendo la cabeza. "Debimos haber mantenido la Navidad fuera de esa habitación". Mi dolor se transformó en coraje cuando vi a Nelson aparecer brevemente, un espectro al margen de los dolientes. No lo había visto en tres años y ahora estaba ahí, saludando con la cabeza, aturdido por las drogas. Era una falta de respeto presentarse en ese estado, me hervía la sangre en silencio. Y era desesperadamente triste, más triste de lo que yo podía soportar en ese momento. Nelson se había vuelto adicto a la heroína cuando todavía estaba en la secundaria. Luego se colgó de media docena de universidades, mientras su padre se negaba a aceptar la realidad frente a sus ojos. Sus notas eran brillantes, sobresalientes, así que entraba con facilidad, pero luego no se presentaba a clase ni hacía el trabajo. Se escabulló del funeral antes de que pudiéramos decirnos una palabra, y no volví a verlo por muchos años.

En las semanas siguientes, comprendí por primera vez la devastación de Abuelita cuando Papi murió, la herida que dejó en su alma. La muerte de ella me causó el mismo efecto. Me habían amputado un pedazo de mí peligrosamente cercano al corazón. La sensación de pérdida era asombrosa, me sentía físicamente desorientada. Se me ocurrió que el Flower-Fifth era el mismo hospital donde nací. "El círculo se ha completado" es la frase que se me ocurre; como si fuéramos una sola persona. Mercedes chiquita. Todavía puedo oír su voz algunas veces, a pesar de los años que han pasado. "No te preocupes, mi'jita", me dice, y siento su protección.

Diecisiete

ONOCÍ A Margarita Rosa unas semanas después de llegar a
Princeton y enseguida nos hicimos amigas. Procedente de un
vecindario pobre de Brooklyn y una familia puertorriqueña
tradicionalmente conservadora, Margarita entendió instintivamente
el camino que yo había recorrido hasta Princeton. Raras veces necesitábamos hablar sobre las incongruencias de estar allí, nuestra compe-
netración progresó a asuntos más urgentes.

"¡Tres chicos por cada chica y no consigo una cita! ¿Cuál es el problema?"

"No lo tomes como algo personal", le decía. "No querían dejar
entrar a las mujeres y ahora que estamos aquí, no saben qué hacer
con nosotras". Hacía sólo tres años que la educación en Princeton era
mixta, y la presencia de mujeres en el campus todavía era una espina
para muchos retrógrados de la vieja guardia.

"No es verdad, Sonia. Si eres rubia de ojos azules, ellos saben qué
hacer contigo. Si eres negra, por lo menos tienes un puñado de hermanos dispuestos a defenderte y decir que eres tan hermosa como ellas.
¿Pero una latina café-con-leche con afro? Con eso no saben qué hacer".

La mala suerte de Margarita con los hombres me desconcertaba.
Ante mis ojos, ella era atractiva, *petite* y vivaracha, así como elocuente
y apasionada acerca de convertir el mundo en un mejor lugar. Ella
estaba en tercer año cuando yo estaba en primero y yo quería parecerme a ella.

"Por lo menos, no tienes una nariz regordeta", le dije.

"Por lo menos tú tienes a Kevin", me respondió.

Estudiábamos con frecuencia en la biblioteca Firestone hasta que cerraban, y luego caminábamos juntas de regreso a la residencia. Más o menos una vez a la semana, antes de ir a casa, pasábamos por el bar y continuábamos la conversación disfrutando una copa de sangría y un pedazo de pizza. Margarita insistía en que me uniera a Acción Puertorriqueña, el grupo estudiantil latino al que ella pertenecía, y yo me resistía. No era porque criticara al grupo ni porque fuera una *snob*. Era sólo que no quería unirme a nada hasta estar bien orientada y sentirme más cómoda con mi carga académica.

He reconocido desde entonces una tendencia personal. En secundaria no formé parte del consejo estudiantil o el Club de Oratoria y Debates hasta el segundo año, lo mismo ocurrió en Princeton y de nuevo en la escuela de derecho. El primer año que me enfrento a los retos de cualquier situación nueva siempre ha sido una etapa de febril inseguridad, un terror reflexivo de que voy a caerme de frente. En este autoimpuesto período probatorio, trabajo con una intensidad compulsiva y determinada hasta que gradualmente me voy sintiendo más confiada. Algo del pánico amenazante es, sin lugar a dudas, congénito. Con frecuencia, veo en mis reacciones el miedo irracional de mi madre de no estar capacitada para la escuela de enfermería. He pasado por esa misma clase de transición desde que me convertí en juez, primero en la Corte Federal de Distrito, luego en la Corte de Apelaciones y finalmente en la Corte Suprema.

Como era de esperarse, me uní a Acción Puertorriqueña durante mi segundo año. Iba en bicicleta al otro extremo del campus, donde la arquitectura iba descendiendo de las alturas neogóticas a una escala colonial más humana y luego al modernismo industrial menos humano de la vivienda de los estudiantes graduados. Justo antes de que el campus se disolviera en los suburbios de Nueva Jersey, estaba el modesto edificio de ladrillo rojo del Third World Center: cuarteles generales y centro de fiestas no sólo de Acción Puertorriqueña, sino de todos los grupos minoritatios de estudiantes del campus. Yo conocía bien el área: cruzando la avenida donde estaba el centro de cómputos y Stevenson Hall, un comedor relativamente nuevo que ofrecía alternativas a los exclusivos clubes para comer de Princeton. Una vez metí la pata en Stevenson pidiendo un vaso de leche con la comida en la cantina *kosher*, pero después de esa vergüenza, me sentí como en casa. De hecho, esa parte del campus se convirtió en mi vecindario.

Un espacio donde tener un sentido de pertenencia, un círculo de amistades que compartieran el mismo sentimiento de ser forastero en tierra ajena, que entendieran sin necesidad de explicación, era equivalente a un refugio psíquico sutil, pero necesario, en un ambiente donde una corriente submarina de hostilidad contradecía con frecuencia la superficie paradisíaca. El *Daily Princetonian* publicaba rutinariamente cartas al editor donde lamentaba la presencia en el campus de las "estudiantes de acción afirmativa", cada una de las cuales presuntamente había desplazado a un estudiante varón, blanco y acomodado, más merecedor, sólo para chocar con la cuneta construida por sus propias aspiraciones poco realistas. Había buitres volando en círculos, listos para lanzarse cuando tropezáramos. La presión del éxito era implacable, aun cuando fuera autoimpuesta como resultado del miedo y la inseguridad. Todas sentíamos que si fracasábamos, estaríamos dándole la razón a los detractores, y las puertas que apenas habían abierto una rendija para dejarnos entrar volverían a cerrarse de un portazo.

Éramos diferentes: no sólo de las generaciones de "princetonianos" que cruzaron la puerta de entrada de Nassau antes que nosotros, sino cada vez más, de los amigos y compañeros de clase que habíamos dejado atrás. No podía zafarme de la sensación de haber sido aceptada por algún error administrativo. Margarita también lo sentía, Ken decía lo mismo, y este sentimiento lo han expresado un sinnúmero de veces los estudiantes de minoría en todas partes: por vueltas del destino, entre muchos estudiantes excelentes, fuimos de los pocos en ganar la lotería. Como ganadores, representamos a todos aquellos que no tuvieron la misma suerte, algunos verdaderamente brillantes como Nelson, que cometió un error, y otros que nunca conocieron a alguien que les señalara el camino o que nunca tan siquiera oyeron que existía un camino. Muchos de nosotros experimentamos nuestra elección como culpa del sobreviviente. Yo trataba de enmarcarlo de una manera más optimista. Cuando Abuelita se ganaba un buen premio, decía que era importante compartir la suerte con los demás. No obstante, el sentido de arbitrariedad —incomprensible y perturbador— perduraba, así que hasta en los mejores momentos no podías tener la certeza de que estabas seguro.

Debido a ese clima incómodo, gran parte del trabajo de Acción Puertorriqueña y otros grupos similares se concentraba en la admisión de estudiantes nuevos. En esos primeros años de la acción afirmativa —la práctica era tan nueva en las admisiones de las *Ivys* que los primeros estudiantes latinos no se habían graduado todavía cuando yo llegué— no existían en ese momento muchos factores que complicaron el análisis de costo-beneficio una generación después.

Hasta que tuviéramos nuestros hijos, ningún estudiante de minoría habría tenido padres graduados de Princeton, y eran contados los que no provenían de las comunidades más pobres. El estudiante típico había sido guiado a Princeton por parientes, por los consejeros de estudios de su secundaria o por maestros conocedores del sistema. Los jóvenes de minorías, sin embargo, no tenían a nadie más que sus predecesores inmediatos: los primeros en escalar las paredes cubiertas de enredaderas contra viento y marea, apenas un paso por delante de nosotros, que aguantábamos con firmeza la escalera para el siguiente joven con más talento que oportunidad. Los negros, latinos y asiáticos en Princeton regresaban a sus respectivas escuelas secundarias, se reunían con los consejeros de estudios y reclutaban estudiantes prometedores que conocían en persona. Entonces, cada vez que una solicitud de admisión de minoría caía en la pila de las posibles admisiones, se comunicaban para que el solicitante se sintiera bienvenido o, por lo menos, menos intimidado.

Esta iniciativa era esencial porque los estudiantes minoritarios muchas veces no tenían idea de que tenían alguna posibilidad de entrar a un lugar como Princeton, suponiendo que hubieran oído ese nombre. En la secundaria, yo sabía que existía algo llamado "acción afirmativa", pero no tenía la más remota idea de cómo funcionaba en la práctica ni el alcance que tenía. Cuando los dos estudiantes hispanos me recibieron en la estación de New Haven para llevarme a Yale, pensé que su origen étnico era una afortunada coincidencia, más que un esfuerzo programático. A lo sumo, imaginaba que eran amables con los de su origen étnico, de la misma manera que Ken me había animado a considerar Princeton y otras universidades de la *Ivy League*, y no por una agenda política. Mi inocencia era producto de no ser consciente de las pocas latinas que habría en un lugar como Princeton o, más aún, de que ser latina tendría tanto peso en mi admisión.

Además de reclutar estudiantes de primer año, Acción Puertorriqueña y otros grupos similares alzaban su voz de protesta en el campus sobre asuntos nacionales. Era una tradición honorable, que en su momento incluyó la resistencia a la guerra de Vietnam y a la asociación de Princeton con el ejército. Pero la guerra había terminado y ser una agitadora no me llamaba la atención. No es que yo no compartiera con pasión las causas del grupo, sino que tenía mis dudas sobre si encadenarse de brazos, cantar estribillos, colgar efigies y gritarle a los transeúntes eran siempre las tácticas más eficaces. Entendía que agitar las aguas era ocasionalmente necesario para llamar la atención ante la urgencia de algún problema. Pero este estilo de expresión política algunas veces se convierte en un fin en sí mismo y puede perder eficacia si se usa rutinariamente. Si gritas demasiado alto con demasiada frecuencia, la gente se tapará los oídos. Si lo llevas demasiado lejos, te arriesgas a que no se escuche nada por encima de la presentación de rifles y las pisadas de caballos.

El pragmatismo silencioso no es tan romántico como la militancia ruidosa. Pero me veía más como mediadora que como cruzada. Mis fortalezas eran el raciocinio, la habilidad de lograr acuerdos, el encontrar el bien y la buena fe en ambos lados de un argumento y usarlos para construir puentes. Mi primera pregunta siempre era: ¿cuál es la meta? Y luego: ¿a quién hay que convencer para alcanzarla? Un diálogo respetuoso con tu oponente siempre llega más lejos que una gritería afuera de su ventana. Si quieres cambiar las ideas de alguien, tienes que entender qué necesidad moldea su opinión. Para prevalecer hay que escuchar primero: ¡la eterna lección del Club de Oratoria y Debates!

Uno de nuestros objetivos más apremiantes era convencer a la administración de cumplir con su compromiso de aumentar la contratación de hispanos calificados. Había casi sesenta de nosotros matriculados como estudiantes, un enorme aumento en unos pocos años, gracias mayormente a los esfuerzos de grupos como el nuestro. Pero no había ni un hispano en el profesorado ni en la administración. Era difícil, alegaban, encontrar académicos calificados, pero ¿ni siquiera podían encontrar un conserje latino? Nunca hubiera imaginado que los puertorriqueños eran el doce por ciento de la población de Nueva Jersey. Para esa época, la Corte Suprema no había declarado ilegal el sistema de cuotas, pero nosotros no estábamos defendiéndolas. Lo único que exigíamos era un esfuerzo de buena fe para corregir la histórica falta de balance.

No había villanos, sólo inercia. La administración sinceramente quería más diversidad, no sólo por su imagen, sino por justicia, a pesar de las cartas de ex alumnos cascarrabias en el *Daily Princetonian*. La establecida reputación de ser "la universidad más al norte para caballeros del sur", y que produjo resistencia a la integración racial, finalmente dio paso a un saludable examen de conciencia. Por consiguiente, se hicieron esfuerzos serios y vigorosos por reclutar estudiantes negros. La contratación de negros en el profesorado y la administración estaba rezagada, pero marchaba mejor que los esfuerzos por contratar a puertorriqueños y chicanos. Los comités de contrataciones no tenían ni idea de dónde buscar o de cómo atraer candidatos adecuados. Así que aunque existía en papel un plan de reclutamiento de alto nivel, seguían arrastrando los pies e inventando excusas. La administración ni siquiera contestaba nuestras cartas.

No fue hasta que presentamos una queja formal ante el Departamento de Salud, Educación y Bienestar que el presidente Bowen nos prestó atención y se abrió un diálogo. En cuestión de un mes, la oficina de Derechos Civiles del Departamento de Educación envió a alguien a reunirse con nosotros en la oficina del rector. Antes de darnos cuenta, Princeton había contratado su primer administrador hispano —y no cualquier administrador: el vicedecano de Asuntos Estudiantiles, cuya función era defender a los estudiantes como nosotros.

Cuando ingresé a Acción Puertorriqueña, los méxico-americanos tenían su grupo aparte, la Organización Chicana de Princeton. Evidentemente, grupos tan pequeños como los nuestros no deben estar divididos, así que muchas veces uníamos fuerzas en asuntos de interés mutuo y los dos grupos casi siempre hacíamos las fiestas juntos. (Ellos nos superaban en número, así que las tortillas y refritos eran más comunes que el arroz con gandules; pero nuestra música de salsa iba a la par con las rancheras). Había un puñado de estudiantes de minoría no alineados —filipinos, indios americanos y otros latinos— así que Acción Puertorriqueña los invitaba a unirse, agregando "y Amigos" al final de nuestro nombre. Me gustaba la indiscriminada amabilidad de su sonido, pero aún más la inclusión en la práctica. Por más consuelo y fortaleza que obtuviéramos de la identidad del grupo, era sumamente importante tener las puertas abiertas. Después de todo, la falta de inclusión era nuestra razón de ser.

Los diversos grupos de estudiantes de minoría de Princeton compartían el Third World Center, y entre todos elegían una junta de gobierno para administrar la instalación. Para garantizar el equilibrio, se asignaba igual cantidad de escaños a los estudiantes afroamericanos, hispanos y asiáticos. Además, había una sección "abierta", que generalmente se llenaba con afroamericanos, que, por mucho, eran la minoría más grande en el campus. Yo corrí el riesgo de postularme fuera de la categoría hispana y me convertí en la primera persona en ganar uno de los escaños abiertos sin ser negra. Estaba orgullosa de esa victoria, y la consideraba un tributo por lo bien que había escuchado y negociado acuerdos entre facciones.

Con toda la sensación de haber cumplido y la aceptación que sentía en el Third World Center, no deseaba limitarme a una subcultura de minoría y sus inquietudes. La comunidad latina era mi ancla, pero no quería aislarme de todo lo que me ofrecía Princeton, incluyendo involucrarme con la comunidad en general. Le advertiría a cualquier estudiante de minoría en la actualidad que no caiga en la tentación de la autosegregación: busquen el apoyo y el consuelo de su grupo, pero no se escondan en él.

Mi oportunidad de aventurarme afuera se produjo al pertenecer al Comité de Disciplina de Estudiantes y Profesores. El organismo generalmente lidiaba con la mala conducta predecible de los estudiantes: libros robados de la biblioteca, infracciones a las reglas de la residencia, reyertas bajo los efectos del alcohol. Algunas veces quería desaparecer, como cuando un par de nuestros "amigos" indios nativos-americanos, bebieron de más y empezaron a tirar muebles por la ventana del Third

World Center. Sacudí la cabeza en señal de desesperación: *¿Indios borrachos? ¡Eso sí que era ponérsela fácil a los viejos gruñones que escribían las cartas!* Un incidente más grave involucró a un estudiante brillante acusado injustamente de "hackear" el sistema de computadoras de la universidad. Llegar al fondo de ese caso representó un reto más técnico que cualquier otro que hubiéramos enfrentado antes, pero aproveché mi experiencia en el Centro de Cómputos para aclararlo, y podría decirse que ese fue mi primer rol judicial.

EN MUY POCOS lugares de este país la historia institucional coexiste con el relato nacional tan conscientemente como en Princeton. El cañón en el medio de la plaza vio acción en la Guerra Revolucionaria. Entre los súper alumnos están James Madison, clase de 1771, autor de la Constitución. El Congreso Continental de 1783 se reunió en Nassau Hall para recibir las noticias del Tratado de París. Esa gente segura de sí misma a mi alrededor, que había viajado por el mundo confiada de que algún día tendría un papel influyente sobre él, también estaba segura de ser heredera con derecho a esta historia. No era algo de lo que yo pudiera jamás tener la esperanza de agarrarme. Necesitaba una historia para anclar mi propio sentido de identidad. La encontré cuando comencé a explorar la historia de Puerto Rico.

Había estudiado historia y política de Estados Unidos, europea, soviética y china, pero prácticamente no sabía nada sobre la historia de mi pueblo. Todo pueblo tiene un pasado, pero la dignidad de una historia emerge cuando una comunidad de académicos se dedica a escribir y estudiar ese pasado. En la oferta de cursos de historia y política de América Latina, Puerto Rico apenas se mencionaba. Afortunadamente, era posible para los estudiantes desarrollar sus propios cursos. Descubrí que años antes un estudiante de Princeton había preparado un curso sobre historia de Puerto Rico y ahora, bajo la dirección del profesor Winn, me disponía a revivirlo, actualizando el plan de estudios y reclutando el quórum de estudiantes necesario. No se lo puse fácil a los interesados: mi lista de lectura era, cuanto menos, ambiciosa.

La historia que surgía de nuestras lecturas no era feliz. Bajo el dominio de España, Puerto Rico sufrió el abandono colonial y la carga de políticas diseñadas para enriquecer a terceros distantes, a un alto costo para la isla. Se hicieron pocos esfuerzos para desarrollar los recursos naturales o la agricultura más allá de lo necesario para abastecer y preparar a los conquistadores de camino a México y Suramérica. Los malos manejos se agravaron con la mala suerte —huracanes y epidemias— así como la existencia de corsarios británicos, franceses y holandeses. Para los colonizadores españoles, así como para las tribus indígenas esclavizadas y todos los que iban de otras partes del Caribe buscando refugio en la isla, era una existencia precaria con una vida cívica y una actividad económica mínima de subsistencia, más allá del contrabando, algo que no comenzaría a cambiar hasta entrado el siglo XIX. Cualquier libertad concedida por la corona española era rápidamente revocada.

Cuando España cedió a Puerto Rico, Cuba y Filipinas como botín de la Guerra Hispanoamericana a los Estados Unidos en 1898, los puertorriqueños pusieron su fe y optimismo en los ideales de libertad, democracia y justicia de los Estados Unidos. Pero ese optimismo le cedió el paso a una sensación de traición para muchos. Gobernados sin representación y explotados económicamente, muchos isleños sintieron que sólo habían cambiado un amo colonial por otro.

Estaba claro que la idea de un "puerto" que era "rico" nunca iba a dejar de ser una fantasía. La isla siempre había sido pobre. Al mismo tiempo, estaba atada a una vieja cultura y varios continentes. No hay que idealizar el pasado ni sucumbir a la mitología para apreciar el hilo en el tejido de la historia.

Uno de los libros de nuestra lista de lectura que me impresionó profundamente fue *La vida* de Oscar Lewis. Era una inclusión polémica, el estudio antropológico de una familia que se extendía desde los barrios marginales de San Juan a los de Nueva York. Muchos puertorriqueños se han ofendido porque dicha obra saca los trapos sucios al sol: la visión granular de la prostitución y una cultura que parece preocuparse por el sexo. Pero había muchas otras cosas en las vidas descritas por Lewis, entre otras, su argumento de que la cultura de la pobreza persiste como resultado de su naturaleza: la necesidad de adaptarse y el grupo de estrategias que surgen para lidiar con circunstancias difíciles. No podía negar que el libro provocaba potentes momentos de autoreconocimiento, con frecuencia dolorosos, pero aún así fascinantes, cuando veía a mi propia familia reflejada en sus páginas. Comenzaba a entender el folclore de mi familia dentro de un marco cultural, a detectar patrones sociológicos de lo que parecían ser meras idiosincrasias lúgubres, por cierto.

Lo que le faltaba a *La vida*, me di cuenta, era una apreciación de lo positivo, de la riqueza de nuestra cultura, por más tiempo que hubiera estado ensombrecida por la pobreza. Hay fortalezas en nuestra psiquis colectiva que explican nuestra resistencia al cambio y que, de la misma manera, contienen las posibilidades de nuestra renovación si se nutren y cultivan adecuadamente. Lo veía en la veneración de mi madre por la educación, su fe en la comunidad, su capacidad infinita para el trabajo duro y la perseverancia; en la alegre generosidad de Abuelita, en su pasión por la vida y la poesía, en su poder sanador. Esas mujeres fuertes no son escasas en nuestra cultura. Veía esta fortaleza, recurrente y flexible, en la manera en que el espiritismo y el catolicismo se habían adaptado el uno al otro en lugar de enfrentarse.

LAS DISCUSIONES EN el salón de clases eran acaloradas y con frecuencia a gritos. No nos habíamos enfrentado de forma trascendental a nuestros amos coloniales, alegaban algunos. Otros respondían: El Grito de Lares fue una rebelión contra España. Y en la década de los 1950s, miembros militantes del movimiento nacionalista Puertorriqueño, que perseguía la revolución armada contra los Estados Unidos, llegaron al extremo de atentar contra la vida del presidente Truman y escenificar un tiroteo en el Congreso de los Estados Unidos. Y aun otros replicaban: esos momentos de resistencia fueron efímeros y nunca condujeron a la clase de lucha continua que consiguió la independencia para Cuba o las Filipinas. Si la identidad surge de la lucha, y el trauma incita el crecimiento y el cambio, ¿acaso la debilidad de nuestra oposición no amenazaba con definirnos históricamente? La revolución cubana así como las guerras de independencia de Filipinas forjaron esas identidades nacionales en un crisol de violencia. Muchos en la clase preguntaban qué había en nuestro carácter que nos condujo a una coexistencia pacífica con el poder colonial.

Una y otra vez, la conversación regresaba al tema del estatus político de la isla. ¿Queríamos quedarnos como Estado Libre Asociado, con alguna autonomía y relación comercial preferencial con la metrópoli? La mitad de la clase opinaba que eso no era mejor que ser una colonia de Estados Unidos, viviendo como ciudadanos de segunda clase. Pero si aspiráramos a la estadidad, los derechos completos de ciudadanía conllevarían el precio de las obligaciones completas, incluyendo una carga tributaria que algunos argumentaban hubiera afectado nuestra economía en ese momento. Algunos proponían, con apasionada convicción, que la independencia era la única manera de preservar nuestra cultura y la debida dignidad de la autodeterminación. Las repercusiones económicas de cada postura eran tan inescrutablemente complejas como fundamentales para los argumentos. Y para aquellos que están ansiosos por conocer mi opinión sobre la cuestión del estatus de Puerto Rico, sólo puedo aconsejarles que no den mucha importancia a las ideas que competían por prevalecer en la mente de una joven estudiante.

CUANDO MI MADRE honró su apuesta, comprando mi pasaje de avión, y viajé a Puerto Rico por dos semanas, tuve por primera vez la oportunidad de ver la isla con ojos adultos y con una nueva conciencia de mi identidad en pleno desarrollo. Algunas cosas no habían cambiado desde mis visitas de niña. Hicimos la parada ritual a tomar agua de coco a la salida del aeropuerto, pero esta vez el vendedor le añadió un poquito de ron a mi libación de una botella que mantenía oculta. Todavía el viaje comenzaba con una ronda de visitas a cada miembro de la familia, por orden de antigüedad, todavía saboreaba los mangós acabados de caer del árbol. Pero en vez de imitar a los Tres Chiflados, mis primos y yo jugamos dominó, bailamos y disfrutamos de la omnipresente botella de ron. La amabilidad de los desconocidos todavía era sorprendente: nos arreglaron una goma de auto pinchada y nos ofrecieron café mientras esperábamos.

Mucho de lo que veía me resultaba familiar, pero ahora adquiría más sentido. La pobreza documentada en *La vida* ahora era visible en los arrabales de San Juan. Comparada con mi familia en Nueva York, mi familia de Puerto Rico era modestamente próspera; de niña me habían protegido de realidades a las que ahora me enfrentaba, aunque ciertos aspectos de la estratificación social de la isla permanecerían escondidos de mí hasta muy recientemente. San Juan también tenía sus casas elegantes, sus familias de dinero y su alta cultura.

La impresionante belleza natural de la isla, que apenas había advertido de niña, también dejó en mí una profunda impresión en ese viaje, aun en mi papel de turista. En el bosque tropical El Yunque, las cascadas engañan la vista, suspendiendo el movimiento en velos de encaje. La piedra mojada reluce, la niebla retoza de picos a valles, la bruma filtra el bosque en capas pálidas que se pierden en el misterio. En la playa de Luquillo, cuando el sol emerge debajo de las nubes congregadas en la costa y se refleja en los cocoteros en un ángulo inferior, las coronas de hojas estallan como fuegos artificiales de luz plateada. En las noches, hay espirales de polvo de estrellas líquido en las oscuras aguas de la bahía fosforescente. Casi todas las tardes hay puestas de sol de oro blanco donde se unen el cielo y el mar.

En Cabo Rojo, un pequeño bote de motor llegaba ruidosamente a la orilla después de una larga espera y atravesaba la laguna para llevar a un puñado de personas a la Isla de Ratones. No había nada allí —ni kioscos de comida, ni vendedores, ni "entretenimiento"— nada, salvo la falda de arena blanca y pura, y una plataforma de coral que permitía caminar con la transparencia del cristal a la altura del pecho durante lo que parecían millas antes de que el piso cayera en el océano. Miraba desde arriba el agua tan cristalina que era invisible, excepto por las rocas y la arena y la fronda marina ondulando en el suelo, como si fuera el comienzo de una secuencia de un sueño en una película.

Como neoyorquina con una profunda sensibilidad urbana, nunca estuve muy en armonía con la naturaleza. Durante mi primera semana en el campus, un grillo hizo que echara abajo mi dormitorio en la residencia, buscando el origen del chirrido hasta que Kevin me explicó que vivía en el árbol fuera de mi ventana. Yo soy famosa por no ver la diferencia entre un caballo y una vaca. El mar fue siempre la gran y única excepción. Aun en el caos de Orchard Beach, el circo de los *picnics* familiares, las olas abarrotadas y los tapones, podía encontrar en el ritmo de las olas una serenidad sin límites. Y cualquiera que pueda encontrar paz en las playas del Bronx encontrará el paraíso en Puerto Rico.

Otra revelación de mis viajes de adulta a la isla fue cómo las cuestiones políticas abordadas en mi curso, particularmente acerca del estatus de la isla, permeaban la vida diaria. Se veían símbolos por todas partes, la palma de coco para los partidarios de la estadidad, la pava para la facción que apoyaba el Estado Libre Asociado, la bandera con el fondo verde y la cruz blanca de los que favorecían la independencia. Todo el mundo devoraba los periódicos, analizando minuciosamente las posturas de los candidatos sobre el desarrollo económico, la educación, la salud, la corrupción... Durante una campaña electoral, en la plaza de Mayagüez —y supongo que en muchos otros pueblos también— las congestiones de tránsito proliferaban cuando los autos de un partido se rehusaban a cederles el paso a los autos del otro partido, todo en medio del ruido de las bocinas y las banderas ondeantes. Era un caos, pero por lo menos la gente se interesaba. Me enteré de que el ochenta y cinco por ciento de la población de la isla acudió a las urnas en elecciones recientes.

Este entusiasmo frenético que se apoderaba, y todavía se apodera, de la isla en años de elecciones, era un marcado contraste con la dejadez política que experimentaban los puertorriqueños en la metrópoli en aquellos tiempos. El verano en que le gané la apuesta a mi madre, trabajé como de costumbre en la oficina administrativa del Hospital Prospect antes de viajar a Puerto Rico. Por un par de semanas, no obstante, el doctor Freedman, como parte de sus esfuerzos comunitarios, me prestó como practicante para la campaña, a la larga fallida, de Herman Badillo a la alcaldía de Nueva York. Badillo era nuestro congresista, el primer puertorriqueño en ser elegido a la Cámara de Representantes. Fue en esa ocasión que vi por primera vez lo difícil que era alentar a una comunidad que se sentía marginada y sin voz dentro del discurso mayor de una democracia.

Los puertorriqueños en Nueva York sentían en ese momento que sus votos no contaban. Así que, ¿para qué pasar el trabajo siquiera de inscribirse? Habiendo sentido en carne propia la discriminación, sabían que los veían como ciudadanos de segunda clase, como personas que no encajaban, sin opción al éxito en la sociedad de la metrópoli. Sus oportunidades de escapar de la subclase, del círculo vicioso de la pobreza, no eran mejores que las de sus vecinos negros igualmente marginados, y probablemente peor para los que no hablaban inglés.

Los puertorriqueños en la isla, por el contrario, no tenían completa conciencia de ser una minoría porque no habían vivido como una de ellas. Había desigualdades en su mundo, pero la dignidad de nadie sufría por el mero hecho de ser puertorriqueño. No importa si estaban contentos con el Estado Libre Asociado o si aspiraban a la estadidad pero, con la excepción de los que favorecían a la independencia, daban por sentado que eran estadounidenses: ciudadanos de Estados Unidos, nacidos de padres estadounidenses en territorio estadounidense. Que los confundieran con extranjeros —inmigrantes, legales o no— hubiera creado una conmoción.

Me di cuenta de que si la comunidad puertorriqueña en Nueva York quería alguna vez escapar de la pobreza y recuperar su dignidad, tenía que aprender la lección de la isla. Las dos comunidades —isleños y metropolitanos— tenían que trabajar juntas para el beneficio mutuo.

Para el trabajo final del curso de historia de Puerto Rico, Peter Winn sugirió un proyecto maravilloso, una historia familiar oral. Era un reto adecuado para cualquier estudiante serio de historia: un mano a mano con la fuente principal, mi grabadora de cinta infiltrada en la mesa de la cocina. No todos se animaron con la idea. "¡Estás perdiendo el tiempo! Nunca me pasó nada interesante". Algunos se rindieron a regañadientes al interrogatorio, despacio y titubeando; otros, los cuentacuentos de siempre, se mostraron sorprendentemente entusiasmados y locuaces.

Me asombraba cuántas de esas historias nunca había oído antes. Las personas habían dejado atrás su pasado al llegar a Nueva York. Los recuerdos de las penurias y la extrema pobreza no tenían cabida al iniciar una nueva vida en la metrópolis. Con tantas cosas que atender en el presente, ¿quién tenía tiempo de darse el lujo de vivir en el pasado? Mi madre me había contado muy poco sobre su infancia.

Ahora revelaba, al principio vacilante, la muerte de su madre, su soledad de huérfana, y luego, más segura, narró sus días en el ejército, la llegada a Nueva York, el encuentro de una nueva familia en casa de Abuelita. Dijo muy poco sobre mi padre. Esas historias, como he dicho antes, salieron a la luz apenas recientemente.

La experiencia de oír mi lectura de Princeton haciéndose eco en los recuerdos familiares tuvo el efecto de hacer más vívida aún la historia y, al mismo tiempo, dotar la vida tal y como fue vivida con la dignidad de algo merecedor de estudio. Cuando, por ejemplo, leía que "una mujer que tarda diez horas en terminar dos docenas de pañuelos gana veinticuatro centavos por ellos", podía ver a Titi Aurora sosteniendo la aguja, mi madre inclinada sobre la plancha. Tampoco estas vidas se vivieron fuera de un plan histórico mayor de causa y efecto. Fueron las guerras de Estados Unidos las que nos transformaron en verdaderos estadounidenses, no sólo por la decisión de mi madre de enlistarse, sino mucho antes, cuando concedieron la ciudadanía de los Estados Unidos a los puertorriqueños en 1917 —después de dos décadas en el limbo— justo a tiempo para que mi abuelo, el primer esposo de Abuelita, fuera reclutado en la Primera Guerra Mundial junto a una oleada de jóvenes puertorriqueños. Después de la guerra, ese mismo abuelo enrollaba tabaco en una fábrica en Manatí, escuchando todo el día a un lector que leía novelas e historias del periódico para mantener a los enrolladores entretenidos. Por mi lectura me enteré de que un trabajador en una fábrica de tabaco ganaba entre cuarenta centavos y un dólar por día; y que la tuberculosis, de lo que murió mi abuelo, era la causa de muerte más común en la isla, y especialmente letal para quienes trabajaban largas horas bajo el aire contaminado por el polvo del tabaco.

Todos concuerdan en que es una pena haber perdido la oportunidad de recopilar las historias de la madre de Abuelita. Los recuerdos de Bisabuela de Manatí, el pueblo donde creció Abuelita, rememoraban vívidamente un Puerto Rico cuando la isla todavía le pertenecía a España. Pero, historias más antiguas sobreviven en recuerdos heredados más allá de la experiencia directa de ningún ser viviente: los Sotomayor, según he oído, pueden ser descendientes de pioneros puertorriqueños. Por el lado de mi madre, también fueron acaudalados. He oído rumores de lazos familiares con la nobleza española. De alguna manera, la suerte se invirtió. ¿Fue acaso una deuda de juegos que les costó la finca? ¿Desheredados? Los jirones de las viejas historias están enredados, gastados, enmudecidos por prolongados silencios que suplantaron ruidosas disputas familiares, y algunas veces, sin duda, le dieron un color más atractivo.

El cambio de suerte de mi familia seguía la corriente económica de la isla: las plantaciones de café se vendían en pedazos, los hasta ayer terratenientes se iban a trabajar en cañaverales que pertenecían a otros. El trabajo infantil y el analfabetismo eran normales; las niñas se casaban a los trece o catorce años. Nos mudamos de fincas en la ladera de las montañas a pueblos como San Germán, Lajas, Manatí, Arecibo, Barceloneta; y después de un tiempo, a lo que eran entonces los arrabales de Santurce en San Juan; de ahí, la metrópoli hizo un llamado y respondimos abordando el venerable *USS George S. Simmons*, el barco del ejército que llevó a tantos puertorriqueños a Nueva York, hasta que Pan Am ofreció las primeras tarifas aéreas baratas y nos montamos en la guagua aérea, del aeropuerto Kennedy a San Juan. No éramos inmigrantes. Íbamos y veníamos libremente. Nos convertirnos en neoyorquinos, sin cortar nuestros lazos con la isla.

De todos los vínculos, el idioma permanece fuerte, un código del alma que nos abre las puertas de la música y la poesía, la historia y la literatura de España y de toda América Latina. Pero es también una prisión. Alfred hablaba de mudarse de Puerto Rico al sur del Bronx en tercer grado. Su experiencia era común: sin ayuda en la transición, sin más remedio para su deficiencia que mantenerse rezagado. Después, las maestras sólo se encogían de hombros y lo pasaban de un grado al siguiente, indiferentes a si había entendido una sola palabra en todo el año. Los muchachos más listos a la larga aprendían el idioma por su cuenta y terminaban con sólo unos años de rezago. Pero: "Los niños blancos siempre eran los más adelantados", decía Alfred. "Detrás de ellos, iban los niños negros y los últimos eran los puertorriqueños".

Mi prima Miriam estaba escuchando nuestra sesión de grabación, asintiendo con la cabeza. En ese momento, estaba estudiando educación bilingüe en Hunter College. Hoy en día sigue igual de apasionada por su vocación con décadas de experiencia como maestra. "Quiero convertirme en la clase de maestra que hubiera deseado tener", me dijo. La pasó mal en las escuelas públicas, donde las maestras sabían tan poco de la cultura de los latinos que no se daban cuenta de que cuando los niños bajaban la vista al ser regañados, lo hacían por respeto, como les habían enseñado. Ese gesto sólo les traía más reprimendas: "¡Mírame a la cara cuando te hablo!".

Sentí escalofríos y me identifiqué. Recordé mis primeros años de sufrimiento como estudiante de "C" en Blessed Sacrament, aterrorizada de las monjas con tocas negras empuñando reglas, una tortura que no se mitigó hasta después de la muerte de Papi y del esfuerzo de Mami por hablar inglés en casa. Ahora parece obvio: la niña que pasó sus años de escuela en una nebulosa de semi-comprensión no tiene manera de saber que su problema no es que sea torpe. ¿Qué habría ocurrido si mi padre no hubiera muerto, si no hubiera pasado ese triste verano leyendo, si el inglés de mi madre no hubiera sido mejor que el de mis tías? ¿Hubiera llegado yo a Princeton?

Recientemente esas grabaciones que hice volvieron a ver la luz del día. Cuando las escucho ahora, con frecuencia oigo mi propia voz. Ahí voy de nuevo, didácticamente insertando mis propias opiniones y saltando ante el más mínimo indicio de racismo por parte de mi familia. Dichas reacciones eran el resultado de mi acondicionamiento en Princeton: encontraba inexplicable que las personas de mi familia que fueron objeto de tanto prejuicio en la metrópolis todavía se arraigaran a ideas prejuiciadas sobre el color de piel como indicio de estatus social; cómo utilizaban el color de la piel para determinar cuántos de sus ancestros provenían de España y cuántos de África. También me da vergüenza oírme sermonear a Ana y a Chiqui de que el papel de la mujer es una creación cultural y, por tanto, cambiable. "¡Lean a Margaret Mead!", les gritaba. "En ciertas tribus de Papuá-Nueva Guinea, los papeles están invertidos. Lo que ustedes consideran masculino, lo hacen las mujeres; y las tareas que las mujeres llevan a cabo aquí, las hacen los hombres allá".

"Eso es allá. Aquí es diferente", concluía Chiqui. Ella no se creía las patrañas de una universitaria sabelotodo. Mis comentarios son vergonzosos, tristes y divertidos, todo a la misma vez. Mis propios prejuicios saltaban a relucir tanto como los de mis informantes. En esos momentos en que se calentaban los ánimos en la grabación, se revelaba la distancia que yo había recorrido en Princeton, la cual fácilmente podía ser borrada en el momento que alguien me sacaba de quicio. Podían jalarme de un mundo al otro, pero la mayor parte del tiempo yo vivía suspendida entre ambos.

ESCOGÍ COMO TEMA de mi tesis de cuarto año a Luis Muñoz Marín, el primer gobernador electo por el pueblo de Puerto Rico, en vez de ser nombrado por un presidente de los Estados Unidos, cuyos esfuerzos de industrialización llevaron a Puerto Rico al mundo moderno. Me inspiró su organización del jíbaro puertorriqueño (campesinos marginados políticamente) en una fuerza política capaz de ganar elecciones. Una parte de mí necesitaba creer que nuestra comunidad podía engendrar líderes. Necesitaba un modelo. Por supuesto, sabía que no podía dejar que las emociones permearan el lenguaje y la lógica de mi tesis; esa no es la labor de los historiadores. Pero me daba fuerzas para seguir adelante durante las largas horas de trabajo, y servía de contrapeso ante el hecho de que la historia de Muñoz Marín no tuvo un final feliz, ya que su éxito inicial engendró otros problemas económicos. Era difícil imaginar un área de estudio más productiva.

UNA MAÑANA, UN pequeño titular en el periódico local llamó mi atención. Un hombre hispano que no hablaba inglés estaba a bordo de un vuelo que fue desviado al aeropuerto de Newark. Nadie allí sabía suficiente español como para explicarle dónde estaba o qué había ocurrido y, en medio de la frustración y la confusión, hizo un escándalo. Lo llevaron al Hospital Psiquiátrico de Trenton y allí estuvo recluido por varios días hasta que un empleado que hablaba español lo ayudó a contactar a su familia. Esta situación me dio rabia. Era inaceptable.

Cuando llamé al hospital, y luego de hacer algunas preguntas, me enteré de que había varios pacientes de cuidado prolongado que no hablaban inglés y que sólo tenían acceso intermitente a personal de habla hispana. No podía imaginar nada más cruel que la angustia de una enfermedad mental agravada por la confusión cotidiana y sin poder comunicarte con los que cuidan de tu salud.

El Hospital Psiquiátrico de Trenton estaba fuera del ámbito de influencia de Acción Puertorriqueña. Era imposible ejercer presión sobre sus administradores para contratar más hispanos de la misma manera que lo hicimos en Princeton. Así que me decidí por un enfoque diferente: organizaría un programa de voluntarios de Acción Puertorriqueña bajo el cual nuestros miembros pasarían tiempo en el hospital en continua rotación, de modo que siempre habría alguien que pudiera servir de intérprete a los pacientes e interceder con el personal si era necesario. También teníamos noches de bingo y canciones en grupo. Descubrimos que muchas mentes atormentadas eran, a pesar de todo, capaces de desenterrar de sus recuerdos el consuelo de las canciones que sus padres les cantaban. Y antes de ir a la casa en Acción de Gracias y Navidad, celebrábamos con los pacientes, reclutando a nuestras madres y tías para preparar las comidas tradicionales que eran demasiado complicadas para intentarlas en la cocina de la residencia estudiantil.

El programa en Trenton fue mi primera experiencia verdadera de servicio comunitario directo y me sorprendió la satisfacción que encontré en ese tipo de trabajo. Aunque el esfuerzo era modesto, podía visualizarlo funcionando a gran escala, atendiendo a millones. Pero las operaciones complicadas de filantropía estaban lejos de mi imaginación, así que el gobierno parecía ser el proveedor más viable. Y fue así que comencé a pensar que el servicio público era donde probablemente encontraría la mayor satisfacción profesional.

BAJO UN LETRERO de *Feliz Navidad* colocamos las sillas apilables para los pacientes. En las mesas plegadizas arreglamos un festín de pasteles y arroz con gandules. No esperarías que éste fuera un público que se quedara tranquilo y escuchara atentamente, pero cuando Dolores rasgó las cuerdas de su guitarra, la dura luz fluorescente pareció suavizarse. Agregamos algunos villancicos españoles y aguinaldos a la *nuyorican*. Sin embargo, fue cuando Dolores recurrió a los viejos éxitos mexicanos que su voz brilló verdaderamente, mientras serenaba a esas almas quebrantadas durante una noche de invierno silenciosa en Nueva Jersey:

> *Dicen que por las noches**
> *no más se le iba en puro llorar…*

Dolores canta la balada mexicana de un amante tan derruido que, después de muerto, su alma adquiere la forma de una paloma y continúa visitando la casita de su amada. Hasta mi corazón, aún sin conocer una pasión así, fue atrapado, y me quedé paralizada mientras Dolores cantaba la canción de la paloma solitaria: *cucurrucucú…*

Entre el público, una anciana mira al infinito, su rostro tan desprovisto de expresión como siempre. Ella es la que siempre está impasible, la que no ha dicho una sola palabra desde que estamos viniendo a Trenton. Esta noche, mientras Dolores canta, hasta ella sigue el ritmo suavemente con su pie.

---

* De la canción mexicana "Cucurrucucú paloma"

Dieciocho

ELICE SHEA ESTABA sentada en mi escritorio, esperándome para caminar hasta Commons a cenar. Ella tenía esa piel extremadamente blanca de los irlandeses, propensa a ruborizarse con el menor malestar, y yo había aprendido a leer muy bien sus reacciones. Cuando vi una virtual oleada roja, le pregunté qué pasaba.

"Espero de verdad que no pienses que estaba husmeando, Sonia, pero no pude evitar ver esa carta en la basura…".

"Es sólo propaganda de un club. Quieren que pague la membresía y me están pidiendo más dinero por una baratija grabada con mi nombre. ¡Qué estafa!"

Felice se veía más avergonzada que nunca mientras trataba de explicarme que Phi Beta Kappa era completamente legítima. Más que legítima era, de hecho, un honor de tanto prestigio que insistió en que yo tenía que aceptar la membresía aunque ella tuviera que pagarla. Felice no sólo era excepcionalmente amable y generosa; siendo hija de una pareja de profesores universitarios, no sólo conocía todos los detalles del mundo académico, sino que me sirvió de guía a través de muchos puntos ciegos. Después de cuatro años en Princeton pensé que conocía el terreno muy bien, pero de vez en cuando, incluso en el último año, oía algo que me hacía sentirme como una novata. Yo no iba a aceptar el dinero de Felice, pero sí acepté su consejo.

Algo similar me ocurrió poco antes. Estaba dormida cuando sonó el teléfono. La voz al otro lado se identificó como Adele Simmons, la decana de Asuntos Estudiantiles. Llamaba para felicitarme por haber ganado el premio Pyne. Podía pensarse que era de Publishers Clearinghouse por el entusiasmo en su voz al describir este honor del que yo nunca había oído hablar, obviamente por no haber prestado atención al *Daily Princetonian,* pero al inferir que era importante por el alboroto de la decana, encontré la claridad mental para expresar lo sorprendida y agradecida que estaba. Pero no fue hasta que colgué y llamé a Felice que tuve una descripción completa del premio de honor Moses Taylor Pyne. Parece que tendría que dar un discurso en un almuerzo de egresados donde entregaban el galardón. Felice y yo ya estábamos hablando sobre la ropa adecuada y planeando irnos de compras, cuando ella dejó caer el detalle más importante: "Es el reco-

 nocimiento más alto que puede recibir un estudiante que se gradúa".

Yo no había ido de compras en serio desde el día que conseguí mi impermeable "exclusivo para Princeton", que ya cumplía con los requisitos para jubilarse. Todo mi guardarropa cabía en una bolsa de *laundry,* fácil de llevar en el autobús a la casa. Consistía de tres *jeans,* un par de pantalones de cuadros escoceses y varias blusas que combinaban con todo. Cuando mi trabajo de verano exigió una apariencia más profesional, resolví el problema usando un uniforme de hospital. Felice y su madre me llevaron a Macy's y me ayudaron a escoger un traje precioso por cincuenta dólares. Era el conjunto más caro que me había puesto en mi vida, pero a juzgar por cómo me sentía usándolo, fue una buena inversión.

El gimnasio se transformó: mesas vestidas en lino blanco, vajilla y flores. Había una multitud conformada por ex alumnos, profesores y decanos, todos en una algarabía de saludos y felicitaciones, sus manos extendidas, sonrisas de oreja a oreja, copas en alto. Una parte de mí todavía tenía dudas —¿o era incredulidad?— sobre todo este espectáculo y de cómo tomarlo, pero no podía negar que no importaba lo que significara, se sentía fabuloso. Había trabajado duro y el esfuerzo valió la pena. Yo no era una decepción.

Entre los que se habían graduado recientemente, estaban los que, siendo mujeres u otras minorías, habían alterado la imagen anterior de los graduados de Princeton tan preciada para algunos. Había amigos que se habían graduado uno o dos años antes que yo, como Margarita Rosa, que vino desde la Escuela de Derecho de Harvard para la ocasión. Otros, hasta ese día, eran sólo nombres para mí. Casi todos los hispanos vivos que se habían graduado de Princeton se presentaron, rebosando de orgullo y compañerismo, para lo que se convirtió en una reunión triunfal. Mi familia, por supuesto, acudió en masa. Mami, sentada con una sonrisa aturdida, estallaba en rayos de felicidad al reconocer a cada amigo o conocido que pasaba a felicitarla. Me dolía la cara de tanto sonreír.

La cúpula del gimnasio y el marcador en blanco eran un marco distante, lleno de cientos de rostros extraños mirando hacia arriba. Esa era la vista cuando llegué al podio para dar mi discurso, aquejada por mi acostumbrado ataque de nervios. Con excepción de nuestro pequeño grupo de amigos del Third World Center y de sus parientes, los rostros eran uniformemente blancos. Era un recordatorio oportuno de lo que yo estaba haciendo allá arriba. El premio Pyne, frecuentemente compartido por dos estudiantes, reconoce la excelencia académica, pero también el liderazgo que "sustenta eficazmente los mejores intereses de la Universidad de Princeton". Mis esfuerzos en el Comité de Disciplina habían sido un factor de peso para el premio, pero también lo fue mi trabajo duro en Acción Puertorriqueña y el Third World Center, que Princeton reconocía como un beneficio no sólo para las pocas decenas de estudiantes miembros de esas organizaciones, sino para toda la comunidad en general. El dinamismo de cualquier comunidad que es inclusiva depende no sólo de la diversidad en sí, sino de fomentar un sentido de pertenencia entre aquellos que anteriormente habrían sido considerados, y se habrían sentido, forasteros. El propósito más elevado de estos grupos no había sido el autoexilio ni las intervenciones parciales. Había sido fomentar una conexión entre el Princeton antiguo y el nuevo, una aceptación mutua sin la cual el organismo en su totalidad no hubiese podido crecer ni evolucionar.

Ese no era el trabajo de una persona, sino de una comunidad: Acción Puertorriqueña y Amigos. Yo quería reconocer en mi discurso esa colaboración, así como rendir honores a quienes entre los nuevos ex alumnos, como Margarita Rosa, que había tenido una experiencia muy similar a la mía, habían despejado el camino para que yo pudiera llegar adonde llegué.

"Las personas que represento tienen diversidad de opiniones, culturas y experiencias. Sin embargo, nos une un lazo común. Intentamos existir abiertamente dentro de la magnífica tradición de Princeton, sin la tensión del desafío constante a nuestras identidades y sin las frustraciones del aislamiento. De diferentes maneras y con diversos estilos, algunos a voz en cuello y otros en silencio, las minorías de Princeton han creado un entorno en el que yo pude actuar y ver aceptados los distintos esfuerzos. De este modo, el premio de hoy pertenece a aquellos con los que he trabajado para que Princeton se diera cuenta de que tenía grupos distintos y honorables en sus propias tradiciones".

"No obstante, la aceptación de Princeton de nuestra existencia y pensamientos es sólo el primer paso. El reto para mí y para Princeton es ir más allá de un simple reconocimiento. Espero que el día de hoy marque el comienzo de una nueva era para todos nosotros: una nueva era en la que las tradiciones de Princeton puedan enriquecerse aún más al ampliar sus horizontes para dar cabida y armonizar con todos aquellos que no bailamos al mismo son".

Mirando a esa multitud, me imaginaba a los que todavía no habían llegado, a los estudiantes de minoría que, en los años venideros, harían más variada la multitud de rostros que se veían desde el podio. Si hubiesen podido oírme, les habría confesado: cuando descubras la fortaleza que puedes cosechar de tu comunidad en este mundo del cual se distingue, mira tanto dentro como fuera. Construye puentes en lugar de muros.

LA PRIMAVERA DIO paso al verano, los exámenes y trabajos finales habían concluido y la revisión de mi tesis había terminado. Con la graduación, llegó un último reconocimiento desconocido cuando Peter Winn me llamó a su oficina para decirme que me graduaría *summa cum laude.* Una vez más, viendo el placer con que se me daba la noticia, no tuve el valor de preguntar qué significaba; por ahora, era suficiente actuar muy contenta y honrada. Cuando finalmente busqué la traducción de la frase en latín, me di cuenta de la ironía de mi necesidad de hacerlo. Fue tal vez en ese momento que hasta cierto punto hice las paces con mi desasosiego: la inseguridad que siempre sentí en

Princeton nunca me abandonaría por completo. Con todas las "As" y los honores que pudieran conferirme, siempre habría momentos de aislamiento acechando para recordarme que mi presencia allí no era la ⟵ regla sino la excepción.

Salí marchando por la puerta de Nassau con mis compañeros de clase en un último ritual de regreso al mundo real, sabiendo que volvería a las *Ivy Leagues* en el otoño para estudiar derecho en Yale. Mientras tanto, un empleo de verano haciendo investigaciones en la Oficina de Responsabilidad Social en The Equitable Life Assurance Society en Manhattan me brindaría mi primer vistazo al mundo corporativo de los Estados Unidos. Fue, cuanto menos, una decepción. Me escandalizó ver cuánto tiempo eran capaces de perder las personas supuestamente productivas. Era similar a lo que había observado el verano anterior, trabajando para el Departamento de Asuntos del Consumidor de la Ciudad de Nueva York, sólo que era quizás más insólito, considerando que era un negocio enfocado en ganar dinero.

Para entonces, Junior se había graduado de Cardenal Spellman y terminado su primer año en un programa de NYU que lo prepararía para la escuela de medicina. De niño, él no soñaba con ser médico. Su ambición en esa etapa de su vida era sólo hacer algo diferente de lo que yo hiciera; encontrar su propio camino lejos de mi sombra. Aunque nuestras riñas ya se habían suavizado para entonces, cada uno estaba demasiado involucrado en su propia vida como para prestarle atención a la del otro. Pero en un aprieto, siempre acudíamos primero al otro, con la experiencia que únicamente nosotros habíamos compartido, no había que decir nada más. La familia era la familia.

El gran acontecimiento para nosotros ese verano fue la boda. Todo el mundo daba por sentado que Kevin y yo nos casaríamos desde el día en que se lo presenté a Abuelita. Mirando hacia atrás, puedo ver cuán automática era esa certeza. Desde hacía tiempo yo había planeado hipotéticamente llegar al matrimonio a los veintiocho años, que no tenía tanto que ver con la realidad de mi relación con Kevin como con mi deseo de evitar los errores de los demás. Mis tías se habían casado a los catorce o quince años, mis primas a los dieciocho. Yo iba a hacer las cosas en el orden correcto e iba a terminar mi educación primero. Pero con mi intención de comenzar en la Escuela de Derecho de Yale y los planes de Kevin de seguir estudios graduados, todavía en el aire, parecía más razonable que se mudara conmigo a New Haven. En nuestro mundo, eso no podía pasar sin casarnos.

Mi madre y yo teníamos visiones radicalmente opuestas sobre cómo sería la boda. Mi visión era austera, modesta y práctica. La de ella era extravagante. Su boda había consistido de una visita a la alcaldía y una cena en casa de Abuelita. Ella no caminó al altar, así que yo tenía que hacerlo. Discutíamos sobre cada uno de los detalles y ella me hacía trampas. Si yo tachaba un nombre de la lista en un intento de economizar, ella buscaba la oportunidad de que nos encontráramos con esa persona y mencionaba, ante mi bien disimulado disgusto, que la invitación estaba por llegar.

Cuando reconocí que todo este alboroto involucraba más sus expectativas que las mías, me conformé y dejé que hiciera todo con la menor incomodidad posible. Queriendo resolver el asunto de la manera más barata posible, busqué por toda la ciudad los diferentes elementos. Los precios me horrorizaban. Cada pieza del cuento de hadas era una estafa mayor que la anterior.

"No voy a gastar cientos de dólares en un traje que voy a usar una sola vez. ¡No lo voy a hacer!"

"¿Entonces, qué te vas a poner, Sonia?"

¿Cuántas veces repetiríamos ese intercambio de palabras? Elisa fue mi salvación. Ella era una vieja amiga de mi madre y vecina de las casas Bronxdale y, además, costurera. Hacía mucho tiempo que no regresaba a los proyectos después de nuestra mudanza a Co-op City, y me quedé asombrada de cuán pequeños y estrechos se veían los cuartos cuando visitamos a Elisa. Dibujé un diagrama, un vestido sencillo en línea A. "Eso es todo lo que quiero". Podía ver el horror asomando a los ojos de Mami como el agua en un barco que se hunde.

"Ese traje es muy sencillo. ¡Tienes que hacerlo más elaborado!"

"¡Es mi boda! ¡Has decidido todo lo demás!"

No podía creer que estuviéramos peleando tan descaradamente frente a Elisa, pero ella lo manejó con una destreza que daba a entender mucha experiencia en las relaciones entre madre e hija: "Sonia, podemos mantenerlo sencillo, pero hacerlo más elegante con unos bordados en cuentas aquí y aquí…".

Y así, con ayuda de parientes y amistades, poco a poco los planes tomaron forma. Junior todavía trabajaba como sacristán en San Patricio, y uno de los privilegios de los empleados era permitirles hacer los arreglos para celebrar la misa de boda de sus familiares en la catedral. A través de su empleo vendiendo seguros, Alfred tenía un cliente con un servicio de alquiler de limosinas; él le dio a Alfred un descuento espectacular para tres Rolls Royce antiguos.

Marguerite, que desde la secundaria era una de mis mejores amigas, fue mi dama de honor. Ella se ofreció a hacerme la despedida de soltera, pero no era una propuesta sencilla siendo todos neoyorquinos, entre los cuales las creencias y tradiciones están arraigadas y son tan diversas como los lugares de donde procedieron nuestras familias. ¿Sería *tea sandwiches* y ponche sólo para mujeres una tarde de domingo? ¿O ron y comida de verdad, y baile un sábado por la noche, con los hombres, por supuesto, también invitados? En un lugar equidistante entre Polonia, Alemania, Irlanda y Puerto Rico, negociamos una ruta.

"Sonia, ¿qué vamos a hacer con los regalos?" Mami se veía realmente preocupada. Los regalos que le preocupaban eran los artículos íntimos y a veces arriesgados que tradicionalmente se le obsequian a la novia, a quien se la supone inocente y necesitada de instrucciones para la noche de bodas. Además de estas curiosidades, estaban también ciertamente los regalos prácticos: la tostadora, la aspiradora y otros artículos necesarios para el hogar. Habitualmente, las mujeres llegan temprano para entregar los regalos; los hombres no tienen que enterarse de esas cosas. Pedirles a mis tías y primas que abandonaran esa costumbre no era una opción. Se habría visto como una falta de respeto y, de todos modos, no habrían hecho caso. Lo mejor que podíamos hacer era contener el peligro de que las sensibilidades irlandesas se escandalizaran con el humor *nuyorican*: ubicaríamos los asientos de manera estratégica y desplegaríamos otras tácticas de distracción según pasaran los regalos para inspección.

La versión puertorriqueña de un registro de bodas era que las tías de la novia le preguntaban a la madre si hacía falta que llevaran algo para la boda. Titi Gloria, por ejemplo, me llevó a comprar un hermoso par de zapatos plateados que combinaban con mi traje. Las tradiciones de una familia irlandesa-americana modesta como la de Kevin no eran muy diferentes. En la boda, los invitados daban dinero en efectivo en cantidades sustanciales. Así era como se esperaba que una pareja joven pagara la fiesta, como era su obligación hacer, y además comenzara una nueva familia.

EL GRAN DÍA, una pandilla de mujeres empeñadas en iniciar temprano la tarea de embellecerme me despertó y me sacó de la cama a rastras. Cotorreaban sin cesar, dirigiendo también a mi madre en sus preparativos, sólo un paso más adelantados que los míos.

"¡Celina, sal de la ducha ahora!"

"¿Quieres primero el pelo o el maquillaje?"

"¡Ay! ¿Quién tiene la plancha?"

Me sentía como un maniquí pasando de mano en mano, hasta que al final, con los carros ya abajo, los motores encendidos, por fin me dejaron hablar. Habíamos olvidado algo muy importante: yo tenía que comer algo y ponerme mi insulina. Mi madre se paralizó del pánico. Lo que había en la cocina había desaparecido en las idas y venidas. Así que mi primo Tony corrió a una cafetería al cruzar la calle para comprar un sándwich de pavo. Me puse la inyección y devoré el sándwich con una toalla como babero y el cuarto lleno de mujeres gritando que no me manchara el traje con la mostaza. Acto seguido, nos fuimos.

En la iglesia, Kevin esperaba, orgullosamente radiante en su esmoquin crema alquilado, pero moderno. Marguerite me mostró los cubitos de azúcar que había escondido en su ramo, asegurándome que la dama de honor se mantendría muy cerca por si acaso la novia sufría un bajón de glucosa en la sangre. Me puse muy contenta al ver a mi prima Milly llegar con su esposo, Jim, y su madre, Elena. Ellos eran otra familia de Mayo, del hermano de Mami, y cuando llegaron por primera vez de Puerto Rico, antes de que yo naciera, vinieron a vivir con Mami y Papi. Yo casi no los veía ya porque vivían en el norte del estado, pero los quería mucho. Fue Milly, campeona de dominó, quien me enseñó a jugar. Con ellos a mi lado, mi boda parecía una de esas fiestas de mi infancia que tanto extrañaba.

Y así sería: después de la ceremonia en la Capilla de la Virgen, bailamos hasta la madrugada en un salón para bodas en Queens, junto con otra docena de fiestas nupciales en los salones contiguos. Terminamos la noche tirando la casa por la ventana en una habitación del Hotel St. Moritz con vista a Central Park. Estaba feliz de firmar el registro como Sonia Sotomayor de Noonan. Cuando llegamos ya había terminado el *room service* y yo me estaba muriendo de hambre —el banquete había dejado mucho que desear. Kevin caminó varias calles bajo la lluvia como todo un caballero en busca de una grasienta hamburguesa con papitas fritas.

Dentro de la habitación, Kevin abrió el último de los sobres de regalos de boda. Era un puñado de la droga *Quaaludes*, cortesía de sus compañeros de Stony Brook. Lo miré con horror y le dije que las echara en el inodoro.

"Se las debí haber devuelto a los muchachos", protestó. "Valen mucho dinero".

Pero yo no podía creerlo. Lo observé tirar las pastillas por el inodoro, murmurando: "Chica, me matarían si me vieran hacer esto".

A fin de cuentas, tener una boda de verdad no fue tan malo como me temía, aunque no acrecentó mi gusto por esas extravagancias. Todavía les aconsejo a todas mis primas —y a todas las futuras novias— olvídate del espectáculo y quédate con el dinero. Nadie me hace caso.

Diecinueve

SI NUESTRA DECISIÓN de casarnos fue prácticamente automática —era lo que se esperaba de las parejas como nosotros—
tampoco reflexionamos mucho más sobre el matrimonio una vez
contraído. Simplemente nos dispusimos a jugar a las casitas, lo que
parecía una extensión natural de nuestra coexistencia amigable antes de
intercambiar los votos. Al igual que yo, Kevin era joven cuando perdió
a su padre. Ninguno de los dos había observado modelos particularmente inspiradores de la vida matrimonial. Las comedias de televisión
eran nuestra referencia. Si lo pensábamos, puede que nos viéramos
entre los ejemplares más progresistas, la nueva serie de esta temporada,
en la que la pareja comparte las tareas del hogar y la carga financiera,
turnándose para apoyarse uno al otro en los estudios graduados.

Los planes de Kevin todavía eran inciertos. Estaba solicitando a las
escuelas de medicina, pero también contemplaba irse por el camino
de la investigación científica. El derecho también le atraía; habíamos
tomado juntos el LSAT y él había obtenido mejor puntuación. Estaba
equipado intelectualmente para cualquier camino que pudiera elegir,
pero todavía no engranaban los motores para impulsarlo. Así que en
el ínterin, aceptó un trabajo como asistente de laboratorio en el departamento de biología y yo escogí uno en el mimeógrafo de la escuela de
derecho. Mi matrícula estaba cubierta por una beca completa, por lo
tanto sólo necesitábamos dinero para vivir.

Peinamos New Haven en busca de algo económico en un vecindario que no representara una amenaza y encontramos finalmente un apartamento pequeño en lo que una vez fue casa de huéspedes en la avenida Whitney, a una milla del campus. Nuestro *landlord* no tenía muy buena opinión de los abogados, así que dejé que Kevin negociara. Nuestro hogar tenía una sala con un mueble empotrado que servía como baúl de almacenaje y a la vez era sofá; había un dormitorio de verdad, separado de la sala, y una minúscula covacha era la cocina. Adorábamos ese lugar y nos quedamos allí durante los tres años que cursé en Yale. Aunque estaba totalmente amueblado con objetos de segunda mano, nunca perdió el esplendor del primer hogar, esa dulce mezcla de nido e independencia.

Kevin decidió que necesitábamos un perro para completar nuestro núcleo familiar y se nos sumó nuestro querido Star. Era diminuto, mezcla de galgo y sato castaño claro, con muelles de acero por patas y una pasión por morderlo todo. El primer sacrificio a su dentudo entusiasmo fueron mis zapatos de boda, ese par de hermosas sandalias plateadas en las que Titi Gloria se había gastado una fortuna impensable. Bueno, de todos modos resultaron insoportablemente incómodas la única noche que las usé.

Las tareas del hogar, como dije, eran un esfuerzo en equipo. Yo le daba a Kevin mi sueldo y él pagaba las cuentas. Yo limpiaba el polvo y arreglaba la cama; Kevin pasaba el trapo a los pisos. Él lavaba la ropa; yo la planchaba. Yo me encargaba de hacer la compra y cocinar; él fregaba los platos. Aprendí a hervir huevos y mucho más con el libro *Joy of Cooking*. Cuando tenía dudas, llamaba a la señora Gudewicz, la madre de Marguerite. Un día vi muslos de pavo en oferta por unos centavos la libra y desde la distancia ella me ayudó a cocinarlos. Cada cierta cantidad de meses, Marguerite y Tom venían a visitarnos un fin de semana, siempre con un paquete de carne de calidad que nosotros no habríamos podido comprar. La madre de Marguerite era como una segunda madre para mí, y nada dice "creemos en ti" como un solomillo Nueva York*.

LA ESCUELA DE Derecho de Yale era y es la única pequeña entre las principales escuelas de derecho del país. Había solamente cerca

---

* Un tipo de corte de carne.

de 180 estudiantes en nuestra clase. Los números no sólo reflejan un proceso de admisión sumamente selectivo, sino también el compromiso de fomentar un entorno de apoyo con calidez humana. No es de sorprender que me encontrara rodeada de las personas más brillantes, deslumbrantemente elocuentes y emprendedoras que hubiera conocido. Muchos entraban a este campo con reputaciones estelares ya establecidas en otras ocupaciones. Había doctores en filosofía, economía, matemáticas y físicas. Teníamos escritores, un médico, un crítico de cine, un cantante de ópera, sin mencionar a varios becarios de Rhodes en nuestra clase. Esto habría sido aún más sobrecogedor de haber sabido en ese momento que la clase de 1979 pasaría a tener un éxito extraordinario hasta para los estándares extraordinarios de la escuela: muchos de sus miembros son ahora decanos y profesores en las principales escuelas de derecho, jueces estatales y federales, o están en los niveles más altos del gobierno o del sector privado. Me han dicho que esta exclusiva compañía hacía que todos se sintieran tan inseguros como yo, pero eso sería difícil de comprobar.

Para suavizar un poco este choque máximo de estrellas intelectuales, la calificación se desvanecía en algo parecido a un sistema *pass-fail*, donde no se calificaba a los estudiantes. Uno de mis amigos pensaba que de otra manera hubiera habido una alta tasa de homicidios. Nadie quería que lo vieran esforzarse demasiado y todos fingían un comportamiento fríamente casual. Pero a puertas cerradas trabajaban como locos, y yo no era la excepción. Leía los casos meticulosamente y jamás se me habría ocurrido entrar a clases sin estar preparada. Pero eso no era suficiente como para desterrar la amenaza de quedar en ridículo en cualquier momento. La enseñanza avanzaba a través de un proceso de interrogatorio, una versión tan sólo un poco menos aterradora que el método socrático de Harvard recientemente recreado en la película *The Paper Chase*. Si bien nunca me encontré con alguien tan sádico como el personaje de John Houseman, los profesores algunas veces disfrutaban provocando una respuesta incorrecta para tener la oportunidad de escarbar más profundo y dejar totalmente al descubierto el entendimiento erróneo que la produjo. Incluso una respuesta correcta podía llevar a un sondeo adicional que podía dejarte deseando que la tierra te tragara.

Sabía que este tormento tenía su propósito. Nos estaban condicionando para pensar sobre la marcha e inmunizándonos contra los dimes y diretes emocionales de una profesión contenciosa. Los profesores de Yale no nos miraban por encima del hombro: suponían que todos éramos inteligentes y, hasta cierto punto, nos veían como sus pares. Pero muchas veces sentía que estaba luchando por mantenerme a flote. No se trataba sólo de la intensa presión de las circunstancias. Escuchando las discusiones en clase, podía seguir el razonamiento, pero no podía anticipar a dónde se dirigía. Con todo lo que me había enseñado Princeton sobre la argumentación académica, la escuela de derecho parecía operar en un plano diferente. Si bien la historia comprendía más que memorizar nombres y fechas, el ejercicio del derecho estaba incluso más lejos del mero hecho de aprender un conjunto de reglas y estatutos, como ingenuamente había imaginado que sería. Por el contrario, convertirse en abogado exigía un dominio de una nueva manera de pensar, y no una que se dedujera evidentemente de otras disciplinas. Más aún, con frecuencia había que recurrir a distintos, y no necesariamente concurrentes, marcos de jurisprudencia, teorías del derecho que nuestros profesores habían dedicado toda su carrera a explorar y elaborar. En retrospectiva, en ocasiones era un enfoque caótico y quizás demasiado teórico para el propósito básico de preparar a los nuevos abogados para la vida laboral. Pero no hay duda de que los sistemas de jurisprudencia a los que fui expuesta me vendrían bien mucho después, cuando llegué a los estrados.

¿Qué sistemas en particular? Sé que muchos lectores estarán inclinados a escudriñar este capítulo en busca de las claves de mi propia jurisprudencia. Lamento decepcionarlos, pero ese no es el propósito de este libro. Basta con decir que, durante mis años allí, de 1976 a 1979, Yale estaba en el umbral de algunos cambios radicales en la manera en que se enseñaba y se entendía el derecho.

Pero no voy a exagerar la influencia de esas innovaciones, que en retrospectiva parecen más drásticas que en su momento, y que algunas veces eran más metodológicas que teóricas (la clase de *torts* de Guido Calabresi, por ejemplo, que tomé en mi primer semestre, incorporaba métodos cuantitativos de economía, un enfoque que me interesaba por el trabajo en computación que había hecho en Princeton y que auguraba una unión mayor entre el derecho y las ciencias sociales en Yale). No obstante, sobre todo por necesidad, aprendíamos derecho según la enseñanza tradicional. En derecho constitucional y en otras áreas, las teorías presentadas eran principalmente las consagradas en las particularidades de los casos de la Corte Suprema expresados en las opiniones, concurrencias y disidencias de sus jueces. Muchos de mis cursos estaban a cargo de prestigiosos gigantes de su especialidad —Grant Gilmore para contratos, Charles Black para almirantazgo, Elias Clark para fideicomisos y patrimonios, Geoffrey Hazard para procedimiento, Ralph Winter para leyes antimonopolio. Ellos seguían el enfoque tradicional del desarrollo del derecho consuetudinario: analizar casos particulares para extraer los principios y entonces considerar si esos principios aplicaban a casos subsiguientes o, de lo contrario, qué excepciones creaban.

De hecho, la mayor parte de la ebullición teórica que vendría a dominar el estudio del derecho, particularmente el derecho constitucional, con los comentarios de los profesores llegando a opacar las opiniones de los jueces, estaban hasta ahora en el horizonte. Tomé un curso de *Expresión, la prensa y la primera enmienda* con Robert Bork, pero los argumentos sobre restricciones judiciales, intención original e interpretación restrictiva no habían entrado todavía en nuestras conversaciones como estudiantes, mucho menos en el enfoque de nuestro aprendizaje. La Sociedad Federalista, comprometida con el originalismo, no se fundaría hasta tres años después de graduarme de Yale y sus contendientes liberales estaban todavía más lejanos. Mi propia conciencia sobre esos debates no se cuajaría hasta que me convertí en juez cuando, por una feliz casualidad, me uní a tres de mis colegas en el Segundo Circuito de la Corte de Apelaciones —Guido Calabresi, Ralph Winter y José Cabranes— antiguos profesores míos en Yale. Fue entonces que tendría las conversaciones que no estaba ni remotamente preparada para tener cuando era estudiante.

PUEDE PARECER EXTRAÑO, pero incluso entre mis compañeros de clase de alto calibre y con el mínimo de tiempo para dedicar a la vida social o actividades extracurriculares, no me sentía aislada en Yale.

En parte, era porque los estudiantes de primer año estaban divididos en grupos pequeños en algunas de las clases. De esta manera, la intensa presión que sentíamos todos se convirtió en una experiencia de vinculación emocional, con la animosidad competitiva canalizada fuera del grupo, mientras dentro del mismo hicimos algunas amistades de por vida.

Había también algo de solidaridad entre las mujeres de mi clase. Aunque la escuela de derecho había admitido mujeres desde 1918, seguían siendo una minoría. En nuestra clase de 180, sólo éramos 41, y eso era un aumento significativo comparado con años anteriores. Naturalmente, sentíamos que estábamos conectadas y nos apoyábamos. Estaba Martha Minow, ahora decana en Harvard; las futuras profesoras Susan Sturm y Ellen Wright Clayton; la periodista y abogada Carol Green y Susan Hoffman, ahora una líder del colegio de abogados de California. Estas mujeres tan evidentemente brillantes me amilanaban, pero pronto me di cuenta de que eso no las hacía menos humanas o amigables. Y cuando nos hicimos amigas, supe que algunas de ellas, a su manera, se sentían igual de inseguras que yo en Yale.

Mis mejores amigos, no obstante, eran de otra clase.

Félix López, un puertorriqueño huérfano de los *tenements* y proyectos del este de Harlem, era un desertor escolar de secundaria lo suficientemente avispado como para dejarse atrapar cometiendo un delito menor de incendio controlado para poder por fin refugiarse en un hogar para delincuentes juveniles. De ahí, a través de Vietnam y la ley de beneficios para los veteranos, se graduó entre los primeros de su clase en la Universidad de Michigan. Las luchas tempranas no evitaron que Félix, un oso de peluche con gran corazón, se comprometiera a aliviar el sufrimiento de los demás. Si todavía no ha salvado el mundo, seguirá intentándolo.

Drew Ryce, miembro de nacimiento de la nación Mohawk, con su español callejero, podía pasar por latino, particularmente después de que se cortó las trenzas. Él contaba historias de cómo sobrevivió en su infancia en las calles de Chicago tan cerca del infierno que el fuego bruñía sus relatos de esa época con un resplandor a veces increíble o de cómo Yale lo había cazado en Harvard. Su mente era como una computadora central de IBM, sólo que mucho menos predecible.

Él y Kevin se hicieron muy buenos amigos, y pasaban largas horas hablando de música y películas viejas.

Rudy Aragón, un chicano de un pequeño pueblo de Nuevo México, pasó seis años en la fuerza aérea como oficial de inteligencia, después de lo cual tuvo una meta muy clara para su carrera legal. Su objetivo era llegar a la cima de un importante bufete de abogados. George Key, quien conocía a Rudy desde los días de la academia de la Fuerza Aérea, estaba igualmente empeñado en el éxito corporativo, decidido a lograr lo que se le negó a su padre al ser un hombre negro viviendo en el pueblo segregado del sur que fuera capital de este país.

Estos "compadres", con cuya inteligencia e interés siempre podía contar, fueron los cuatro hermanos mayores que nunca tuve. Cada uno de ellos permanecía agudamente consciente del universo paralelo, el otro Estados Unidos, del que habían sido transportados a New Haven. Cada uno tenía una sabiduría callejera más allá de cualquier experiencia mía. Todos me llamaban *kid*. Y así me sentía cerca de ellos, como una hermana menor. Cuando Kevin y yo los invitábamos a comer, el menú se basaba en platos básicos, a los cuales se les podía añadir fácilmente ingredientes, que recién estaba yo dominando (sopas, guisos, espagueti). Pero cuando le tocaba el turno a Félix, no escatimaba en nada con creaciones exóticas que había aprendido en su recorrido por Vietnam: rollitos de verano con salsa de maní, pollo con limoncillo y caramelo, y de toque final una *galette* francesa de manzana. Estos chicos hasta sabían escoger el vino, y no pudieron haber sido más gentiles la vez que me emborraché tratando de seguirles el paso.

Ellos eran el centro de mi vida extracurricular, el tiempo que podíamos dedicarle. Con Rudy, copresidí la Asociación de Estudiantes Latinos, Asiáticos e Indios Americanos de Yale (LANA). El enfoque era el reclutamiento y demás asuntos similares a los que lidié en Princeton. Algunas veces, me sorprendía ver cómo el respaldo de colegas minoritarios, que había sido tan esencial para mi supervivencia en Princeton y que, en menor escala, había recreado entre mis amigos de la escuela de derecho, no era una prioridad entre algunos de los estudiantes de minoría en Yale. Aquí encontré más latinos y miembros de otros grupos que parecían decididos a la asimilación tan pronto y completamente como fuera posible, soportando en privado cualquier reto y costo psíquico que conllevara. Yo podía entender el impulso, pero nunca fue una opción que yo hubiera tomado.

Drew me metió en más actividades de la corriente dominante en el Graduate-Professional Student Center, mejor conocido como el GPSC o "Gypsy". En esencia, era un bar para estudiantes graduados en el que se vendían los tragos más baratos de New Haven. Como vicepresidente de operaciones, él me contrató para trabajar en la puerta, recibiendo los boletos y comprobando las identificaciones. Yo hubiese preferido trabajar en la barra, que pagaba mejor, pero era muy buena en el área de seguridad. Nadie me convencía de dejarlo pasar y expulsé a muchos locales tratando de colarse por la ventana para no pagar la entrada. Mis instintos sólo me fallaron una vez: un grupo de muchachas quería echar un vistazo adentro antes de pagar para ver si realmente deseaban quedarse. Yo no había nacido ayer, así que les dije "buen intento". Estaba a punto de despacharlas cuando apareció Drew. Al darse cuenta de la situación, se alteró y terminó disculpándose con las damas e insistiendo en que las dejara pasar. El bar, me dijo, estaba lleno de chicos desesperados porque no tenían con quién bailar, una situación muy mala para la venta de licores.

"Eso no está bien, Drew, los hombres están pagando, ¿por qué las mujeres van a entrar gratis? ¿No ves que eso es discriminación basada en el género?"

"¡No todo es un caso de derechos civiles, Sonia!", gritó. "Tengo que pagarle a los músicos y nadie está bebiendo". Discutimos un poco más, hasta que finalmente resolvió el problema promoviéndome a *bartender* y poniendo a otra persona a cargo de la puerta.

Con una pandilla tan colorida, las coaliciones cambiaban y los ánimos se caldeaban de vez en cuando, pero la fuerza de gravedad de la familia adoptiva siempre se mantenía. Invité a mis compadres a Co-op City a conocer a mi madre y, más tarde, a varias cenas de días feriados. Se sentían tan cómodos que hasta criticaban el gusto artístico de Mami. A las Tres Gracias que colgaba en la sala, un bajo relieve de metal sobre terciopelo, le llamaban "una teta y tres traseros". Pero detrás de sus bravuconadas, me daba cuenta de que se asombraban un poco por la firmeza de mi madre y su interés sin pretensiones por tanta gente a su alrededor; era algo que ellos habían perdido en sus andanzas y que a veces luchaban por encontrar.

FUE EN YALE donde conocí a la primera persona a la que puedo describir como un verdadero mentor. Hacía tiempo que conocía los beneficios de buscar la dirección de los maestros, desde la señorita Katz hasta Nancy Weiss y Peter Winn, en Princeton. Y había comprendido incluso antes cuánto podían enseñarme los amigos y compañeros de clase. Pero todavía no había descubierto la fortuna del diálogo sostenido con alguien que personificaba la clase de trascendencia a la que yo aspiraba, y mucho más que eso. No era el consuelo de que te llevaran de la mano. Más bien, era un estilo de aprendizaje en el cual interactuabas con un ejemplo vivo. Algunos de nosotros somos autodidactas naturales; otros aprenden por representación visual; y aun otros por claves auditivas. Para mí, la instrucción más agradable y eficaz ha sido observando los matices y la complejidad de la acción en vivo, el conjunto de conocimiento, experiencia y juicio que es otro ser humano. Cada vez que me hago amiga de alguien, mi mente, de manera natural, vuelve a preguntarse: ¿qué puedo aprender de esta persona? Hay muy pocas personas en el mundo de las que no puedes aprender nada, pero todavía más extraño es encontrar esas almas que pueden revelarte todo un mundo si las observas detenidamente.

Conocí a José Cabranes a través de un amigo de Princeton, Charlie Hey, que trabajaba conmigo en Acción Puertorriqueña. Yo le llevaba un año a Charlie. Cuando estaba en mi primer año en Yale, él estaba escribiendo su tesis de cuarto año en la que abordaba los asuntos relacionados con la ciudadanía estadounidense de los puertorriqueños. Había venido a Yale a consultar a José Cabranes, que era un experto en el tema. Le ofrecí a Charlie nuestro sofá para esa noche y nos quedamos hablando hasta tarde. "¿Y quién es ese Cabranes?", le pregunté. Charlie me explicó: José Cabranes había sido Asesor Epecial del gobernador de Puerto Rico y director de la oficina del Estado Libre Asociado en Washington. Ahora era Consejero General de Yale, el primero en ser nombrado en ese puesto. Anteriormente, había sido uno de los fundadores del Fondo para la Defensa Legal y la Educación de los Puertorriqueños, y se había desempeñado como profesor en Rutgers. Era un pionero y un héroe para muchos por su labor en la promoción de los derechos civiles para los hispanos.

Charlie insistió en que yo fuera a la reunión-almuerzo que había concertado. José Cabranes era cortés, cálido y brillante. Pasó la primera media hora atendiendo las preguntas de Charlie y luego, gradualmente, me incluyó en la conversación. Hablamos sobre la relación entre la metrópolis y la isla, y sobre cómo ésta afectaba la perspectiva del mundo de los puertorriqueños, nuestra autoimagen y el alcance de nuestro futuro. Me sorprendió la manera tan neutral en que usaba el término "colonial", como si fuera una declaración de hecho más que una condena moral, una descripción de las circunstancias económicas y políticas actuales en lugar de un juicio sobre la historia. Nuestra conversación se encendió con las tensiones inherentes a una ciudadanía estatutaria restringida, un estatus con derechos más limitados que los que disfrutaban los ciudadanos de la metrópolis, y las consecuencias de vivir bajo esas limitaciones la mayor parte del siglo y, quizás, indefinidamente.

Pasaron tres horas cuando José miró su reloj y dijo que tenía que regresar al trabajo. Charlie y yo le dimos las gracias, y nos despedimos. Cuando nos disponíamos a salir, José se volvió hacia mí y me dijo: "¿Qué vas a hacer este verano? Ven a trabajar conmigo". Acababa de llegar a Yale y ciertamente no había pensado tan adelantado. Pero no dudé un minuto en aceptar y tampoco esperé hasta el verano para comenzar a trabajar con él.

Mi trabajo consistía en hacer la investigación para el libro que él estaba escribiendo acerca de la historia legislativa sobre la extensión de la ciudadanía de los Estados Unidos a los puertorriqueños, y ayudar un poco con el trabajo legal diario de la universidad. Pero mi aprendizaje surgía de estar en primera fila, observando el modo en que dirigía las reuniones o simplemente mirando el tráfico de personas, asuntos e ideas que pasaban por su oficina. En el invernadero de lumbreras que era Yale, él era una de las más brillantes, con un conocimiento íntimo del derecho, pasión por la historia y habilidad de atraer con cordialidad e intensidad a quienquiera que se encontrara.

Hasta que conocí a José Cabranes, no podía imaginármelo. Yo

había alcanzado a ver a los congresistas Herman Badillo y Bobby García cuando trabajé en la campaña de Badillo para la alcaldía. Pero ellos trataban con sus constituyentes, personas como las que yo conocía. José mantenía relaciones similares con la comunidad a través de su trabajo pro bono como el modelo mismo de un ciudadano abogado, pero podía moverse con la misma soltura, confianza y un cierto donaire en los pasillos más exclusivos del poder. Sin embargo, continuaba siendo generoso con su conocimiento, su tiempo y su influencia, particularmente con los jóvenes. También tomó bajo su tutela a Félix y ayudó a Drew en las confusas marañas de la ley tribal que había sido aplicada a los nativos de Norteamérica, una manifestación distinta del imperio estadounidense. Nos esforzábamos en extremo para impresionarlo. Si ponía en duda algunas de las ideas que le presentábamos, como tantos ratones muertos ofrecidos en sacrificio por gatitos ansiosos, suavizaba su escepticismo con buen humor.

Cuando un joven, incluso dotado, crece sin ejemplos cercanos de lo que puede aspirar a convertirse —ya sea abogado, científico, artista o líder en cualquier esfera— su meta se queda en lo abstracto. Los modelos que aparecen en los libros o las noticias, por más inspiradores o venerados que sean, a la larga son muy remotos para ser reales, ni hablar de ser incluyentes. Pero un modelo de conducta en carne y hueso brinda más que inspiración. Su mera existencia nos confirmaba las posibilidades que continuamente poníamos en duda por distintas razones, diciendo: "Sí, alguien como yo puede lograrlo". Para cuando llegué a Yale, había conocido unos cuantos abogados de éxito, generalmente en su función de profesores. José, el primero al que tuve la oportunidad de observar de cerca, no sólo trascendía la función académica, sino que había conseguido mantener su identidad como puer-torriqueño, desempeñándose con determinación en ambos mundos.

No era tan inocente como para tratar de imitar a José, pues era lo suficientemente conciente de mí misma como para entender que lo mejor que podía hacer era extraer las lecciones de su éxito hasta donde pudieran relacionarse con mis propias aptitudes. Todavía presto atención a sus consejos —es más, los he pedido en cada momento decisivo de mi carrera— aunque todavía me inclino más a traducirlos en mis propios términos que a tomarlos directamente. José ha hablado con frecuencia de cuán extraña discípula he sido: muchas veces consulto con él sólo para terminar haciendo mi voluntad. Lo dice bromeando, a medias.

ANTE LA AUSENCIA de notas y calificación dentro de la clase, la única marca evidente de sobresalir en la Escuela de Derecho de Yale es entrar en la revista jurídica, *The Yale Law Journal*. La manera más directa es escribir un artículo y que el mismo sea aceptado para publicación en la revista. Lo llaman una "nota", pero realmente es un ensayo muy minucioso.

"Tráeme una propuesta", me dijo Bill Eskridge, el editor de notas y temas de la revista. Bill regresó después a Yale como un profesor prestigioso, especializado en interpretación estatutaria, pero en mi recuerdo su figura larguirucha, siempre en camisa a cuadros y *jeans*, es parte de las sofocantes oficinas empapeladas de polvo de la revista en la parte superior del edificio Sterling. Me explicó los criterios: la nota tiene que ser original, significativa y lógicamente convincente. Tenía que buscar un problema legal no resuelto —uno con enfoque firme, pero consecuencias reales— y resolverlo. Parece liso y llano hasta que consideras que innumerables estudiantes han ascendido hasta este templo para proponer un tema y han sido rechazados.

En Princeton ponderé el tema de la ciudadanía estadounidense de los puertorriqueños desde el punto de vista histórico, político y económico; pero al llevar a cabo la investigación para el libro de José Cabranes, comencé a ver el asunto en términos legales, bajo una lupa diferente y quizás mucho más potente para algunos fines. Pero si examinas de cerca lo que se concedió a los isleños en contraste con lo que disfrutan otros ciudadanos de los Estados Unidos por nacimiento o naturalización, surgen preguntas con las que nadie quiere lidiar. ¿Podría, por ejemplo, revocarse la ciudadanía de los Estados Unidos a los puertorriqueños que viven en la metrópolis si regresan a la isla en caso de darse la independencia? Estos interrogantes irresolutos componen el laberinto legal debajo de décadas de estancamiento político y todavía influyen en un pequeño, pero decisivo, porcentaje del electorado del Estado Libre Asociado. Si yo pudiera encontrar un nudo legal que desatar, no sólo sería un buen tema para una nota, sino también de utilidad para Puerto Rico.

La isla no podía darse el lujo de la estadidad o de la independencia, razonaban muchas personas en ese momento. Pero habiendo estudiado los derechos sobre el lecho marino, los tratados y la soberanía territorial marítima en la clase de Almirantazgo, veía un mundo de posibilidades para las profundidades submarinas de la isla. ¿Podrían explotarse los recursos minerales y petroleros vírgenes para financiar el desarrollo? Después de todo, la pobreza de la isla siempre se había atribuido a la escasez de recursos naturales. El control de estos derechos desatendidos sería fundamental para la prosperidad local, cualquiera fuera el futuro de la isla, Estado Libre Asociado, estadidad o independencia. Otros han argumentado desde entonces, no obstante, que el impacto económico de los derechos sobre el lecho marino sería insignificante y, de hecho, treinta años después se ha logrado muy poco de lo que prometían.

Ya estaba en el terreno. Ahora sólo tenía que reducir el tema a una sola pregunta legal que pudiera contestar. Me enfoqué en la estadidad para propósitos de la nota porque ahí estaba el precedente más claro. Escudriñé los casos antiguos de jurisprudencia relacionados con la llamada doctrina sobre *equal footing*, que les permite a los nuevos estados que se incorporan a la Unión retener los mismos derechos que disfrutan los estados existentes, a la misma vez que cedían al gobierno federal los poderes enumerados en la Constitución. Entre los precedentes había varios obstáculos, extraños ejemplos de lo que se había permitido o negado a algunos estados. Al final, no pude establecer una respuesta afirmativa sobre si Puerto Rico podía reclamar sus derechos sobre el lecho marino en cualquier circunstancia, pero pude demostrar que retenerlos no violaría la doctrina de *equal footing* en caso de darse la estadidad. Fue un pequeño paso, un diminuto claro en la selva que ha crecido alrededor de la cuestión del estatus, pero lo consideré inexpugnable.

A Bill Eskridge le gustó la idea. Afortunadamente, a los demás miembros de la revista también les gustó, a pesar de que preferían que las notas trataran sobre jurisprudencia actual. Después de interminables rondas de borradores y revisiones, "Statehood and the Equal

Footing Doctrine: The Case for Puerto Rican Seabed Rights" ("La estadidad y la doctrina de *equal footing*: El caso de los derechos del lecho marino de Puerto Rico") se publicó.

UN DÍA, EN medio de un intercambio perfectamente cordial, Rudy súbitamente me interrumpió: "¿Sabes lo que me encanta de ti, Sonia? Tú discutes como un hombre". Kevin, recostado en el sofá, soltó un buche de refresco y se atragantó con la risa.

"¿Qué significa eso, Rudy?" De repente yo estaba furiosa y ellos lo sabían. Félix impuso su influencia calmante: "Es algo bueno, Sonia, lo dice como un cumplido". Había oído cumplidos como ese antes.

Rudy siguió adelante. Me explicó que yo no andaba con rodeos, agregando a cada aseveración descargos de responsabilidad, disculpas e inseguridades. Imitó a las mujeres cuando levantaban la mano en clase. "'Disculpe, profesor, lo siento, puede que esto no sea importante, pero podría considerar la posibilidad de…'. Tú no, Sonia", me dijo. "Cuando pides la palabra, sólo presentas tu caso llanamente y desafías a cualquiera a que demuestre lo contrario".

Rudy tenía razón en ese sentido: siempre he discutido como un hombre, especialmente en el contexto de esa época, cuando la norma entre las mujeres era hablar de un modo justificativo y vacilante. No sé dónde aprendí este estilo, pero me ha servido bien, particularmente en los años en los que la mayoría de las personas con las que discutía eran hombres.

En lo que Rudy se equivocaba, sin embargo, era en sugerir que yo alguna vez me ofrecía a hablar en clase. Habiendo sufrido el trauma repetido del interrogatorio despiadado, estaba ya en mi tercer año cuando decidí levantar la mano. Pero cuando lo hice, Rudy estaba ahí para presenciarlo. Sucedió en la clase de Fideicomisos y Patrimonios de Clarke; él estaba enseñando la regla de la casuística contra la perpetuidad, que limita hasta dónde en el futuro un testamento puede controlar una línea de sucesión. El profesor Clarke estaba trazando en la pizarra un árbol genealógico hipotético, una secuencia de nacimientos y muertes, cuando se me ocurrió que el destino de esta herencia era esencialmente un problema matemático. Es más, podía ver un error en sus cálculos. Levanté la mano, me dejó hablar y yo señalé el error. Él se volteó y se quedó mirando la pizarra durante varios largos y silenciosos minutos. Finalmente, se volteó y dijo: "Ella tiene razón. He cometido un error". Le explicó a la clase lo que yo había detectado, presentó otro ejemplo, sólo para cometer un error similar. Cuando levanté la mano esta vez, hizo una pausa más breve antes de voltearse y dijo: "¿Por qué no subes y enseñas tú esta parte?".

Rudy me dio una palmadita en la espalda después de clase. Pero pronto mi confianza se afianzaría todavía más, con mi participación en los juicios simulados para la competencia de *Barrister's Union*. Tal vez la representación de la corte liberó mi Perry Mason interior. O quizás la experiencia del Club de Oratoria y Debates volvía al rescate, o un recuerdo oculto de Abuelita cautivando a su público. De alguna manera, en este escenario sentí por primera vez que de verdad podía ser una abogada.

Así, en uno de los juicios, Drew era mi cliente, el acusado en un caso de violación donde era la palabra de él en contra de la de ella. Ensayamos el argumento y sus detalles más minuciosos. Sin embargo, en el momento en que me paré frente al jurado (personas de la comunidad reclutadas a través de un anuncio en el periódico local) la preparación analítica pasó a un segundo plano y otro instinto dio un paso al frente. Automáticamente mis ojos rastreaban sus rostros, intentando leerlos: ¿Están conmigo? ¿Necesito presionar más o debo replegar? Había un punto óptimo donde podía encontrar una solución intermedia. Con la mayoría de ellos, por lo menos.

En la tribuna del jurado, un hombre de mediana edad movía la cabeza ligeramente y apretaba los labios una y otra vez. Pero las sutiles señales de antipatía no iban al ritmo de mis comentarios, estaban fuera de sincronía, como si respondiera a otro estímulo aparte de lo que yo estaba diciendo. Se nos alentaba a acercarnos a los miembros del jurado después para recibir críticas de nuestro desempeño. Cuando la gente se arremolinaba al final de la sesión, me acerqué y le pregunté: "Tengo la impresión de que le he caído mal. ¿Puede decirme por qué?".

Pareció asombrado y movió la cabeza. "No es nada de lo que hiciste".

Le dije que estaba tratando de aprender. Ese era el propósito del ejercicio. Si era algo que estaba haciendo o dejando de hacer, me gustaría que me lo dijera para ajustar mi enfoque en el futuro.

Se cerró. "Es un asunto mío", me dijo. "No puedo ayudarte". Pero seguí presionándolo con delicadeza. Finalmente, lo confesó: "Mira, no es nada personal. Es sólo que no me gustan las mujeres judías atrevidas". Eso me tomó por sorpresa. Me congelé mientras cruzaban por mi mente todas las cosas que podía decirle a este hombre, hasta que se me ocurrió la respuesta perfecta.

Lo miré y le dije: "Tiene razón. No puedo hacer nada al respecto". Y me fui.

DURANTE MI SEGUNDO verano en Yale, obtuve un empleo como asociada de verano en Paul, Weiss, Rifkind, Wharton & Garrison, uno de los bufetes más importantes de Manhattan. Trabajaba con hombres conocidos como gigantes del litigio, y me dieron una variedad de tareas, la más desafiante de las cuales fue contribuir a un alegato que se preparaba para un titánico caso antimonopolio —una prometedora oportunidad sin duda alguna. Pero cuando me senté a escribir, mis argumentos parecían alejarse continuamente del objetivo. A decir verdad, la ley antimonopolios no era un área que yo hubiera estudiado. Además, no tenía experiencia en los negocios. Pero considerando la dificultad de demostrar una violación a la Ley Sherman, no podía entender por qué fallaba al tratar de articular un argumento persuasivo a favor del cliente, a pesar de freírme los sesos en el largo camino que tenía que recorrer todos los días entre New Haven y Nueva York. Finalmente, le entregué el resultado de mi esfuerzo a un joven asociado del bufete que estaba un peldaño más arriba en la escalera. Cuando vi lo que él escribió posteriormente, me di cuenta del trabajo tan deficiente que yo había realizado. Era evidente que todavía no pensaba como abogada. Si esto era lo que significaba trabajar para un bufete prestigioso, era claro que yo no estaba lista.

La sensación de fracaso se confirmó cuando concluí mi período de asociada de verano sin recibir una oferta de empleo. Nunca había oído que algo así sucediera en la Escuela de Derecho de Yale y, aunque más adelante supe que no era tan inusitado, por supuesto que nadie lo anunciaba. Pero de todos modos, ante mis ojos, oficialmente lo había echado todo a perder. Había trabajado duro —siempre lo hacía y todavía lo hago— pero de alguna manera eso no era suficiente. Y era difícil no concluir que simplemente yo no estaba en la misma liga de mis compañeros de clase que ya estaban recibiendo ofertas de bufetes como este. Hubo quienes me dijeron que viera este rechazo como una expresión de prejuicio o animosidad personal, pero yo no tenía pruebas de eso, mientras que mi sentido de un desempeño inferior me parecía suficientemente corroborado. De este doloroso fracaso —el primer fracaso verdadero desde que entré en la escuela de derecho— yo era la única culpable y saberlo me desconcertaba profundamente.

El camino hacia adelante era evidentemente sobrecogedor. Necesitaba averiguar qué estaba haciendo mal y corregirlo. Por lo menos, tenía que aprender esta área del derecho, así que me inscribí en el curso del profesor Ralph Winter sobre antimonopolios, así como uno llamado Transacciones Comerciales. La parte más complicada sería dominar la destreza, que es el núcleo del abogado, una deficiencia que había quedado al descubierto: cómo escribir un alegato, no como un ejercicio en el salón de clases ambicionando un análisis objetivo de la jurisprudencia, sino como una pieza de defensa persuasiva, adelantando los intereses de mi cliente. En ambas clases de esfuerzo de recuperación, haría lo que siempre había hecho: dividir el reto grande en varios pequeños, en los que podía trabajar con mi estilo metódico. Y desde luego, tenía que probarme en otra clase de trabajo en la profesión de derecho antes de siquiera considerar unirme a una empresa comercial grande. Mientras tanto, el sabor desconocido de absoluto fracaso de ese verano se quedó en mi boca. El recuerdo de este trauma, que estaba decidida a no repetir, aunque no sofocó mis ambiciones, sobresaldría por encima de todas mis decisiones profesionales hasta que llegué a ser juez.

ALGO BUENO SAQUÉ de mi odisea en Paul, Weiss: Gané más dinero en ese verano de lo que nunca antes había visto. Ahora, Kevin y yo podíamos costear una luna de miel, y un cambio de escenario parecía lo correcto mientras lamía mis heridas y consideraba el camino a seguir. Pronto, en el piso de nuestra sala se desplegaban sueños de nuestra travesía a través de los Estados Unidos mientras planeábamos cruzar el continente y dirigirnos al oeste.

Carol Green, una buena amiga de mi grupo de estudio, era una periodista de Denver que estaba de visita en Yale para un programa de un año en derecho y periodismo. Ella nos invitó a un recorrido de camping a Nuevo México, Las Cuatro Esquinas, el Gran Cañón... Ella y su esposo eran veteranos en eso, equipados con todos los pertrechos correspondientes y acostumbrados a adaptarse a las incomodidades. Dormir bajo las estrellas, protegida únicamente por una lona y alejada de la seguridad de la civilización no era algo que me atraía entonces, ni ahora tampoco. Pero Kevin, también un chico de la ciudad, estaba ansioso por probarlo, así que lo hicimos. Había tanto que yo había deseado ver por tanto tiempo, tantos paisajes que fascinarían a un peregrino, que no iba a quejarme por la falta de comodidades urbanas.

Durante años, estudié la historia, las leyes y la sociedad de los Estados Unidos, pero apenas había rasgado la superficie de su grandiosa realidad geográfica. Lo que conocía de esta tierra era una biblioteca de casos, tratados, corrientes políticas cambiantes, migraciones humanas y tecnologías. Las maravillas naturales sólo las reconocía por las fotos en los libros de mi infancia y las ilustraciones de nuestra *Enciclopedia Británica*. Observar los extensos tramos de bosques y llanuras desplegarse durante horas a lo largo de la carretera o sentirnos empequeñecer bajo la inmensidad del cielo era algo completamente distinto. Viajando al sur desde Denver, las montañas Rocosas se extendían al oeste como huesos del continente expuestos a la luz del atardecer. Mientras la carretera corría recta y llana, mi mente vagaba por sus propios caminos tortuosos y llenos de baches. Había completado dos terceras partes de la ruta de la escuela de derecho y todos a mí alrededor estaban sopesando sus ofertas de empleo. Tenía que resolver este problema.

La mayoría de mis compañeros de clase tenía la mirada puesta en prestigiosos bufetes del centro de la ciudad, incluyendo a Rudy, cuyo objetivo no pudo haber sido más simple: ganar mucho dinero. Si el camino más corto para alcanzar esa meta era defender corporaciones en casos de agravios monumentales y de litigio antimonopolios, entonces así sería. Siempre se pueden hacer obras de amor con trabajo pro bono. Mis ambiciones no eran susceptibles a los mismos alicientes, pero podía reconocer un bien común en el enfoque de Rudy. Hasta que las minorías aprendieran a navegar en estas alturas del sistema legal, sus comunidades se quedarían rezagadas en comparación al resto del país. Si nuestra experiencia como grupo era dejar atrás las desventajas y los agravios, necesitábamos movernos cómodamente donde se movían el dinero y el poder.

El *plaf* de las gotas en el parabrisas interrumpió mi enajenación. Seguro ahora tendríamos que buscar un motel. De ninguna manera iba yo a dormir bajo la lluvia, armando una tienda de campaña en un charco. "Vamos a ver si pasa", dijo Carol. *Tiene que estar bromeando*, pensé, al tiempo que un rayo rajaba el cielo y electrocutaba las montañas.

Mis cavilaciones continuaron a lo largo de los días en la carretera, como si la línea blanca de la misma fuera una flecha apuntando al futuro. José Cabranes me había aconsejado mantener mi mira en un bufete importante a largo plazo, asegurándome que era una buena plataforma para lanzarme después al gobierno o en cualquier otra dirección, pero que primero tenía que trabajar como asistente jurídico. Yo había oído a los compañeros de clase hablar de "*clerking*" y sabía que era una posición de prestigio. José me explicó que, esencialmente, significaba trabajar como investigador para un juez. Aunque yo sabía que él quería lo mejor para mí, asistente jurídico sonaba tediosamente académico. ¿Cuánto tiempo más podía yo vivir en la biblioteca? Si bien tenía dudas de ir a un bufete importante, también sentía la necesidad de salir al mundo real y ganar dinero.

Mucho más tarde me di cuenta de mi ingenuidad. En particular, al trabajar con mis propios asistentes jurídicos, he venido a apreciar que la de un juez puede ser la relación de mentor más trascendental para un abogado joven. Desde que salí de la escuela de derecho, el trabajo como asistente jurídico ha ganado todavía más prestigio y es el camino más rápido para subir a los niveles más altos en la práctica del derecho. Muchos estudiantes de minoría y otros que han luchado con las presiones económicas sacrifican los beneficios a largo plazo de ser asistente jurídico por un pago más alto a corto plazo. Les aconsejo que resistan la tentación y pongan la mira en las calificaciones necesarias, la experiencia en las revistas profesionales y las relaciones con profesores que, como mentores, puedan abrirles las puertas a un trabajo de asistente jurídico. Una parte de mí todavía lamenta no haber seguido el consejo de José al pie de la letra.

Cuando llegamos hasta una parada de crujientes gravillas y apagamos el motor, el silencio del desierto fue absoluto. Las ruinas de una aldea eran visibles a medio camino de un risco, huecos y ranuras se iban revelando a nuestro paso. Se podían ver vestigios de la vida diaria en los contornos esculpidos en la montaña, los puntos de apoyo para escapar a las alturas del alcance del enemigo, la cisterna para capturar la preciosa agua de la lluvia. Traté de poblar la aldea en mi mente e imaginé que me asomaba por la ventana de una casa colgante en la ladera del risco contemplando la extensión del desierto. Lo único que se movía en el paisaje era la luz misma y la lenta sombra de las nubes que se amontonaban en la distancia. El viento era constante y, si prestabas atención, parecía la respiración de la tierra misma.

Una posibilidad que había tenido en mente hacía tiempo era el Departamento de Estado. Me fascinaron el curso del profesor Michael Reisman *El Orden público de la comunidad mundial*, así como mi breve experiencia con el derecho internacional cuando trabajé con José en su libro sobre el problema del estatus y la ciudadanía estadounidense de los puertorriqueños, y también mientras exploraba la pregunta más específica de los derechos marítimos para mi nota de la revista jurídica. A pesar de lo pequeño que es Puerto Rico, al estudiar los asuntos marítimos tuve una muestra de lo que sería trabajar en los excepcionalmente complejos rompecabezas intelectuales del derecho internacional, cuyas soluciones tienen consecuencias reales para millones de personas. Y la idea del servicio público en un escenario grande me atraía profundamente.

Por supuesto, todos esos pensamientos podían tornarse irrelevantes: Kevin estaba solicitando a las escuelas de medicina y a programas graduados y, cuando yo terminara en Yale, sería su turno de decidir dónde viviríamos entre los lugares que lo aceptaran. Por lo menos Washington, D.C. estaba en su lista de posibilidades.

Yo no había olvidado mi sueño de niña de convertirme en juez, pero si algo me había enseñado la escuela de derecho era que ese sueño se quedaría en pura fantasía. Incluso en Yale, no existía tal cosa como un curso, proceso o "camino para llegar a juez" que te preparara específicamente para los rigores de la cumbre de la profesión de derecho. Yo veía que era cuestión de acumular un amplio rango de experiencia legal en posiciones desafiantes, respetadas y, a la larga, de tener visibilidad ante aquellos que tenían el poder para ofrecer una nominación al estrado. Y aun así, la suerte y la oportunidad jugaban un papel inescrutable. La relativa escasez de mujeres en la judicatura y la inexistencia de latinas proveían razones adicionales para mantener mi idea engavetada junto con otros deseos infructuosos, cualquier expresión de los cuales me habría señalado como delirante.

Kevin y yo nos desviamos en Albuquerque para visitar a Dolores, a quien yo no había visto desde Princeton. Ella estaba mucho más cómoda en su territorio. La casa modesta de su familia me recordaba a Puerto Rico, con su padre, su madre y tres hermanas llenando los pequeños cuartos con sus risas y cháchareas. Y descubrí que Dolores no era la única a la que su padre había enseñado a cantar y tocar guitarra. Todas las hijas del señor Chávez tocaban música juntas. Mientras los olores levemente familiares se esparcían desde la cocina —pimientos asados y comino, cebollas caramelizadas, el vapor terroso de los frijoles, y otros que no podía identificar— las guitarras pasaban de un lado a otro. Para mí, el momento más preciado de la noche fue escuchar a Dolores y a su padre cantar a dúo *Cucurrucucú, paloma*. En ese apacible intercambio, en la entrega de la melodía de uno al otro, reconocí nuevamente lo lejos de casa que ella se había sentido en Princeton.

Para la parte final del viaje volamos a San Francisco, una visita a Ken Moy, quien estaba viviendo en Berkeley con Patricia Kristof, su pareja desde Princeton. Había una sensación de finalidad en mi contemplación del atardecer sobre la costa del Pacífico, y parecía igualmente adecuado terminar el viaje renovando el contacto con una vieja amistad. Había que celebrar. Acompañé a Ken al mercado, donde escogió cosas que yo nunca antes había visto: parcha, calabacines y calabaza cabello de ángel. Preparó un banquete y me maravillé al verlo tan feliz en un hogar y con una familia de su propia creación, tan lejos de East Harlem.

PARA EL JUEGO de estrellas de 1978, los Yankees se encontraban atrás de los Boston Red Sox por alrededor de una docena de juegos, pero yo apostaba sin duda a que ganarían la división Este de la Liga Americana. Las lealtades a mi ciudad son más fuertes que los altibajos de una temporada y, aunque en muchas otras esferas apuesto a los de abajo, cuando se trata de béisbol, la habilidad de los Yankees de dejar a un lado los dramas personales del día para salir al terreno de juego, y ganar, siempre me impresiona. Félix, como neoyorquino, estaba conmigo, por supuesto, y Drew estaba calculando astutamente las probabilidades. Pero Rudy y George le iban a los Red Sox sólo por llevar la contraria, así que quedamos en que si los Yankees ganaban el banderín, esos chicos me llevarían a cenar al mejor restaurante de New Haven.

Era la parte alta de la séptima entrada en el juego final de desempate. Los Yankees tenían dos hombres en base cuando le tocó el turno de batear a Bucky Dent, un paracortos sin ningún historial de poder al bate. El bate se rompe como una señal celestial. Agarra otro bate y cuando el mismo besa la pelota una mano baja del cielo y la saca del parque. Un escalofriante silencio se apodera de Boston cuando Bucky Dent cruza el *home*. Se armó la grande. Rudy y George lloraban de agonía, Félix cacareaba como si estuviera amaneciendo, yo estaba sentada moviendo la cabeza y repitiendo: "¡Lo hicieron! ¡Se la sacaron del sombrero una vez más!".

No obstante, tendría que dejar para otra noche mi cena de ganadora, incluso si no hubiéramos estado todavía llenos a la saciedad del banquete de picadillo con arroz y frijoles negros que nos preparó Félix (el mejor que había comido desde que murió Papi). Aunque nada me hubiese hecho más feliz que quedarme allí disfrutando del esplendor de la victoria y de la amistad, tenía que arreglarme para una cena de reclutamiento esa misma noche. El anfitrión era Shaw, Pittman, Potts

& Trowbridge, un pequeño bufete de Washington muy respetado y reconocido por hacer trabajos variados corporativos e internacionales. Scott Rafferty, quien se graduó *summa cum laude* junto conmigo en Princeton antes de ingresar a Yale, había trabajado allí como asociado de verano y le encantó la experiencia. Él me animó con mucho entusiasmo para que asistiera a la cena.

Éramos como ocho o diez en una mesa grande, y yo estaba sentada justamente enfrente del socio que dirigía el evento. Scott hizo las presentaciones, dando la vuelta alrededor de la mesa y diciendo algunas palabras sobre cada uno de nosotros. "Sonia es puertorriqueña, del sur del Bronx, en Nueva York. Estudió en Princeton antes de venir a Yale". Muy pocas palabras, pero como estudiantes no teníamos largos historiales.

Tan pronto terminaron las presentaciones y antes de pronunciar otra palabra, el socio frente a mí me preguntó si yo creía en la acción afirmativa. "Sí", le contesté, un poco cautelosa, pero sin imaginar remotamente lo que mi respuesta desataría.

"¿Tienen Princeton y Yale programas de acción afirmativa?" "Sí, por supuesto", le dije, con lo que el reto se intensificó: "¿Crees que los bufetes deben practicar acción afirmativa? ¿No crees que se hace un flaco servicio a las minorías contratándolas sin tener las credenciales necesarias y sabiendo que unos años después tendrás que despedirlas?".

Yo estaba atónita, tanto por la rudeza descarada del interrogatorio como por sus implicaciones. No había oído tanta desfachatez desde el comentario de la enfermera en Cardenal Spellman que me agarró fuera de base. "Creo que incluso una persona que entra a una institución a través de acción afirmativa puede demostrar que reúne los requisitos a través de sus logros en dicha institución", le dije.

Me miró con incredulidad. "Pero ese es el problema de la acción afirmativa. Tienes que esperar para saber si las personas están calificadas o no. ¿Crees que te habrían admitido a la Escuela de Derecho de Yale si no hubieras sido puertorriqueña?"

"Puede que contribuyera", le respondí. "Pero me imagino que graduarme *summa cum laude* y Phi Beta Kappa de Princeton también tuvo que ver".

"Bueno, ¿te consideras desfavorecida culturalmente?"

Gee, Officer Krupke, pensé, *¿cómo te lo explico? ¿Debo hablar de mis antepasados, de la herencia española? ¿Sobre tener dos idiomas, dos maneras de ver el mundo? ¿Acaso sólo cuenta una cultura?* Ni siquiera sabía por dónde empezar a contestar esa pregunta. Un incómodo silenció descendió sobre nosotros, antes de extenderse como una mancha hasta el otro extremo de la mesa, donde estaba sentado Scott. Percibiendo el malestar, hábilmente interrumpió con otro tema. Mi adrenalina bajó lentamente e hice todo lo posible por pasar el resto de la cena sin que los demás se sintieran más incómodos. Más tarde, Scott se me acercó para expresar su indignación y disculparse.

"Fue horrible", admití. "Tan insultante".

"Estuvo completamente fuera de lugar", dijo él, añadiendo que pensaba quejarse al día siguiente. Pero le pedí que esperara. Necesitaba decidir qué iba a hacer.

A la mañana siguiente en la cafetería, Scott ya había encontrado a Rudy, Félix y George. Las fuerzas se habían reunido, el café estaba fluyendo.

"Yo le hubiera golpeado", anunció Rudy, uno que raras veces dejaba de expresar un pensamiento.

"El tipo era mucho más grande que yo; no creo haber podido con él", le dije.

Pero cuando consideramos en serio una respuesta adecuada, decidí seguir adelante con la entrevista formal de reclutamiento programada para más tarde, durante la cual tendría oportunidad de entablar una conversación con el socio de Shaw, Pittman en un entorno más privado.

Con mi *currículum vítae* frente a él, parecía pensar que estábamos en terreno cordial. Antes de darme cuenta, me estaba alentando a ir a Washington para el siguiente paso en el proceso de contratación. Fue entonces que le llamé la atención sobre lo que dijo en la cena.

"Eso fue insultante. Usted supuso que yo no cumplía los requisitos antes de ver mi currículo o tomarse el trabajo de conocer algo sobre mí".

Parecía que lo despachaba como una táctica de conversación, si bien de un tema sensible, y expresó admiración por la manera en que me mantuve firme.

"No parecías estar terriblemente molesta. No hiciste un escándalo. Fuiste perfectamente civilizada".

Ahora no podía creer lo que oía. *¿Qué esperaba, el síndrome de histeria puertorriqueña?*

"Así somos los latinos", le dije. "Nos enseñan a ser educados". Si nos vamos a dejar llevar por los estereotipos, por lo menos que sean los correctos. Seguí explicándole que no estaba en mi naturaleza causarle malestar a los que estaban en la mesa por la manera en que me sentía ante su comportamiento. Pero tampoco iba simplemente a aceptar que me trataran tan injustamente. Hace mucho tiempo que sé cómo controlar mi ira, pero eso no quiere decir que no la sienta.

Después de la entrevista, discutí mis opciones con el grupo. Decidí presentar una queja formal al bufete a través de la oficina de empleos de la universidad e impugnar el derecho de Shaw, Pittman de reclutar en el campus, a la luz del desprecio de ese socio a la política antidiscriminatoria de Yale.

"Vas a necesitar un abogado, Sonia", dijo Rudy. "Vas a necesitar un abogado *rudo*".

"Estás contratado", le contesté. "Pro bono, supongo".

"Me parece que abogado de cárcel sería el término correcto", agregó Félix. Fanfarronerías a un lado, Rudy era el que iba a las reuniones con el decano y a las consiguientes vistas formales de una corte de estudiantes y profesorado.

La noticia corrió como pólvora por el campus y dividió a la escuela en dos bandos: los que creían que yo había hecho demasiado ruido por unos comentarios al vuelo, poniendo en peligro la relación de Yale con un importante patrono de sus graduados, y los que apoyaban sólidamente mis acciones. Esta última postura se extendió mucho más allá de New Haven, según se corría la voz de un grupo de estudiantes minoritarios a otro por todo el país. Comenzaron a llegar cartas y recortes de periódicos que describían afrentas similares en otros lugares. Era claro que yo había abierto una caja de Pandora mucho mayor de lo que pretendía. Aunque me complacía que este tipo de conducta ofensiva saliera a la luz, no deseaba notoriedad personal, como un símbolo o como cualquier otra cosa. Yo seguía deseando una carrera en derecho, no un lugar en la lista negra de todos los bufetes.

La universidad, evidentemente incómoda con la atención que estaba generando la queja, estaba ansiosa por llegar a un acuerdo. La corte de estudiantes y profesorado seleccionado para investigar la queja negoció una disculpa completa de parte de Shaw, Pittman. No se les prohibió reclutar, pero el bufete y el socio transgresor voluntariamente mantuvieron un perfil bajo en Yale durante un tiempo.

A lo largo del proceso, me maravilló la valentía que demostró Scott Rafferty al ponerse de mi lado sin reservas. Significó dejar un buen trabajo con el cual estaba muy ilusionado. Había estado feliz trabajando en Shaw, Pittman, pero no le entusiasmaba la idea de unirse a un bufete donde uno de los socios se comportara de esa manera. Esa desilusión no ayudó a impulsar el inicio de su carrera, pero dejó constancia de una dimensión de su integridad que continuaría siendo evidente durante su distinguida vida profesional en el servicio público.

CUANDO LA IRA, el malestar y la agitación pasaron, quedó una certeza: yo no tenía que pedir disculpas. La acción afirmativa de amplia perspectiva y de búsqueda más extensa que practicaban Princeton y Yale me había abierto las puertas. Ese era su propósito: crear las condiciones para que los estudiantes provenientes de familias desfavorecidas pudieran llegar a la línea de partida de una carrera que muchos ni siquiera sabían que se corría. Yo entré a la *Ivy League* por una puerta especial y tuve que recuperar más terreno que la mayoría, antes de poder competir con mis compañeros de clase en igualdad de condiciones. Pero trabajé incansablemente hasta alcanzar ese punto, y distinciones como el premio Pyne, Phi Beta Kappa, *summa cum laude* y una nota publicada en la revista del *Yale Law Journal* no se regalaban como tantas palmaditas en la espalda para estimular a un estudiante mediocre. Estos fueron logros tan reales como los de cualquier otra persona a mi alrededor.

La historia de mi hermano fue similar. Junior se topó con un programa que daba a las minorías una vía rápida para llegar a la escuela de medicina, en esencia, libre de costo. No fueron los sueños de la niñez los que lo inspiraron a convertirse en médico; nunca había considerado esa posibilidad. Pero una vez que comenzó, vio que amaba lo que hacía, amaba el proceso de aprendizaje en sí y tenía excelentes hábitos de estudio comparados con la mayoría de los jóvenes en el programa, cuarenta y cinco por ciento de los cuales desertarían. La acción afirmativa puede que lo haya llevado a la escuela de medicina, pero fueron su propia disciplina, inteligencia y trabajo duro los que lo mantuvieron allí hasta el final, donde otros como él fracasaron.

La manera de pensar sobre la acción afirmativa ha cambiado mucho desde esos primeros días cuando nos abrió las puertas a Junior y a mí. Pero una cosa no ha cambiado: dudar de la validez del logro de los estudiantes de minoría cuando triunfan es sencillamente otra cara del prejuicio que les negaría la oportunidad de tan siquiera intentarlo. Es el mismo prejuicio que insiste en que todos aquellos destinados a triunfar deben salir del mismo molde de quienes triunfaron antes que ellos, una visión que la experiencia ha demostrado ser una falacia.

CUANDO MI NOTA para el *Yale Law Journal* estaba finalmente diseñada, pegada, compuesta, revisada, impresa, compaginada y encuadernada (en pocas palabras, cuando se convirtió en una realidad física lista para salir al mundo), los editores dieron el paso inusitado de enviar un comunicado de prensa para anunciarlo. Eso era una muestra clara de su convicción de que mi trabajo tenía un significado práctico fuera de los límites del ámbito académico, de que mi argumento podría incluso tener alguna influencia en el desenlace de la pregunta del estatus.

Mientras tanto, la publicación de la nota venía acompañada de la obligación de trabajar en la revista en otras funciones, como revisar las citas. El trabajo en equipo era sumamente gratificante y de esa camadería, como de la de mi pequeño grupo, surgirían amistades de por vida. Disfruté tanto el trabajo, que me ofrecí de voluntaria para ser la jefa de redacción de otra revista estudiantil, *Yale Studies in World Public Order*, que se especializaba en un enfoque cuantitativo riguroso y orientado a las políticas del derecho internacional, creado y enseñado por el profesor Reisman. Después de editar un par de artículos largos redactados por ex alumnos que trabajaban en ese campo, noté que me sentía cómoda desde el punto de vista intelectual de una manera que no podía imaginar cuando llegué a Yale. Eso, junto con el entusiasmo con el que recibieron mi nota los que trabajaban con los asuntos del estatus de Puerto Rico, me brindó una sensación de validación del mundo real que era emotiva y valiosa de un modo que ningún honor estudiantil podía igualar.

Tal vez, pensé, ya estoy lista para salir allá afuera.

Veinte

YALE FUE UNA de las primeras escuelas de derecho del país en admitir mujeres. Y, sin embargo, cada punto del edificio parecía estar separado por millas de pasillos del baño de damas más cercano. Una tarde, en una caminata típica durante un receso de la biblioteca y de un tratado sobre derecho contributivo, pasé por la puerta abierta de un salón de conferencias. En la parte de atrás, vi un banquete —una mesa con galletas y queso y un vino barato, la clase de agasajo que se considera hospitalidad en los presupuestos universitarios y una comida gratis en la vida de estrecheces de los estudiantes graduados. El letrero improvisado en la puerta decía: "Carreras en el servicio público". Un panel de abogados de interés público planteaba las alternativas a la práctica privada ante un escaso grupo de estudiantes de tercer año. En ese momento, el moderador presentaba al último orador, un fiscal de distrito de Nueva York cuyo nombre no reconocí. No se veía muy cómodo en el podio y prometió ser breve. Decidí que valía la pena quedarme hasta que terminara, para poder llegar hasta los cuadritos de queso cheddar.

Se me pararon las orejas cuando lo oí decir que tenía cerca de doscientos auxiliares y que todos habían llevado casos a las cortes. "En su primer año en el empleo", dijo, "van a postular en una corte y serán totalmente responsables de desarrollar y presentar sus propios casos. Tendrán más responsabilidad que la que tendrían en cualquier otro trabajo al salir de la escuela de derecho. A la edad que tienen ahora, estarán haciendo más en las cortes que la mayoría de los abogados en toda su vida". Me gustaba lo que estaba oyendo. En Paul, Weiss había observado cómo un abogado asociado del bufete, empapado de los detalles y estrategias de un caso, instruía a un socio sénior, que entonces tuvo su momento estelar en primer plano frente al juez. El asociado era muy diplomático y, a la vez, lo suficientemente equilibrado como para admitir cualquier frustración desmoralizante, pero evidentemente trabajar en un bufete grande significaba permanecer a la sombra de otros por años.

Cuando terminó la presentación y atacamos la comida, me encontré al lado del fiscal de distrito de Nueva York, Robert M. Morgenthau, una leyenda desconocida para mí. Su voz vacilante y áspera no era distinta cuando hablaba cara a cara. Éste no podía ser un hombre al que le entusiasmara la cháchara. Pero siendo capaz de hablarle a cualquiera, procedí a pedirle que me contara sobre sus experiencias y lo que le había gustado de cada uno de sus empleos. Quizás estaba acostumbrado a hablar con estudiantes ignorantes, pero no mostró ninguna señal de molestia. Me preguntó cuáles eran mis planes —no estoy segura, quizás un bufete pequeño, todavía estoy explorando— y entonces me dijo: "Por qué no pasas a verme. Tengo algunos espacios en mi agenda mañana".

Seguro que sí. A la mañana siguiente, en la oficina de empleos, todavía quedaban espacios abiertos para las entrevistas. Entre los "Yalies", la oficina del fiscal de distrito no era el lugar más codiciado para trabajar. Pero me sorprendió ver mi nombre ya añadido a lápiz. De hecho, Bob Morgenthau había pasado por la oficina, se había llevado mi *resumé* y ya había llamado a José Cabranes, a quien conocía bien porque trabajaron juntos en el Fondo para la Defensa Legal y la Educación de los puertorriqueños. La entrevista fue en realidad amena y duró media hora más de lo programado. Al final, me invitó a visitar su oficina en Nueva York.

"¿Que estás entrevistándote *dónde*?", me preguntó Rudy, espantado. Hasta José, que me recomendó con elogios, parecía decepcionado de que yo encontrara la oficina del fiscal de distrito más interesante que ser asistente jurídico. "¿Tienes idea de lo que pagan?", me preguntó Rudy. Lo sabía, pero nunca había visto el dinero como un criterio absoluto o definitivo del éxito. Cierto, yo no iba a ganar mucho comparado con un asociado de un bufete importante. Pero mi sueldo inicial todavía sería más de lo que mi madre jamás había ganado nunca como enfermera, lo cual a Titi Aurora, que trabajaba de costurera, siempre le pareció generoso.

Al final, como usualmente hago, confié en mis instintos, aunque estaba un poco sorprendida de a dónde me llevaban. Yo sabía que no estaba lista para un bufete importante, pero aparte de solicitar un empleo en el Departamento de Estado, no había pensado mucho en las opciones de interés público. Tampoco me alentaron: a diferencia de hoy, había pocas clínicas legales pro bono en Yale en ese momento; sabía de una que se especializaba en representar prisioneros en sus audiencias disciplinarias, uno de los pocos escenarios donde los estudiantes podían practicar el derecho, y otra en disputas entre arrendadores e inquilinos. Pero ninguna de ellas atraía a muchos de nuestros colegas súper ambiciosos. Quizás la línea de empleo de Bob Morgenthau me hizo recordar lo primero que me intrigó de ser abogado: la oportunidad de buscar justicia en una sala. A pesar de mi éxito en la clínica de entrenamiento de litigio y de haber llegado a las semifinales de los juicios simulados del Barrister's Union, Perry Mason era una visión que había sido eclipsada por Yale, por mi inmersión en la jurisprudencia, la teoría y la falta de confianza. Ahora parecía que esa fantasía descarriada estaba llamándome de nuevo, conspirando con un pedazo de queso cheddar gratis, para decidir mi destino.

Yo, de un año, entre Papi y
Mami

Primer cumpleaños. La foto
fue dada a Abuelita como
un recuerdo años más tarde
con la inscripción: "Para
abuelita, de tu nieta que no
te olvida. Sonia".

Celina *(derecha)* con su familia
"adoptiva" por matrimonio: Mercedes
(centro) y su hija Gloria *(izquierda)*

Abuelita y su segundo marido,
Gallego, en Puerto Rico

El joven Juli, al poco tiempo
de llegar a Nueva York

Celina en el Cuerpo Femenino del Ejército (Women's Army Corps o WAC), a los diecinueve años

"A mi querida abuelita dedico este humilde recuerdo en prueba del amor que le profeso. Tu nietecito, Juan Luis Sotomayor"

Juan Luis (Juli) Sotomayor, de dos años, en una fotografía que le entregó a Celina al comienzo de su cortejo, con una dedicación anterior para su abuela en el revés

Con Junior en su primer cumpleaños: las notas de Papi en el papel que acompaña fueron descubiertas por primera vez cincuenta y cuatro años más tarde, mientras escribía este libro

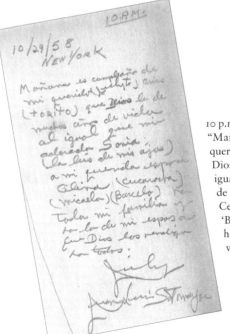

10 p.m., 29 de octubre de 1958: "Mañana es cumpleaños de mi querido Julyto, alias 'Torito'. Que Dios le de muchos años de vida al igual que mi adorada Sonia (la luz de mis ojos) a mi querida esposa Celina 'Cucarocha', 'Michaela', 'Barcelo' ha toda mi familia y ha la de mi esposa, que Dios los vendiga ha todos".

Juli *(arriba, izquierda)* en la fábrica de radiadores

El espíritu travieso de Juli se desvanecería con el tiempo

Yo prefería los juguetes de los niños, como las pistolas, a las muñecas. Con Papi, Junior y Mami, junto al árbol de Navidad decorado por Papi

Cumpleañera con *(de izquierda a derecha)* mi madrina, Carmin; mamá Celina y tía materna, Aurora

Celina, en el medio, era la Jackie O de Bronxdale, pero Carmen *(a su derecha)* era muy bella también. Abuelita es la segunda de la parte superior izquierda, al lado de sus hermanas. Gloria está detrás de Carmen, y en la primera fila, desde la izquierda, estamos Junior, Nelson, yo, Eddie y Miriam

Con primos: *(desde la izquierda)* Eddie, Miriam, Nelson y Lillian. Miriam y yo a menudo nos vestíamos como mellizas

¡Vámonos de parranda!: Abuelita amaba los picnics

Intentando ser tan glamurosa como Mami, a los cuatro años, ambas con sombreros nuevos para Pascua

Último año en la secundaria Cardinal Spellman

En Blessed Sacrament descubrí por primera vez el amor por la lectura y la pasión por las estrellas doradas

SONIA MARIA SOTOMAYOR

I am not a champion of lost causes, but of causes
not yet won.
— Norman Thomas

My Princeton experience has been the people I've met.
To them, for their lessons of life, I remain
eternally indebted and appreciative.
To them and to that extra-special person in my life

Thank You — For all that I am and am not.
The sum total of my life here, has been made-up
of little parts from all of you.

En el anuario de Princeton, clase de 1976: "No soy un campeón de causas perdidas, sino de causas aún por ganar". —Norman Thomas

"Mi experiencia en Princeton la forman las personas que he conocido. A ellos, por sus lecciones de vida, estaré eternamente en deuda y agradecida. A ellos y a esa persona extra especial en mi vida, gracias —por todo lo que soy y lo que no soy. La suma total de mi vida aquí se ha formado de pequeñas partes de todos ustedes".

El Bronx viene a Princeton por el fin de semana: Kevin a la izquierda, junto a mí; Mami en la otra punta, a la derecha, seguida por Ken Moy y Junior. De rodillas, al frente a la izquierda, está Felice Shea

Junto a uno de los tigres de bronce
del Nassau Hall

En la cocina junto a Titi Aurora y Mami en una visita a casa desde Yale

Improviso comida china casera para el grupo en Yale

Novios de la infancia justo después de la boda en la Capilla de la Virgen en la catedral de San Patricio. Elisa, la amiga de Mami, ayudó a diseñar el vestido y Kevin rentó un esmoquin

La despedida de soltera, con la dama de honor Marguerite Butler *(derecha)* y compañera de cuarto Mary Cadette *(izquierda)*

Con Kevin en las montañas Rocosas en nuestro recorrido a través del Oeste, segundo verano en Yale

Descubriendo la grandiosidad de los espacios abiertos de Estados Unidos por primera vez, mientras me esforzaba por resolver el plan de mi carrera

Visitando a Dolores Chávez en la casa de sus padres en Albuquerque. Ella y su padre hicieron una rendición hermosa de la balada "Cucurrucucú paloma"

Sonia Sotomayor, fiscal auxiliar de Distrito,
representando al pueblo del Condado de Nueva
York

. . . y la placa que lo demuestra

Socios y asociados de Pavia & Harcourt reunidos para celebrar la boda de uno de ellos al poco tiempo de convertirme en juez. David Botwinik está en la parte inferior a la izquierda y George Pavia está a su lado.

Con Alessandro Saracino-Fendi, el cliente que se convirtió en casi un hermano

Las locuras anuales de la corte: luego de muchos ensayos, hago de cantante vagabundo junto a los jueces de distrito Charles S. Haight, Jr., y Jed S. Rakoff

Tres generaciones de mujeres Sotomayor: mi sobrina Kiley, Mami y yo

Con Robert M. Morgenthau ("El Jefe") el día de mi investidura

Mi mentor de Yale, ahora Juez de la Corte de Circuito, José Cabranes administró el juramento del cargo en mi investidura a la Corte Federal de Distrito para el Distrito Sur de Nueva York

La novia Celina y su novio Omar, con Junior (*izquierda*), ahora Dr. Sotomayor. Como mi primer acto oficial efectué el matrimonio de la pareja la noche de mi investidura al Segundo Circuito de la Corte de Apelaciones

En la Casa Blanca: Mami, Kiley, Conner y Corey mientras el presidente
Obama anuncia mi nominación a la Corte Suprema

Los jueces de la Corte Suprema de los Estados Unidos deben tomar varios
juramentos. Aquí tomo el juramento judicial, administrado por el Jefe de la
Corte Suprema Roberts en la sala de conferencias de los jueces, con mi madre
sosteniendo la Biblia y Junior mirando.

Veintiuno

EN LA OFICINA del Fiscal de Distrito de Nueva York, "patito" es la jerga para un fiscal auxiliar y en boca de un fiscal principal expresa más humor negro que cariño. Cuarenta de nosotros, tiernos y confusos, estábamos a punto de ser triturados en las fauces de una máquina gigantesca, compleja y veloz. La orientación de los colegas más experimentados nos ayudaría a madurar con el tiempo, pero en el ínterin necesitábamos cada migaja de cualquier escaso adiestramiento que pudieran proporcionarnos durante nuestras primeras semanas. Yo no era la única con una preparación mínima en derecho penal, con únicamente el curso básico, requisito de Yale, y los juicios simulados. Pero aun cuando hubiera dedicado todos mis estudios a los asuntos más sutiles de este campo, todavía habría lecciones fundamentales inaccesibles al salón de clases o los libros, que sólo podrían adquirirse a través del bautismo por fuego en la sala de justicia. Yo estaba a punto de recibir ese bautismo.

En 1979, la ciudad de Nueva York había sido atacada por una ola criminal de proporciones de maremoto. El alcalde, Ed Koch, había sido elegido dos años antes con la promesa de restaurar el orden después de un verano de saqueos, vandalismo e incendios generalizados provocados por un apagón de diez días. Si bien la amenaza inmediata para la seguridad pública se disipó después de restablecerse la luz y el aire acondicionado, los neoyorquinos aún tenían razones para vivir en un estado difuso de miedo crónico. Los problemas fiscales de la ciudad, sumados a una década de estancamiento económico nacional y drásticos recortes presupuestarios, le impedían a la Fiscalía, así como al Departamento de Policía, añadir suficiente personal como para lidiar con una avalancha de casos criminales. Para complicar aún más las cosas, el aumento en las tensiones trajo a su vez un crecimiento en la cantidad de quejas de brutalidad policíaca.

La mayoría de los nuevos fiscales auxiliares fueron asignados de inmediato a uno de los seis negociados de la división de juicios, cada uno con hasta cincuenta fiscales con diversos grados de experiencia, más el personal de apoyo. Nos cortamos los dientes en el área de delitos menos graves: hurtos, agresiones menores, prostitución, hurto en tiendas, allanamientos, desorden público, grafiti. Más tarde, nos ascenderían al negociado de delitos graves y podríamos movernos a uno de los negociados que investigan fraudes, crimen organizado, corrupción pública, delitos sexuales u otros delitos especializados. No teníamos opción, nos advirtieron. Los soldados van adonde se les asigne. Aparentemente, los "patitos" también.

Primero teníamos que familiarizarnos con el laberinto procesal. Si un acusado comparece sin una querella juramentada, ¿de cuántos días dispones para subsanar dicho error? Si no se subsana dicho defecto a tiempo, ¿cómo manejas una audiencia preliminar de causa probable? También salíamos de patrullaje para tener una idea de cómo hacían su trabajo los policías, las rutinas y los asuntos a los que deberíamos ser sensibles. Cada seis días, trabajábamos un turno de nueve horas en la sala de querellas, entrevistando a los oficiales encargados de los arrestos y a los testigos para preparar los cargos iniciales de cada caso. Cada arresto callejero en la ciudad se filtraba al sistema a través de esta habitación, que se parecía a la sala de emergencia de un hospital en una noche violenta. Las decisiones tomadas a la ligera tenían una larga secuela de repercusiones. Parecía un caos, pero había orden y disciplina bajo la superficie, y esa combinación me llamaba la atención. De igual manera me gustaba la presión de la improvisación, el consuelo de tener reglas claras, y la inspiración de trabajar para un bien mayor.

La manera en que Bob Morgenthau, conocido por todos como "El Jefe", estructuró la oficina para cumplir con retos extraordinarios era un modelo de eficiencia e integridad para las jurisdicciones de todo el país. Por ejemplo, todo nuestro trabajo de casos se organizaba de manera horizontal, con los casos asignados al mismo fiscal de principio a fin, en lugar de ir pasándolo hacia arriba en la jerarquía. "El Jefe" también fue pionero en implantar esfuerzos de colaboración con sus contrapartes en los otros barrios, como cuando se creó la oficina del fiscal especial de narcóticos para coordinar investigaciones a través de toda la ciudad, de manera que los procesos no estuvieran limitados por las fronteras que las redes del narcotráfico cruzaban rutinariamente. Creó también unidades para delitos sexuales, pandillas chinas, fraude al consumidor, cada uno con un centro de peritos y métodos de investigación especializados.

Pero las grandes ideas no podían cambiar la realidad: la ciudad no tenía fondos. Las instalaciones se agrietaban por la carga del uso incesante. El interior de nuestros cuarteles generales era una madriguera de cuartuchos, los más grandes con tres o cuatro escritorios de metal apretujados. Mi primera oficina fue una antesala, en realidad una entrada, donde de alguna manera habían empotrado un escritorio. Más tarde, la rotación me depositó en un espacio compartido ligeramente más cómodo, aunque mi escritorio todavía bloqueaba la entrada, detrás de la cual se encontraba un viejo sofá, tela de crin de caballo asomándose por el cuero agrietado. Los papeles estaban amontonados por doquier, pilas de expedientes, cajas de evidencia, el almuerzo de alguien. En el verano, el aire acondicionado fallaba constantemente y el sudor me traspasaba el traje, mientras que en invierno las mismas habitaciones eran cavernas con corrientes de aire que me obligaban a quedarme todo el día con el abrigo y los guantes puestos. Las luces eran tenues, los cables eléctricos estaban pelados y la plomería goteaba, algunas veces dentro de las salas de justicia.

De todos los recursos que escaseaban, el tiempo era el más notable, y el mío tal vez más que el de la mayoría. Kevin había sido aceptado en el programa graduado de bioquímica de Princeton, así que nos mudamos de New Haven. Después de nuestro acogedor nido en la avenida Whitney, nos encontramos viviendo cerca del campus en una vivienda para estudiantes graduados que había sido construida durante y después de la Segunda Guerra Mundial para albergar a las familias de los soldados que regresaban. Yo viajaba en tren entre Princeton y Manhattan, a veces hasta dos horas cada trayecto. Salía de casa al amanecer y rara vez regresaba antes de las nueve. Kevin cocinaba y compartíamos una cena tarde en la noche, aunque yo siempre estaba muerta de sueño hasta el breve respiro del fin de semana. Sobrevivía la semana a base de latas de Tab y mi propia adrenalina.

Si había tensión en nuestro matrimonio por culpa de las largas horas de trabajo, yo estaba demasiado ocupada para darme cuenta. Lo que sí veía en el pequeño rincón de mi conciencia que no estaba atestado de casos, procedimientos y las pequeñeces del derecho penal, era que Kevin por fin estaba trabajando en algo que lo entusiasmaba y recibía reconocimiento por ello. Estaba encantado de estar de regreso en Princeton, esta vez por su cuenta, y estaba haciendo nuevas amistades. Él prosperaba en lo suyo, igual que yo en lo mío.

EN LAS AUDIENCIAS de práctica que eran parte de nuestro adiestramiento, yo hacía la función de abogada de la defensa. De alguna manera, por puro instinto me di cuenta de que una testigo insinuaba vagamente que había visto algo, pero evitaba declararlo directamente. En el contrainterrogatorio, formulé una pregunta aparentemente tangencial que la llevó a describir las condiciones precisas que habrían hecho imposible tener una línea de visión directa. El fiscal auxiliar sénior a cargo del ejercicio se me acercó después. "He estado haciendo este entrenamiento durante años. Tú eres la primera persona que ha detectado una laguna como esa en el relato de un testigo y luego la ha forzado abierta". Tuve suerte de ser ágil de mente ya que fui la primera de los "patitos" asignada a un caso que llegó a juicio. Sucedió más rápido de lo que yo pensaba, en agosto, a sólo semanas de haber empezado. Ninguno de nosotros esperaba entrar a una verdadera sala de justicia antes del nuevo año.

El caso era el de un joven negro acusado de desorden público por involucrarse en una pelea callejera. Él era un estudiante universitario, muy bueno por cierto, y de un hogar sólido; se había declarado inocente durante la lectura de cargos. Su defensora era Carole Abramowitz, una abogada experimentada en asistencia legal, que había defendido delitos graves durante años. No sé por qué ese día estaba a cargo de un delito menos grave; pero estaba decidida a que desestimaran el caso, sabiendo muy bien que declararse culpable hasta del menor de los cargos podría destruir el futuro de un muchacho negro. Eso era todo lo que yo sabía del caso y lo estaba aprendiendo en el mismo instante en que la abogada de la defensa se encontraba frente a la juez Joan Carey en la primera conferencia del caso. Normalmente, yo misma escribía la querella y entrevistaba al oficial a cargo del arresto. Me asignaron este caso cuando mi predecesor se fue de la oficina, un expediente en una gran pila que tiraron en mi escritorio y que yo ni siquiera había abierto todavía.

"Estamos listos para ir a juicio", dijo Carole Abramowitz.

"Comenzamos el lunes", dijo la juez Carey.

"Pero, pero, pero, pero...", tartamudeé. Era viernes. Necesitaba tiempo para prepararme. Necesitaba buscar a los testigos. ¡Esto era un juicio de verdad!

La juez Cary me miró implacable. Se quejó de que no estábamos moviendo los casos con suficiente rapidez. "Empezarás el *vwa-dir* el lunes o desestimaré el caso".

Por lo menos eso fue lo que oí. Subí corriendo las escaleras hasta la oficina de Katie Law, asesora de los "patitos" en nuestro negociado de juicios. Katie se había graduado en Harvard y había regresado a la escuela de leyes después de criar tres hijas y divorciarse. Era toda una reina de belleza del sur, de familia rica, no necesitaba estar en las trincheras de la oficina de fiscalía, pero le apasionaba el servicio a la comunidad. Y tenía una paciencia infinita con los principiantes.

"Katie, ¿qué significa *vwa-dir*?"

Movió la cabeza en señal de desesperación. "Están enviando bebés a la cueva del lobo". No era culpa mía, me aseguró: no se puede cubrir todo en un curso de capacitación de dos semanas. Esperaban que el resto lo aprendiéramos por ejemplo y ósmosis durante los meses que los nuevos fiscales auxiliares generalmente trabajaban en la sala de querellas cubriendo las mociones con antelación al juicio antes de que uno de sus casos fuera a juicio. Sólo había sido la mala suerte que yo llegara tan rápido. Katie se pasó el resto de la tarde explicándome el proceso de entrevista (*voir dire*) y selección del jurado, las estrategias para aprovechar esta oportunidad no sólo para descalificar jurados desfavorables, sino para establecer una buena relación de entendimiento con los seleccionados. La conciencia pública sobre el *voir dire* es mucho mayor actualmente gracias a la cobertura mediática de juicios de alto perfil, sin mencionar los dramas de televisión sobre cortes y la ciencia de selección del jurado que ha engendrado una industria de asesores. Pero cuando empecé en Fiscalía, todo era muy arcano, particularmente porque el estado de Nueva York es una de las pocas jurisdicciones en las que los abogados pueden participar en el proceso (en muchos estados, así como en el sistema federal, es manejado por los jueces).

Me gustaría decir que mi primer juicio verdadero fue un triunfo del espíritu contra la experiencia, pero la realidad es que Carole Abramowitz barrió el piso conmigo y luego la mala suerte me escurrió. La sala era una oficina remodelada con unas cuantas hileras de sillas de madera plegables destartaladas que servían como tribuna al jurado y galería, y el estrado era de *plywood* pintado. En medio de mi conclusión, la atención de repente se viró hacia otra parte: al abuelo del acusado se apretó el pecho empapado en sudor, la hija del anciano a su lado entró en pánico. La juez decretó un receso; los paramédicos entraron en tropel. Y para cuando se determinó que el pobre hombre estaba bien, una hora de confusión se había interpuesto antes de que yo pudiera continuar mis comentarios. El jurado tardó menos tiempo que eso en encontrar al muchacho inocente.

Aunque la crisis cardíaca del abuelo parecía en el momento el colmo de las casualidades, pronto descubriría que, entre los abogados litigantes, era una variante familiar en el canon de percances que ocurren con tanta frecuencia como para haber sido consagrados en el folclore y las leyendas de las salas de justicia. Algunos consideran estos eventos como ritos de iniciación para un abogado joven, aunque su recurrencia posiblemente se deba a un grado predecible de coincidencia por la forma en que las personas reaccionan al estrés de un juicio. De cualquier modo, no pudo haber habido una mejor lección sobre la necesidad de estar preparada para todo. Si algo redimió ese día fue el orgullo que sentí cuando me presenté al jurado, diciendo: "Soy Sonia Sotomayor de Noonan y represento al pueblo del condado de Nueva

York", un momento de gracia que se repetiría y me conectaría a tierra al comienzo de cada caso que llevé a juicio posteriormente.

Si mi primer juicio fue una caricatura de caos, el segundo fue un desastre de otro tipo. Un hombre comenzó a pelear con la esposa en el metro. La persiguió gritando fuera del tren, la golpeó y la pateó en la cara haciendo que cayera de la plataforma de la estación. Un buen samaritano corrió para intervenir y le dio al esposo con un paraguas. Acto seguido, el acusado le dio un puño en la cara al buen samaritano que lo dejó con un ojo morado. Como ocurre con frecuencia en casos de violencia doméstica, la esposa no quería testificar contra el marido, pero una joven fiscal justa y decidida no iba a dejar que eso se interpusiera en su camino. Cité a la esposa del acusado.

Pero el día del juicio, la esposa no se presentó. Tenía una excusa razonable: estaba en el hospital. Pero entonces se aclaró que había programado un procedimiento electivo para ese día para evitar acudir a la corte. Cuando me enteré de que había tenido un aborto, sentí un horrible torrente de tristeza y culpa. ¿Qué había yo provocado al citarla? Mi acción no podía haber provocado razonablemente la decisión, pero cuando la violencia entra en un matrimonio, con frecuencia la razón ya se ha retirado.

Aun sin el testimonio de la esposa, logramos un veredicto de culpabilidad. La abogada de la defensa era Dawn Cardi, una novata de la sociedad de asistencia legal en su primer juicio. Se desempeñó con la misma torpeza que lo hice yo en mi debut y, esta vez en comparación, yo parecía una veterana (¡pobres del juez y el jurado que tuvieron que oírnos a las dos presentar el caso!). Hubo momentos durante el contrainterrogatorio en que parecía que Dawn trabajaba para la otra parte, como cuando hizo que el buen samaritano repitiera su historia. Afortunadamente, no hubo ataques cardíacos, pero Dawn fue distraída por el proceso de admisión a la colegiación: mientras el jurado estaba deliberando, ella tuvo que salir corriendo a su ceremonia de juramentación. Cuando regresó, el jurado presentó el veredicto de culpabilidad. Cualquier placer que yo hubiera podido obtener de mi primera convicción se esfumó cuando regresamos para la sentencia.

"Señorita Cardi, estoy inclinado a enviar a su cliente a prisión por un año", dijo el juez. Dawn palideció y comenzó a temblar. Yo también estaba paralizada en ese momento, viendo que había logrado algo terrible.

"¡No puede hacer eso!", balbuceó Dawn. "Él trabaja. Su familia depende de él para su sustento. Nunca antes ha sido arrestado. Esto lo destruirá. ¡No puede enviar a este hombre a la cárcel!" Mientras fluía el nervioso torrente verbal de Dawn, yo pensaba en el aborto y hasta dónde había llegado la esposa de este hombre para no estar allí. Y una parte de mí hubiera preferido tampoco haber estado allí. Siempre he pensado que las personas son responsables en última instancia de sus actos y no tolero de ninguna manera el maltrato conyugal. Pero también entendía que el acusado no sería el único que sufriría las penurias de su castigo. La cárcel podía ser un castigo justificable y la única protección absoluta de la esposa contra sus golpes, pero toda la familia estaría pagando un alto precio.

Dawn se apagó y el juez me miró. "Creo que la señorita Cardi tiene razón", me escuché decir, sin premeditación y fingiendo una seguridad que no sentía por dentro. Reconocí que enviarlo a la cárcel tendría consecuencias negativas para su familia. Dije que estaría satisfecha con una probatoria si Dawn podía ponerlo en un programa de tratamiento para violencia doméstica que requiriera asistencia regular y que además se asegurara de que su esposa estaría bien. Para un hombre en sus treinta y pico sin arrestos previos, pensé que un tratamiento regular y la amenaza inminente de la cárcel sería suficiente protección para su esposa.

"Busque el programa", ordenó el juez a Dawn. Y las dos respiramos aliviadas.

Dawn me dio las gracias después. Estaba asombrada de mi concesión, que parecía especialmente extraña de parte de una principiante, dado que la carrera de un fiscal se fundamenta en una reputación de rudeza y ganar sentencias severas. Yo tuve mis propias dudas en el momento de rendir mi informe a John Fried, mi jefe en el negociado. John me escuchó hasta el final y respondió en su típica manera analítica y deliberada. Dijo que él habría actuado de diferente manera porque la agresión contra el buen samaritano sugería un peligro para la sociedad, pero reconoció mi razonamiento: "Hiciste lo que pensaste que era correcto". No puedo saber si tenía la misma confianza con todos los que trabajaban para él, pero la libertad de ejercer mi juicio sin temor a ser sancionada fomentó una seguridad que me ayudó a crecer más rápido en el trabajo.

Dawn y yo nos encontrábamos a menudo, porque su sección de la sociedad de asistencia legal estaba asignada a mi negociado de juicios. A pesar de la regla extraoficial de no confraternizar entre abogados defensores y fiscales, nos sentábamos a conversar en un banco del parque mientras comíamos nuestros almuerzos para llevar. Hablábamos de trabajo: los detalles de nuestros casos, los temperamentos y humores de los jueces con los que tratábamos, el sexismo rutinario que era un riesgo ocupacional. Con el tiempo nos hicimos amigas y entonces nuestras conversaciones a menudo se movieron a los temas mayores escritos en las entrelíneas de los procedimientos diarios: la explosión de delitos menos graves que parecían más sintomáticos de los males sociales que evidencia de la naturaleza criminal; la crudeza de las herramientas que el sistema empuñaba contra los problemas complicados. Con frecuencia, comenzábamos en lados opuestos de un argumento, reconociendo que nuestras perspectivas estaban condicionadas por las diferencias de nuestras personalidades. Dawn era defensora pública por naturaleza, su apoyo a los de abajo se cimentaba en una desconfianza innata de la autoridad. Yo era por naturaleza más fiscal, una criatura de reglas. Si el sistema no funciona, mi inclinación es arreglarlo, no combatirlo. Tengo fe en el derecho procesal, y si se lleva a cabo justamente, puedo vivir con los resultados, no importa cuáles sean. Y sabiendo que los pobres y las minorías son víctimas del crimen de manera desproporcionada, me niego a ver el proceso adversarial como si fuera un conflicto de clases con otro nombre.

De la misma manera, no veo a los fiscales y los defensores como enemigos naturales, a pesar de lo común que es esa opinión tanto dentro como fuera de la profesión de derecho. Los dos simplemente tienen funciones diferentes que desempeñar en la búsqueda de un propósito mayor: reconocer el dominio de la ley. Aunque sean roles opuestos, su propia existencia depende de una aceptación por ambas partes del juicio legal, más allá de la pasión de cualquiera de las partes por el resultado deseado. Esto no pretende negar que la voluntad y el deseo de ganar impulsen ambos esfuerzos. Ni pretende reclamar alguna equivalencia simplista entre fiscalía y defensa. Por el contrario, simplemente reconoce e insiste que en última instancia no se cumple con el acusado ni con la sociedad a menos que la integridad del sistema esté por encima de los propósitos que le convengan a cada una de las partes. Esto puede sonar ingenuamente idealista; pero hay lugar para el idealismo en la práctica del derecho. Es lo que motivó a muchos de nosotros por primera vez a entrar en la profesión; sin lugar a dudas es lo que impulsa a algunos de nosotros los abogados a convertirnos en jueces.

Dawn acudió a mí angustiada por otro caso que compartimos. "Tienes que ayudarme", me suplicó. Era una historia triste: su cliente había vivido toda la vida en instituciones, en hogares de acogida, seguido por veinte años en prisión por matar a un hombre en una pelea. Al ser liberado de la cárcel, el único apoyo que recibió fue una ficha para el autobús. Sin destrezas de vida, incapaz de buscar trabajo, sobrevivió vendiendo tubos de cobre que arrancaba de un edificio abandonado, sin tener conciencia plena de que eso era robo. Los términos de su libertad bajo palabra eran que una sola violación, aun una declaración de culpabilidad a un cargo reducido de desorden público, lo enviaría de vuelta a la prisión estatal. Había algo en este hombre que hizo que Dawn confiara en él. A fin de cuentas, no se estaba portando tan mal. No estaba traficando drogas, no había asaltado a nadie. No habría estado robando tubos si hubiera tenido alguna ayuda para encontrar empleo. Hasta había conocido a una chica y estaba enamorado… Dawn me convenció de aceptar un A.C.D., suspensión del proceso a prueba; y lo colocó en un programa de empleo. Si se mantenía alejado de los problemas durante seis meses, se desestimarían los cargos.

Un día, dos años más tarde, me estaba esperando fuera de sala. Se presentó, me dio la mano. "Usted no me recuerda", me dijo. "Yo soy el tipo que robaba las tuberías". Había encontrado empleo y lo habían ascendido a supervisor. Además, se había casado con novia. Ahora tenían un hijo y estaban esperando otro.

La cualidad de la misericordia: "Bendice al que la concede y al que la recibe".

A PESAR DEL impulso de misericordia ocasional, yo estaba acumulando convicciones. Aparte de mis inseguridades —tenía muchas (todavía las tengo)— era ferozmente competitiva (todavía lo soy). Me volví adicta a la emoción de las escaramuzas verbales en un juicio, a la euforia de tener que reinventar una estrategia al instante sin saber si funcionará bajo el espectro de un juez que en cualquier momento puede pillarme con una pregunta. Temiendo tal humillación, me preparaba compulsivamente, como lo hacía en la escuela de derecho; y mi recompensa era la oportunidad de salir y arriesgarlo todo otra vez al día siguiente. Que nunca podía estar segura de mí misma mientras lo hacía era una de las grandes razones por las que amaba mi trabajo de litigante.

Acumular acusaciones de cargos principales —convicciones para los cargos más graves, dejando poco terreno para negociar— se convirtió en el equivalente adulto de coleccionar estrellitas doradas en quinto grado. Me gustaba particularmente el reto de llevar a juicio casos de víctimas poco agradables y testigos poco confiables, como el adicto a quien otro adicto le robó la metadona, o la pareja de ancianos con cincuenta delitos graves entre ambos que fueron asaltados por su protegido, un aprendiz de estafador, o casos que eran circunstanciales sin esperanza, como el joyero cuya bolsa de piedras preciosas valorada en medio millón de dólares desapareció después de que una familia de gitanos invadió su tienda (¿quién podía asegurar que era cierto que las piedras preciosas existían, hasta que yo pude recuperarlas?). Gané unas cuantas de esas batallas.

Ciertamente, nadie podía acusarme de ser blanda, pero hablar con Dawn siempre me recordaba los costos humanos de mi éxito, el impacto en la vida de una persona y de su familia. Su perspectiva me permitió confiar en la voz en mi cabeza que ocasionalmente murmuraba: *por qué no ejercer un poco de discreción; ten un poco de fe en la naturaleza humana*. No era fácil, con entre ochenta y cien casos sobre mi escritorio en cualquier momento y la presión constante de salir de ellos lo antes posible. Los casos con los mismos cargos tendían a confundirse, especialmente porque la Fiscalía ofrecía acuerdos de culpabilidad estándar para ciertos delitos: *¿Posesión de un arma? Negociamos hoy y es un delito menos grave Clase A. Hazme esperar hasta mañana y será un delito grave. Olvídate de circunstancias atenuantes; no quiero oírlo.*

Sin embargo, no estaba dispuesta a iniciar el proceso de un caso en el que simplemente no creía. Mi fervor como fiscal al final se circunscribía por mi impulso de pensar siempre en las dos partes. El impulso se desarrolló primero en el Club de Oratoria y Debates, como un asunto de estrategia, pero en este entorno, algunas veces producía la ineludible concienciación de que, aunque ganara, no se había hecho justicia. Tuve mucha suerte, por tanto, de tener como mentor a John Fried, que personificaba justo esa clase de actitud comedida. Ante un número de casos imposibles de manejar, con la comodidad y la justicia dura siendo la orden del día, su compromiso con la imparcialidad era fundamental. Si yo creía en la inocencia de un acusado o dudaba de la historia de un testigo, tocaba a la puerta de John. Nos sentábamos juntos a analizar la evidencia el tiempo que fuera necesario. Al final, podía sugerir que se ofreciera un acuerdo muy favorable, pero siempre me dejaba una salida: "Si la conciencia no te deja llevar el caso, entonces no lo hagas".

La imparcialidad esencial de John iba a tono con las normas idealistas que Bob Morgenthau estableció para la Fiscalía. No obstante, con frecuencia me sentía que nadábamos en contra de corrientes de fango sin ver claramente la respuesta correcta. Cada fiscal manejaba más de cien casos al mismo tiempo, la conveniencia y la justicia dura eran la orden del día. Chapuceábamos, nos las arreglábamos con las herramientas que tuviéramos a mano, hacíamos de tripas corazones en las trincheras, pero nos esforzábamos por hacerlo con integridad. Como dije, no era fácil.

QUIZÁS POR MI manera de procesar delitos menos graves con una ferocidad generalmente reservada para los delitos graves, alguien podría decir que era apasionada y briosa. En realidad, eran más bien maripositas en el estómago, y el miedo incesante de dejar algo al azar hacía que me preparara y argumentara con tanta intensidad. Pero por alguna razón, fui uno de los primeros 'patitos' del grupo en ser ascendido al área de delitos más serios. Para la época en que me trasladaron a delitos graves, John Fried también había sido ascendido y fue sustituido en la jefatura del negociado por Warren Murray. Warren tenía un estilo diferente: extremadamente discreto, pero cien por ciento duro como fiscal. Me preocupaba cómo me iría con él.

Me dieron un puñado de casos de delitos de bajo nivel y otros que iban a re-someter a juicio. Uno de esos casos fue un robo de cartera. El abogado defensor me advirtió que no era sólido, y yo me descorazoné al ver que los hechos más que escasos eran prácticamente inexistentes. El joven acusado no tenía antecedentes. Sus maestros lo describían como tranquilo, educado, de buena conducta, pero lento en su desarrollo. Nunca faltó a clases. Entrevisté a la víctima, una anciana. Ella no había visto la cara del ladrón porque corrió dándole la espalda en dirección a la entrada del metro. La policía atrapó a un muchacho confundido que encontraron sentado abajo en el banco de la plataforma, esperando el tren a casa de regreso de la escuela. La mujer lo identificó por la chaqueta oscura que usaba, igual que la del ladrón, aunque no pudo decir de qué color era. Nunca encontraron la cartera.

Escribí una descripción de la evidencia y se la llevé a Warren. "Tienes razón", dijo. "Es débil. Pero tenemos la acusación y nuestro trabajo es procesarlo. Dejemos que el jurado haga el suyo; lo absolverán". Regresé a mi escritorio y reflexioné cómo argumentar esto ante un jurado. Fui a casa a Princeton esa noche y seguí pensando. Pero no podía imaginarme parada en la corte diciendo con cara seria que había suficiente evidencia para condenarlo.

Cuando entré en la oficina de Warren por la mañana estaba honradamente indignada, exaltada, pero en total control. "No voy a llevar este caso. No puedo mentirle al jurado. Si crees que puedes entrar en una sala de justicia y argumentar que hay base para condenarlo, vas a tener que hacerlo tú mismo". Tiré el expediente en su escritorio y salí.

Corrió detrás de mí. "Oye, yo sólo necesitaba asegurarme de que tú estabas segura".

"¿Por qué no simplemente me preguntaste?"

"Supongo que algunas veces tengo que jugar a ser abogado del diablo".

Pude haberlo hecho sin tanto drama. La oficina rehusó procesar el caso.

LA PRIMERA VEZ que me presenté frente al juez Harold Rothwax, se encontraba en medio de una gran pataleta por todas las tardanzas que habían dilatado un caso antes de que me lo reasignaran. "Y ahora obviamente", gritó, "usted va a decirme que es nueva y ¡necesita un mes para prepararse!" Le prometí que si me daba quince minutos para confirmar la disponibilidad de los testigos, estaría lista para ir a juicio la semana siguiente. Eso hizo que me ganara su cariño permanentemente. Con tantos juicios de delitos menos graves a mis espaldas, tenía la seguridad —o la audacia de la ignorancia— de confiar en mi desempeño bajo presión. Si algo conocía eran mis propios estándares de preparación. Y por supuesto nunca sufriría la vergüenza de su advertencia sarcástica sobre "evitar los peligros de prepararse en exceso" disparada a tantos otros abogados. Por el contrario, una vez recibí una especie de cumplido indirecto de su parte cuando, leyendo uno de mis escritos, admitió: "Las faltas de ortografía supuestamente son señal de genio. Usted debe tener muchas".

El juez Rothwax estaba a cargo de determinar todas las mociones previas a juicio relacionadas con delitos graves de mi negociado. Era terriblemente exigente e infamemente implacable con los abogados que le hacían perder el tiempo. En una ocasión hasta envió a un abogado defensor a la cárcel diez días por impedir el inicio de un juicio. Lo conocían como El Príncipe de las Tinieblas, Dr. Catástrofe y Yahvé, entre otros epítetos, particularmente por sembrar el terror en los corazones de los acusados siempre que uno con un caso débil rechazaba su oferta de acuerdo. Su infame frase típica a los abogados de la defensa: "Su cliente tiene el derecho constitucional de ir a prisión por el máximo tiempo disponible".

Pero no todo era fuego y azufre. Detrás del humor infernal, una extraordinaria claridad mental y una aguda perspicacia legal mantenían el movimiento de los casos con asombrosa eficiencia. Un buen juez necesita habilidades gerenciales, así como un buen conocimiento del estado vigente del derecho. Y no hay modo de exagerar el valor de tener la capacidad de mantener todos los hechos de un caso en tu cabeza. Puede que pasara dos minutos en una conferencia en un caso de rutina, un poco más en los que eran muy complicados, pero dos meses después recordaría todos los detalles.

A pesar de lo ácido, el juez Rothwax no era cínico, aunque como muchos cínicos, había sufrido desilusiones, habiendo comenzado su carrera como abogado de servicios legales y defensor de derechos civiles antes de convertirse en fiscal. Esa temprana experiencia lo llevó a concluir que, incluso con todas las protecciones elaboradas de los derechos del acusado, cualquier imputado cuyo caso finalmente llegara a juicio era casi seguro culpable. En un libro controversial, el juez propuso abolir la lectura de derechos y otras reglas que él consideraba eran un impedimento para la policía y los fiscales; también argumentaba que un veredicto del jurado 10 a 2 era lo suficientemente cercano a un veredicto unánime como para lograr una convicción. Yo no estaba preparada para aceptar su presunción de culpabilidad, aunque la misma nació de las estadísticas: la policía normalmente no hace arrestos por puro capricho; la mayoría de los acusados resultan ser culpables. Pero la probabilidad de culpabilidad no parece ser razón suficiente para revisar nuestras normas del debido proceso. Éstas están diseñadas para proteger a todos de la debilidad humana de aquellos en quienes confiamos para hacer cumplir los poderes descomunales del Estado. Aún cuando la inmensa mayoría de los agentes de la ley ejerzan estos poderes escrupulosamente, es desmedido que alguien pague por un delito del que fue injustamente acusado. La famosa fórmula de Blackstone ("mejor que escapen diez culpables a que sufra un inocente") todavía apela a un sentido de justicia profundamente arraigado.

A pesar de que difería de algunas opiniones del juez Rothwax sobre los procedimientos, y el hecho de que tampoco me atraía su personaje afectado de Príncipe de las Tinieblas, la integridad y rigor de su pensamiento, su pasión por la ley, así como la eficiencia de su sala ganaron mi admiración. Y él, por su parte, me ofreció un estímulo cordial, hasta nos invitó a Kevin y a mí a su casa. Como con José Cabranes, aun el respeto más profundo no me hizo tan buena discípula como para seguir todos sus consejos. No obstante, durante esos años en la Fiscalía, un sueño largamente cultivado finalmente encontró un ejemplo vivo en la presencia de Harold Rothwax envuelto en la toga, la primera personificación de un ideal que tuve la oportunidad de observar de cerca.

POCO TIEMPO DESPUÉS de llegar a delitos graves, procesé al mismo acusado en dos juicios consecutivos. Eran dos delitos distintos; de ahí los dos juicios: el acusado se había fugado estando bajo fianza por un cargo anterior de robo, la orden judicial pendiente se descubrió cuando fue atrapado por un robo subsiguiente. Mis casos eran sólidos, pero combatiendo contra un abogado defensor muy experimentado de Asistencia Legal, perdí ambos. Fue un golpe duro para mi ego, pero lo peor era que no podía descifrar en qué había fallado.

"Está bien, dime qué hiciste", me dijo Warren, en su tono usual, todavía la voz más suave que he tenido que esforzarme por oír. Le expliqué paso por paso mi presentación de ambos casos. Identificó el problema al instante: yo estaba apelando a la lógica, no a la moral, y a todos los efectos, dejando escapar al jurado. Ya que es doloroso para la mayoría de los jurados votar "culpable" y enviar a un ser humano a prisión, no podías simplemente razonar con ellos para que lo hicieran; tenías que hacerles sentir que era necesario. "Tienen que estar convencidos de que tienen la responsabilidad moral de condenar", me explicó Warren. Incluso el argumento lógico más perfecto, desprovisto de pasión, haría que la decisión pareciera más una discreción personal que un deber solemne.

Comunicar tu propia certeza moral no significa necesariamente sobreactuar. Pero al igual que cuando describí el asesinato de Kitty Genovese en la competencia de oratoria, la diferencia entre ganar y perder se reducía a apelar a las emociones en vez de sólo a los hechos. Era algo que Abuelita pudo haberme dicho sin haber ido a la escuela de derecho. Y era algo que aparentemente yo ya sabía en la secundaria, aunque fuera sólo de manera intuitiva, antes de dejar a un lado la conciencia por años de aprender a razonar desapasionadamente en Princeton y Yale.

Concederme permiso para usar las aptitudes innatas de mi corazón y aceptar que la emoción era perfectamente válida en el arte de la persuasión, representaba un enorme progreso. Warren me enseñaría mucho más en cuanto a técnicas en los juicios, al igual que John Fried, Katie Law y otras personas en Fiscalía. Pero esa fue la lección más importante que aprendería. Cambió totalmente mi enfoque ante los jurados, desde el *voir dire* hasta la estructura de mis recapitulaciones, y los resultados hablaban por sí solos: nunca más perdí un caso. Un par de veces el jurado no pudo llegar a un veredicto y en otras tantas la convicción fue por menos cargos de los que se habían formulado, pero nunca hubo una absolución.

Aplicar esa ventaja de la inteligencia emocional en la sala de justicia, como en la vida misma, depende de estar atento; la clave es observar y escuchar. No necesitas tomar notas si el taquígrafo de la corte está escribiendo cada palabra. Si bajas la vista a tu libreta de apuntes, pierdes ese asomo de duda que cruza la cara del testigo. Garabatea en lugar de escuchar y no notarás el instante de vacilación cuando el testigo divaga buscando las palabras, evitando las que pudieran fluir naturalmente para preferir aquellas de cuya verdad está más seguro.

Esa atención también se utiliza para sostener una de las supremas responsabilidades del litigante: no aburras al jurado. De nuevo, la clave no es la pirotecnia retórica. Lo que mantiene la atención de un jurado es, en esencia, la calidad de tu propia atención. Si estás palpablemente presente en el momento, constantemente atento y receptivo a tus oyentes, ellos te seguirán a donde los conduzcas. Si, por el contrario, estás leyendo un libreto, hablando en monótono como si ellos no estuvieran allí, muy pronto no estarán, sin importar cuán inexpugnable sea tu argumento.

Con frecuencia, es cuestión de recordar lo que tiene sentido para otro ser humano y no lo que tiene sentido para otro abogado. Por ejemplo, el fiscal no tiene que establecer la existencia de motivo conforme a la ley; sin embargo, la mente humana construye de forma natural su realidad en términos de causa y efecto, pesando la teoría contra la credibilidad de las conexiones propuestas y cómo estas conexiones operan en la mente de otras personas. "¿Por qué pudo haberlo hecho?", es algo que nos preguntamos instintivamente antes de permitirnos concluir "lo hizo". El caso del estado es una narración: la historia de un crimen. La defensa sólo tiene que sembrar dudas sobre la coherencia de la historia. Los elementos del "por qué" de la historia tienen que tener lógica —qué habría motivado a esta persona a lastimar a esa otra— antes de poder captar la empatía de los jurados y ponerlos en el lugar del acusado o de la víctima, según sea el caso: hacerles sentir la fría hoja de la navaja en su cuello o el dolor de la devoción poco apreciada que puede llevar a alguien a robarle a su antiguo empleador. Los particulares son los que hacen la historia real. Al examinar a los testigos, aprendí a formular las preguntas generales de manera que sacara detalles con poderosas asociaciones sensoriales: los colores, los sonidos, los olores, eso deposita una imagen en la mente y coloca al oyente en medio de una casa en llamas.

Por supuesto, las narraciones pueden ser escurridizas. Una historia puede cambiar a mitad del cuento o del recuento. No era suficiente con prepararse meticulosamente, anticipar cada eventualidad, cada contraargumento concebible. Katie fue quien me enseñó qué hacer cuando, por causas ajenas a tu voluntad, la historia que se está desarrollando cambia de repente, lanzando tu caso a un caos inesperado. En ese caso, todo depende del poder de la improvisación y la destreza de cambiar de táctica como si fuera parte de tu estrategia desde el principio. Si un testigo altera su testimonio sin aviso, el fiscal sagaz simplemente desvía el énfasis del testimonio y resalta el peso de la evidencia circunstancial. Preparar el caso siempre tiene dos pasos: elaborar la estrategia basándose en la razón y la lógica, y entonces, lanzarte a ella en cuerpo y alma. Pero si tienes que revisar el plan, suspende las emociones y vuelve a la lógica hasta que puedas pensar en algo que puedas vender con pasión.

Otras lecciones las aprendí sola, muchas veces en contra de la creencia popular. Algunos fiscales, por ejemplo, buscaban razones legítimas para eliminar a los candidatos negros e hispanos del jurado en el proceso de entrevista, suponiendo que las minorías están prejuiciadas a favor de los acusados. Pero para mí, eso sólo tenía sentido si veías a todas las personas de color como perpetradores potenciales y creías, de manera más inverosímil, que todos ellos también se veían entre sí de la misma manera. Para mí era evidente que cualquier negro o latino que trabajara, estudiara o se quedara en la casa a cuidar de un padre anciano posiblemente era tan respetuoso de las leyes como cualquiera en mi propia familia y, en todo caso, era más probable que fuera la víctima de un delito y no quien lo cometiera. La noción de que, basándose en solidaridad racial o étnica, iban a dejar en libertad a alguien que pudiera poner en peligro a la comunidad habría sido ridícula en el lugar de donde yo venía. Así que yo formaba mi jurado con la misma clase de personas entre las cuales crecí; de nuevo, los resultados hablan por sí solos.

Pocos aspectos de mi trabajo en la Fiscalía eran tan gratificantes como ver que lo aprendido en la infancia entre los latinos del Bronx resultaba ser igual de relevante para mi éxito que la educación en la *Ivy League*. O ver que el dominio de las frías abstracciones legales, que habían costado tanto esfuerzo, estaban incompletas si no se entendía cómo éstas afectaban las vidas individuales. Después de todo, las leyes en este país no cayeron del cielo, sino que fueron creadas por la sociedad para su propio bien. De hecho, mientras más cerca se encontraba uno de la realidad que inspiraba esas leyes, más persuasivo podía uno ser argumentando a favor de la justicia para mantenerlas. Ser capaz de identificarme con los jurados tal y como lo harían sus propias hermanas o hijas, con una comprensión real de sus preocupaciones y las limitaciones en sus vidas, con frecuencia me daba la ventaja, ya que enfrentaba a mi adversario con un trasfondo más privilegiado —un refrescante cambio después de años de sentir lo contrario. Pero aún más importante, esa conexión alimentaba mi sentido de propósito. Cada día que me paraba frente a un jurado, me sentía parte de la sociedad a la cual servía.

No era, como he dicho, el empleo con el que sueña la mayoría de los graduados de la Escuela de Derecho de Yale, pero sirvió de base para la formación de un temperamento judicial que Yale no podía proveerme. Además, me dio la confianza de reconocer mis circunstancias personales como algo más que una desventaja a vencer.

Veintidós

EN LA PRIMAVERA de 1980, a los siete meses de mi primer año en la Fiscalía, Bob Morgenthau me alentó a unirme a la junta de una organización que él había ayudado a fundar y en la que había servido por casi una década. "Tienen una campaña para reclutar talento joven y les di tu nombre", me dijo. En esa época, muy pocos fiscales auxiliares donaban su tiempo pro bono o tenían tiempo de hacerlo. Ya yo sentía que estaba llegando al límite entre el viaje diario y la carga de trabajo, lo que debió haber activado mi tendencia natural a evitar meterme en muchas cosas desde muy temprano. Pero siempre es difícil rechazar la invitación del "Jefe", y esto era particularmente cierto con este "Jefe" que se convertiría en un mecenas de mi carrera. Además, yo no era una extraña a la organización: el Fondo para la Defensa Legal y la Educación de los Puertorriqueños (ahora *Latino-Justice*). Yo había sometido una solicitud para trabajar allí estando en Yale. Durante la entrevista, me preguntaron por mis metas profesionales. Reconocí que todavía no tenía un plan a corto plazo, pero sabía que en veinte años quería ser juez de la Corte del Distrito Federal. El entrevistador levantó una ceja, lo que me hizo concluir que, en el futuro, mejor guardara en secreto mis fantasías. No me ofrecieron empleo, pero seguí interesada en la misión del grupo.

El Fondo, también conocido por sus siglas en inglés PRLDEF (*Pearl-def*) fue fundado en 1972 por un grupo de jóvenes abogados puertorriqueños que tomaron como inspiración el Fondo para la Defensa Legal del NAACP; deseaban utilizar sus capacidades legales para desafiar la discriminación sistémica contra la comunidad hispana. Para la época en la que me uní, PRLDEF estaba sólidamente establecido y había ganado reformas importantes. El caso histórico de ASPIRA contra la Junta de Educación de la Ciudad de Nueva York, el cual sentó precedente, resultó ser tan fundamental para los hispanos como lo fue *Brown contra la Junta de Educación* para los negros. Hasta el caso de ASPIRA, los niños puertorriqueños que procedían de la isla, donde el español era el idioma hablado en las escuelas públicas, o de familias como la mía que hablaban muy poco inglés, entraban al sistema de enseñanza pública de la ciudad de Nueva York sin ayuda alguna para hacer la transición entre idiomas. Estos niños rutinariamente luchaban por mantenerse a flote e incluso cuando estaban perfectamente capacitados, con frecuencia terminaban en clases para estudiantes con limitaciones intelectuales. Era natural que desertaran en estampida, convirtiendo una limitación imaginaria en una real, una necesidad de ayuda correctiva en toda una vida de empleos mínimos y pobreza. El decreto de acuerdo extrajudicial de ASPIRA ganado por PRLDEF en 1974 estableció el derecho de los estudiantes con dominio limitado de inglés a recibir educación bilingüe en las escuelas públicas de Nueva York. Justo al año siguiente, mi prima Miriam entraría a la universidad y posteriormente se graduaría entre la primera ola de jóvenes maestros que recibían un título en educación bilingüe.

Si bien PRLDEF parecía una continuación natural de mi trabajo en Acción Puertorriqueña, este no era un grupo de activistas estudiantiles, sino un grupo comprometido de profesionales altamente calificados con mucha más experiencia y sabiduría que la que yo tenía, con la mira puesta mucho más lejos que intentar que una universidad de la *Ivy League* contratara a un administrador hispano. Algunas de las victorias obtenidas por PRLDEF —pro derecho al voto o contra prácticas de contratación discriminatorias— abrirían las puertas para cientos o hasta miles de personas. Estos esfuerzos moverían los límites de oportunidad y el compromiso cívico con personas de todo el país, mucho más allá del Nueva York de los puertorriqueños. Al mismo tiempo, el grupo era, sin duda, de mi comunidad y eso me emocionaba profundamente. Era el mismo orgullo que sentía al observar a José Cabranes, tan comprometido con su gente y al mismo tiempo moviéndose sin ningún esfuerzo en un mundo más vasto. En nuestra junta se sentaban los brahmanes de la sociedad *nuyorican* —así como puertorriqueños de la isla y de toda la metrópoli—, pero también había figuras prominentes de los principales medios de comunicación, comerciantes más ricos de lo que yo podía imaginar en nuestras esquinas de la sociedad. Estaba despertando a la realidad de que la comunidad latina era mucho más amplia de lo que yo conocía cuando crecí en el Bronx.

Siendo la más joven de los miembros de la junta —incluso los otros reclutados como "sangre nueva" eran mayores y estaban más establecidos profesionalmente— me sentía honrada por el mero hecho de ser incluida y tener la oportunidad de aprender de personas con tantos logros y destinadas a lograr aún más. Si hubiera podido ver el futuro, habría visto amistades que hice allí llegar a convertirse en jueces federales, embajadores, un fiscal de los Estados Unidos, presidentes de universidades, profesores de derecho, socios en importantes bufetes —cada uno de ellos manteniendo una dedicación vitalicia al servicio público. Las mujeres eran particularmente inspiradoras, no sólo por la camaradería y el apoyo moral que se ofrecían entre sí, algo extraño en cualquier organización. En la Fiscalía había visto muy pocas mujeres en puestos de verdadero poder, los jefes de los negociados eran todos hombres. Pero aquí, las mujeres —hispanas profesionales, competentes y con autoridad— eran líderes en sus respectivos campos y estaban decididas a dar lo mejor de sí mismas para beneficio de los demás.

Trabajé en el comité de litigio, que contrataba a los abogados de la oficina y establecía las estrategias para los tipos de casos que aceptaríamos. También fui parte del comité de educación, que hacía los arreglos para internados y encontraba mentores para minorías, además de preparar materiales para el LSAT para ayudar a más latinos a estudiar derecho. Mas allá de lo que estaba aprendiendo de todos estos posibles modelos de conducta a mi alrededor, estas actividades me proveían una base sobre la naturaleza de las organizaciones y cómo había que encontrar un equilibrio entre los intereses que competían dentro de las mismas: en una palabra, política. El trabajo de contratación de personal, en particular, me lanzó directamente sobre el problema de asignar recursos limitados. Había quienes buscaban aceptar casos aun más grandes y cubrir más áreas de defensa. Por mi parte, yo prefería, como siempre, pasos más pequeños y sensatos. Algunas veces, había un choque de personalidades, especialmente con la presencia de tantos abogados que habían triunfado como litigantes agresivos en grandes entornos corporativos y quienes ahora se movían en los espacios reducidos de una pequeña organización sin fines de lucro en la cual todos se encontraban involucrados emocionalmente. En ocasiones, estos conflictos pueden desgarrar la estructura misma de una institución si no se manejan con sabiduría y, efectivamente, eso estuvo a punto de ocurrir.

Los problemas en PRLDEF llegaron a un punto crítico durante una huelga laboral que dividió a la organización y resultó traumática para todos los miembros de la junta y el personal. Los asuntos en controversia eran las disputas de siempre entre trabajadores y gerencia, no tanto por sueldo —porque nadie que trabajaba allí esperaba mucho dinero— sino por beneficios, la fórmula para calcular las horas y la remuneración por trabajo extra. Mi solidaridad natural estaba con los abogados de la oficina, al ser yo misma empleada como tal en la Fiscalía y sin haber sido directora en ninguna parte. Pero como miembro de la junta, tenía una obligación fiduciaria con la institución, una palabra pesada, pero una responsabilidad real que yo tomaba en serio, valorando en gran medida la trascendencia de PRLDEF para la comunidad en general.

Aprender cómo balancear las necesidades individuales con las necesidades igualmente reales de una institución fue una lección importante. Está bien estar del lado del hombre común y corriente, pero este también sufre a la larga si se descuidan la salud y las inquietudes del organismo mayor al cual pertenece. Ese punto sería más evidente un año después, cuando mi madre me telefoneó llorando para decirme que había perdido su empleo. Ella, junto con todo el personal del Hospital Prospect, se quedó en la calle cuando el hospital cerró sin aviso. La repentina bancarrota eliminó decenas de empleos, hizo añicos a una familia unida que compartió por décadas sus días laborables, puso en riesgo hogares y destruyó una institución que había revitalizado todo un vecindario. Una vez más, mi corazón estaba del lado de los que habían perdido su sustento, pero mi mente calculaba:

¿Qué concesiones, qué decisiones habrían sido mejores para conservar la institución y evitar esta triste pérdida para todas las partes? Viendo desaparecer el Hospital Prospect, apreciaba aún más el fino equilibrio, el cálculo estricto y los sacrificios personales que a la larga mantuvieron intacto a PRLDEF a través de los tiempos difíciles.

PRLDEF FUE MI primera experiencia verdadera de trabajo pro bono y la función digna de un "ciudadano abogado". Continué allí durante doce años, mucho después de dejar la Fiscalía y justo hasta convertirme en juez. Usar mi educación para ayudar a los demás era tan gratificante que, a pesar de no tener tiempo para mí, colaboré con otros grupos durante esa época. Por ejemplo, trabajé con SONYMA (*State of New York Mortgage Agency*), que estaba estableciendo un programa para hacer hipotecas accesibles a familias de la clase trabajadora. Nos enorgullecían los criterios de cualificación estricta y el hecho de que la mayoría pagaba sus préstamos. Sin embargo, fue motivo de pausa para mí el que mi propia madre, con todos los años de duro trabajo e historial financiero intachable, no hubiera podido clasificar ni siquiera bajo la categoría diseñada para los solicitantes de ingresos más bajos. Parecía injusto que no hubiera forma de reconciliar los estándares de subscripción segura y el imperativo de proteger la institución, con el bien de ayudar a los más marginados, pero igualmente merecedores, como en el caso de mi madre, alguien que jamás incumplió con ninguna obligación y que nunca lo haría.

Específicamente siempre acogía con agrado cualquier oportunidad de trabajar en asuntos como el desarrollo económico y la educación, asuntos que fueran vitales para la comunidad donde crecí. No sólo me interesaba mucho por mi gente, sino que entendía sus necesidades por experiencia propia. Pero mientras me abría paso en el mundo, veía cada vez más que ningún grupo es una isla. Hasta el grupo más cohesivo (o el más marginado) se compone de círculos de pertenencia superpuestos, igual que la identidad de cada individuo está constituida por muchos elementos. Hacer el bien significaba, en última instancia, ver cualquier interés particular dentro de un contexto cívico más amplio, un sentido mayor de comunidad. Las necesidades específicas de personas como aquellas con las que crecí siempre me tocaban el corazón, pero cada vez más sentía el llamado del servicio más allá de los confines del lugar de donde procedía.

Fue en cierto modo ese espíritu el que me llevó a unirme al *Campaign Finance Board* de la ciudad de Nueva York. Contrario a PRLDEF y SONYMA, el *Finance Board* era una organización relativamente nueva, fundada tras los escándalos que sacudieron al estado de Nueva York a mediados de la década de 1980, cuando se descubrieron ciertas contribuciones astronómicas a campañas electorales, sin duda corruptas pero algunas totalmente legales. La necesidad de supervisar el financiamiento del proceso electoral era dramática, no sólo para evitar los sobornos, sino para garantizar el acceso a los candidatos que quedarían excluidos si el dinero fuera el único factor que determinara la contienda. Pero antes de la creación de la junta no había reglamentos ni un modelo para el desembolso de los fondos públicos. Nueva York fue la primera ciudad importante de Estados Unidos en instituir estas reformas, el único otro ejemplo era Tucson.

Lo que me atraía era la posibilidad de divisar una solución estructural a un problema largamente arraigado con la simple creación del reglamento adecuado. Así de elegante puede llegar a ser la ética. También era un ejercicio estimulante en el arte de elaborar un acuerdo entre intereses opuestos, siempre mi primera respuesta a la división política. El hecho de que siempre he estado inscrita sin afiliación a un partido aumentaba mi credibilidad como mediadora neutral. Pero el mayor recurso de la junta para reclamar imparcialidad y transparencia procesal era su director, el padre Joseph A. O'Hare. Sacerdote jesuita y presidente de la Universidad de Fordham, padre O'Hare era un hombre de una integridad incuestionable, por lo que la justicia parecía garantizada, aún cuando su irreverente sentido del humor desvanecía cualquier señal de mojigatería. Bajo su liderazgo, la junta era ejemplo de cómo una agencia gubernamental podía estar por encima de líneas partidistas para trabajar por un bien común.

La CFB fue mi introducción a las escenas políticas de la ciudad y del estado. Muchos abogados que conocí trabajando allí se convirtieron más tarde en corredores de poder cuyos conocimientos sobre mí y su posterior respaldo tendrían un impacto en mi carrera de maneras que no podía todavía imaginar. Siempre había pensado que mi carrera estaría dedicada a los principios que trascendían la política, pero la realidad es que no hubiera existido otro camino a la judicatura federal aparte de esos canales políticos. Fue determinante que conociera a personas con influencia, quienes, aunque reconocían que yo no participaba en esfuerzos partidistas, podían ver que por lo menos era una mediadora honrada. La integridad que había cultivado con tanto celo por orgullo personal sería mi tarjeta de presentación cuando llegara el momento. Por lo menos eso me dijeron después.

Algunas veces, las personas idealistas rechazan por completo la idea del *networking*, o la creación de una red de contactos, al considerarlo contaminado por la vanidad y la búsqueda egoísta de una ventaja sobre los demás. Pero la virtud en la oscuridad sólo se recompensa en el Cielo. Para triunfar en este mundo, la gente tiene que conocerte. No obstante, cuando se está involuncrada en la política, las asociaciones y el reconocimiento pueden ser un arma de doble filo. Años después de dejar PLRDEF, mi relación con la organización se presentó como un argumento en mi contra cuando fui nominada a la Corte Suprema de los Estados Unidos. Los críticos alegaban que *Latino Justice* (PRLDEF, como se conocía entonces) era una organización radical con la que ningún candidato aceptable debería haberse asociado nunca. Oír cómo distorsionaban terriblemente las actividades de PRLDEF durante la audiencia senatorial, sin importar el bien que le había hecho a la comunidad hispana y a la causa de los derechos civiles en general, fue doloroso para mí y para todos los demás que habían trabajado en la junta con generosidad y honradez. Pero PRLDEF no se amilanó ante los ataques. Todo el personal y la junta, presidida por César Perales, miembro fundador y ahora Secretario de Estado de Nueva York, trabajaron incansablemente para refutar las acusaciones y reunir el respaldo de la comunidad a favor mío, esfuerzos por los cuales estaré eternamente agradecida.

Veintitrés

"ESTO ES MUY difícil para mí", dijo mi madre. "Él es como mi hijo, Sonia. Lo vi crecer. Esto no es fácil para mí".

"Por favor, Mami. ¿Crees que es fácil para mí?" ~whirlpool~ ~DA's office~

No puedo negar mi parte de la culpa. La vorágine de la Fiscalía me consumía todo el tiempo y yo me sentía impulsada a dar el máximo en cada caso. ¿Cuántas noches me pasé estudiando minuciosamente los expedientes que llevaba conmigo a casa, remotamente consciente de su presencia? Pero Kevin también estaba encontrando una nueva vida propia en Princeton, de la cual yo no formaba parte. De alguna manera, habíamos dejado atrás el primer florecimiento inocente del amor y su fiel atadura, sin haber creado nuevos términos para ambos.

Estando de vacaciones en Cape Cod, en el verano de 1981, nuestra primera vez allí, entre nosotros se sentía un frío fuera de estación a la vez que nuestros ánimos se caldeaban por cualquier cosa. Fue el preludio a la cautelosa mención por parte de Kevin sobre los cambios que habíamos experimentado y de cómo ya no sentía una conexión conmigo. Hablar sobre nuestra relación, sobre sentimientos, no era algo natural para nosotros. Incluso al principio, en la secundaria, cuando podíamos hablar durante horas sin parar, siempre era sobre algún interés compartido o sobre nada en particular, pero nunca sobre nosotros. ¿Cuánto tiempo había pasado desde que hablábamos así, como niños? Aun el recuerdo de esos días parecía cada vez más distante.

Era tarde cuando regresamos al apartamento en Princeton después de cuatro horas de viaje en un incómodo silencio. Tropecé con la correspondencia que se había acumulado. Mañana será otro día. Caí en la cama.

Por la mañana, abrí un sobre de DMV. Les había tomado los cinco años completos que llevábamos de matrimonio enviarme una nueva licencia de conducir con mi nombre de casada.

"Qué te parece, Kevin, si nos separamos, probablemente les tome otros cinco años volver a cambiar mi nombre". Estaba bromeando, hasta cierto punto.

"Seguro que lo hacen todo el tiempo".

Hay cosas que sabes en tu corazón mucho tiempo antes de admitirlas conscientemente, hasta que, de repente, algo despierta la inescapable comprensión. Esa respuesta flemática sin vacilación contenía una verdad que ya yo no podía silenciar: nuestro matrimonio había terminado. Cuando Kevin se fue a trabajar, levanté el teléfono. Yo nunca me había quejado de él con Mami, nunca había mencionado ningún problema entre nosotros. Para mí, las relaciones son privadas. Según mi experiencia, cuando las amistades se desahogan sobre un novio o un cónyuge, el oyente absorbe la queja y la recuerda mucho después de que el hablante ha perdonado la ofensa. A menos que fuera algo realmente grave, mi madre no necesitaba saberlo. Siendo esta la primera vez que oía que había algún problema, le estuve especialmente agradecida que no argumentara conmigo.

"¿Puedo irme a casa?"

"Siempre, Sonia".

Kevin y yo hablamos de los detalles sin rencores. Acordamos que yo asumiría la deuda de la tarjeta de crédito puesto que era yo la que se preocupaba por eso. A cambio, tendría la custodia del Honda Civic. El único problema es que yo no sabía manejar carros de cambios.

Nunca tomes clases de conducir con alguien de quien te estás separando. Cada vez que reventaba el *clutch*, a Kevin le daba una apoplejía y ninguno de los dos necesitaba ese estrés adicional. Pero era inevitable, sobre todo porque se me estaba acabando el tiempo. Marguerite y Tom pronto vendrían a Princeton a ayudarme con la mudanza. Aunque estaba triste, abrumada y frustrada por no poder conducir el condenado carro, estaba decidida a salir del apartamento ese mismo fin de semana, incluso si tenían que llevarme en grúa por todo el camino hasta Co-op City. Estuve empacando hasta tarde en la noche antes de colapsar finalmente en un sueño agitado. Tuve un sueño extraordinariamente real: estoy en el carro, el motor encendido, lo pongo en marcha, levanto el pie del *clutch* muy suavemente hasta que se acopla, un poco más de gasolina, las ruedas se están moviendo. Qué bonito...

A la mañana siguiente, llegaron Marguerite y Tom. Era claro por los suspiros de ella y la conversación tensa que para ellos la situación también era dolorosa. Cargamos el carro de ellos y el Civic con cajas de libros y muy pocas cosas más. A juzgar por los objetos en los carros, yo no había acumulado mucho en la vida. Cinco años de matrimonio y apenas dos carros. Resultó que Marguerite sabía manejar carros de cambios y se ofreció a conducir. Pero yo insistí en hacerlo y le pedí que fuera conmigo. Cuando arranqué el motor, el conocimiento que poseía en el sueño parecía ser real. Mi cerebro debió haber aprendido durmiendo la lección que mi mente despierta no podía dominar por la tensión con Kevin. En estado hiperalerta, llegué a la autopista y en cuarta velocidad. De ahí, fue como deslizarse por un camino largo y despejado con bastante tiempo para poner en orden mis pensamientos antes de enfrentarme al tráfico del Bronx.

Mami nos recibió con una alegría sombría mientras descargábamos las cajas del ascensor. La casa se sentía extraña a pesar de la familiaridad y, de cualquier manera, vacía sin Junior. Él se había graduado de la escuela de medicina y se había mudado a Syracuse para hacer la residencia. Mami nos preparó chuletas para la cena y los olores de la cocina fueron un mayor consuelo del que podía imaginar. En poco tiempo, estaríamos sacándonos de las casillas mutuamente, pero esa noche fue un alivio estar en casa.

DESPUÉS DE QUE ME fui, Kevin y yo comenzamos a hablar en serio. Salimos juntos intermitentemente alrededor de un año y, de vez en cuando, pasamos un fin de semana juntos. En parte fue un esfuerzo tácito de reavivar la chispa, pero no funcionó. A la larga, resultó ser más un intento prorrogado de comprender qué habíamos hecho mal.

Una noche, Kevin se desahogó: "Siempre estuve orgulloso de ti", me dijo, "pero era duro no poder mantenerme en el mismo nivel. Mientras tú sobresalías en Princeton, yo estaba de fiesta en Stony Brook. Pero siempre pensaba que podía compensar la diferencia porque era lo suficientemente inteligente. Siempre tenía una excusa, siempre pensaba que podría arreglar las cosas más adelante. Ahora estoy trabajando lo más duro que puedo. Me encanta donde estoy y me gusta lo que estoy haciendo. Estoy luchando en un par de clases; y, en general, me va bien. Pero ya lo he aceptado: incluso dando el máximo, nunca voy a alcanzarte".

Fue una admisión dolorosa y me conmovió la generosidad de sus palabras. Muchos hombres, sintiéndose como él, habrían arremetido contra sus mujeres para aliviar sus egos. Desde luego, la idea de que la esposa eclipsara al marido era algo que ninguno de los dos estaba preparado para anticipar en un matrimonio. Pero había algo más: "Quiero sentir que me necesitan", dijo. "Yo sabía que me querías, pero sentía que no me necesitabas".

No estaba equivocado en eso, pero no se me habría ocurrido que eso era un problema. Nunca había visto la necesidad como parte esencial del amor. ¿Acaso la finalidad no era más bien la comprensión y el afecto, el respeto mutuo y el compartir una vida? En todo caso, la necesidad parecería supeditar el sentimiento, volviéndolo menos genuino, casi como si hubiera un motivo oculto en amar a alguien. En retrospectiva, quizás lo estaba viendo de manera demasiado racional. La verdad es que desde la infancia yo había cultivado una independencia existencial. Provenía de percibir que no podía contar con los adultos a mí alrededor y sin esa independencia sentía que no habría podido sobrevivir. Quería profundamente a toda mi familia, pero al final dependía de mí misma. Esa manera de ser era parte de la persona en la que me convertiría, pero aunque una vez había representado la salvación, ahora me alejaba de la persona con quien había hecho el juramento de pasar el resto de mi vida.

Puede que si hubiera tenido más relaciones antes de casarme habría entendido mejor lo que se necesita para hacerlas durar. Estar con alguien nunca parece más simple que cuando eres muy joven. La serenidad de la compañía, la familiaridad de conocernos media vida, nos había unido como un pegamento. Pero cuando cierto desequilibrio en nuestras naturalezas y nuestros grados de éxito se acentuaron, sin que ninguno de los dos estuviera prestando mucha atención, ese pegamento se disolvió. Tenía miedo a veces de que mi confianza en mí misma, incluso más que mi prominencia, resultara difícil de soportar para cualquier hombre. Mi familia y mis amistades ponen en duda, algunas veces fastidiosamente, que pueda estar tan contenta como parezco sin pareja. Pero no importa la seguridad o comodidad que pueda tener estando sola, una relación feliz sigue siendo una alternativa atractiva y realmente me encuentro optimista sobre las posibilidades de lograrla.

En la primavera, Kevin llamó para decirme que su asesor de tesis se mudaba a Chicago. No había nadie más en Princeton haciendo el trabajo que le interesaba, así que tenía que seguirlo. Él sabía que no habría dudas de que yo me quedaría. Mi trabajo en la Fiscalía era tan importante para mí como su investigación para él. Además, en este punto en mi carrera no podía ver por qué lo dejaría todo, aun si estuviera dispuesta a hacerlo. Fue así que nuestros esfuerzos para que la relación funcionara llegaron a un final extraoficial.

La madre de Kevin, Jean, estaba desconsolada por nuestra ruptura. A pesar del comienzo rocoso en mi relación con ella, su prejuicio había sido desgastado por el hecho de tener una nuera y, con los años, había crecido una verdadera amistad. Más tarde, ella me confesaría que sólo cuando me marché se dio cuenta de que muchos de los gestos de parte de Kevin —regalos de días de fiesta o una llamada telefónica atentamente oportuna— habían sido idea mía.

Al final, vendí mi anillo de matrimonio para pagarle al abogado que se encargó del proceso de divorcio. Aunque estaba triste cuando vi partir a Kevin, no me sentía más sentimental acerca de los detalles formales del matrimonio de lo que sentí el día de nuestra boda. Cuando le dije al juez Rothwax que me estaba divorciando y quería volver a usar mi nombre de soltera, él comenzó a usarlo de inmediato y se encargó de corregir a cualquiera que se refiriera a mí como la señora Sotomayor de Noonan. El DMV tardaría más tiempo en hacer el cambio.

Venticuatro

M IS AMIGOS SE muestran incrédulos y a veces hasta un
poco atemorizados ante mi capacidad para compartimen-
tar. Pero a mí me funciona. Cuando me concentro en un
proyecto nada más se entromete. No es sino hasta que me detengo una
noche o un fin de semana que miro hacia abajo y me doy cuenta de que
me he tirado a un precipicio. Afortunadamente, esos mismos amigos
normalmente están allá abajo esperando para rescatarme.

Cada fin de semana durante casi un año, Jason Dolan, con quien
compartía el estrecho espacio de la oficina, y Ted Poretz, nuestro
pana de buró, hacían planes para los tres: un desayuno-almuerzo de
domingo, una película, una fiesta. Nunca hablamos de mi divorcio o
de qué motivó nuestras salidas sociales regulares. Fue simplemente su
gentil impulso de apoyar a una amiga y minimizar los efectos de la
soledad.

Las amigas, por supuesto, tenían un método distinto.

Nancy Gold, ahora Nancy Gray, había sido amiga mía desde que
se sentó a mi lado durante la orientación en nuestro primer día en la
Fiscalía. En la hora de almuerzo, corrimos juntas hasta el Citibank en
la calle Chambers para aprovechar una oferta excelente que ella había
visto anunciada. Más tarde, cuando Nancy supo que yo viajaba desde
Princeton, me ofreció su sofá cama para que me quedara cada vez que
yo tenía al jurado secuestrado toda la noche. Y luego, en los meses
inciertos en que Kevin y yo nos estábamos separando, el refugio que

me brindaba no sólo incluía el sofá, sino también una grata conversación y apoyo moral. "Es totalmente evidente para todos, menos para ti, Sonia...", me diría Nancy en su calidad de especialista natural de psicoterapia. Me sonsacaba, me hacía el psicoanálisis freudiano completo y hasta trataba a Kevin en ausencia.

También teníamos terapia de compras. "Sonia, ¿cuántos pares de zapatos tienes debajo del escritorio? Todos están estropeados. Cómprate un par bonito, ¿sí?" Era enérgica, retando mi tan arraigada autoimagen física despiadadamente negativa: "¿A quién le importa lo que te dijo tu madre hace veinte años? Lo que importa es cómo te ves este sábado en la noche. Deja de criticarte a ti misma. Te ves fabulosa". "No, no es cierto. Quizás no estoy tan mal como en aquel entonces, pero fabulosa no me veo". Parada al lado de Nancy frente al espejo del probador, me decía a mí misma: *Ella tiene tanto estilo. Esto se vería estupendo en ella. Desearía tener mi propio sentido de estilo.*

CUANDO LLEGÓ EL verano, yo todavía no había decidido mi próxima movida, pero sabía que necesitaba un descanso de mi madre. Nos hubiéramos pasado peleando todo el tiempo si no me hubiera alejado por lo menos algunos fines de semana. Nancy tenía una propiedad de tiempo compartido en Fire Island, una casa comunal a la que quería que me uniera, así que fui a verla. Era un caos: más gente que cuartos, fiestas y actividades hasta la madrugada.

"No es mi estilo, Nancy".

Pero ella insistía en que sería una excelente manera de impulsar mi vida social. "No te preocupes por la multitud", dijo. "Yo tampoco conozco a muchos de ellos". No sé por qué pensó que eso haría la idea más atractiva.

"Sólo inténtalo".

Al final, rechacé a su sugerencia, diciéndole que necesitaba algo más tranquilo. Así que Nancy me presentó a una amiga de la universidad que estaba en otra casa comunal en la isla, una escena diferente, según la describió: comidas compartidas, noches tranquilas jugando juegos de mesa y leyendo. Sin pensarlo dos veces, me lancé de cabeza en esa aventura.

Mi primer tropiezo fue cuando el ferry me abandonó en el muelle tarde en la noche en medio de una tormenta que había tumbado las líneas eléctricas y telefónicas. Me perdí irremediablemente caminando una media milla desde el atracadero a través de las dunas. Cuando toqué a una puerta para pedir indicaciones, me dio vergüenza descubrir que había perturbado el nido de amor ilícito de alguna persona. Cuando finalmente encontré la casa e irrumpí, Mark Serlen, un compañero de vivienda que había estado dormitando, parecía que había visto entrar a un monstruo marino. Pero después de eso, fue un verano encantador, exquisitamente tranquilo. En fines de semana alternos, Valerie, su prometido, Jack, Mark y varios otros amigos jugaban al *Trivial Pursuit* y al *Scrabble*, leían el *Sunday Times* o una buena novela de misterio, navegaban en el pequeño y envejecido esquife, cocinaban maravillosas cenas con almejas recogidas en la bahía y fumaban interminablemente. Confieso que la primera noche que pasé sola allí, oía ruidos en la oscuridad y me armé con un cuchillo de cocina y palos de escoba. Pero a la larga llegué a sentir que no había otro sitio más seguro.

Repetimos el alquiler de tiempo compartido por unos cuantos veranos, hasta que cada uno optó por otros arreglos, pero las amistades que comenzaron en Fire Island se han mantenido. Los chicos crecieron y tienen sus propios niños. Los rituales de verano han dado paso a otras tradiciones, como los boletos para la temporada de ballet año tras año con Mark. Pero por lo menos un fin de semana cada verano todavía regreso a la playa para pasarlo con mi familia de Fire Island.

"TIENES QUE BUSCARTE un policía", dijo Nancy. "Los policías son sexy, créeme". Comencé a pensar en la posibilidad de volver a salir con alguien. Al principio fue algo incierto, lo admito, pero al ser extrovertida y disfrutar el proceso de conocer a otra persona en todas sus curiosas particularidades, llegué a disfrutar los *dates*. Nunca me enamoré perdidamente de nadie, pero conocí algunos hombres que renovaron mi fe en que podía ser atractiva y hubo quien incluso me causaba un poco de esa anticipación nerviosa que no había sentido desde mis años de secundaria. Un pequeño romance puede hacer maravillas si estás preparada para disfrutarlo y dejar que se acumulen los momentos hasta ver qué pasa.

Probablemente nada limitaba tanto mis *dates* como vivir en la casa de mi madre. Oírla gritar desde su habitación "¡Sonia, es medianoche! ¡Tienes que trabajar mañana!" no me hacía sentir exactamente como Mary Tyler Moore. Si estaba fuera hasta tarde, ella entraba en pánico. Si no me encontraba por teléfono, llamaba a todas mis amigas preguntando por mí. Nos estábamos amargando la vida mutuamente.

Dawn Cardi me dijo que su vecina de al lado en Carroll Gardens, Brooklyn, estaba alquilando un apartamento. Estaba a veinte minutos en tren desde mi oficina, en la calle Centre 100, cuarenta minutos a pie. El vecindario era excelente según me dijo, al estilo de *Mayberry-on-the-Gowanus*, sólo italiano. Muchas de las familias en la calle habían estado allí durante generaciones, y se cuidaban mutuamente, lo que sonaba como el vecindario de Abuelita cuando yo era niña. Fui a verlo esa misma noche. El edificio tenía mucha personalidad, hasta el techo de hojalata original, y el apartamento era adorable. Naturalmente, el dueño quería un depósito de garantía. Le dije que le llevaría un cheque al día siguiente, sin saber todavía de dónde iba a sacar el dinero. Pero antes de hacer el compromiso, le advertí que mi madre tenía que ver el lugar, no para tomar la decisión, sino para su paz mental, para que tuviera la certeza de que era seguro. Al dueño le gustó tanto eso que, según me dijo después, llamó al corredor en cuanto me fui para sacar el apartamento de la lista de alquileres.

Marguerite me prestó el dinero para el depósito y aprovechó la oportunidad para enseñarme algunas destrezas de vida básicas, tales como manejar las finanzas personales, que yo todavía no había aprendido. Para ser sincera, no lo había necesitado. Con el sueldo de mi madre, más lo que Junior y yo aportábamos trabajando a tiempo parcial, siempre habíamos vivido de cheque a cheque. En ese sentido, siempre había temido que las deudas pudieran crecer como bolas de nieve, una preocupación que surgía cada vez que Kevin usaba nuestra tarjeta de crédito para pequeños lujos. Aunque con frecuencia le prestaba dinero a mis tías, nunca pedí prestado. En cuanto a ahorros, no sabía nada, a excepción de las botellas que recogía de niña para comprar los regalos de Navidad. Así que Marguerite me ayudó a preparar un plan para pagarle a plazos regulares. Cuando terminé de pagar la deuda, me hizo depositar la misma cantidad de dinero cada semana en una cuenta de ahorros. Marguerite sabía de esas cosas. Lo había hecho todo en el orden correcto: universidad, trabajo, ahorros y, entonces, matrimonio. Ofrecer consejos prácticos era su manera discreta de expresar un profundo apoyo emocional.

Al mudarme a Carroll Gardens, empecé a disfrutar decorando el lugar, adquiriendo un poco de confianza de que podría desarrollar un estilo personal. Me di cuenta, para mi sorpresa, de que tenía intuición cómo funciona el espacio, cómo la escala y las dimensiones afectan las emociones. La arquitectura siempre había tenido un efecto visceral en mí. Pero el poder afectivo de Carroll Gardens tenía más que ver con la gente de allí. Cuando Dawn y yo nos convertimos en vecinas, creamos una rutina acogedora. Al bajarnos del tren después de un día ridículamente largo, con frecuencia después de las diez de la noche, yo pasaba por su apartamento antes de llegar al mío la mayoría de las veces. Su esposo, Ken, se levantaba muy temprano para ir a trabajar así que usualmente estaba durmiendo, pero siempre dejaba un plato de comida para mí —él era, y sigue siendo, un excelente cocinero. Dawn servía un trago para cada una y hablábamos sobre ese día en la vida del sistema de justicia criminal de Nueva York.

Realmente, para entonces, habíamos encontrado otros temas de conversación además del trabajo, habiendo descubierto que teníamos muchas cosas en común en nuestra formación. Ella era hija de inmigrantes de primera generación que habían tenido que sortear la clase de retos que pueden dividir a una familia, lo que causó que cultivara desde temprano una evidente confianza en sí misma. Y al igual que yo, ella tenía una madre con una extraordinaria fuerza de carácter, a quien yo llegaría a conocer y a querer como a otra madre, igual que a la de Marguerite. Al pasar de los años y muchos días feriados, llegué a conocer a toda la familia de Dawn: sus padres, sus hijos —Vanessa, Zachary y Kyle, quienes se convirtieron en mis ahijados extraoficiales— hermanas, cuñados, sobrinos, primos y parientes políticos.

Los parientes de mis amistades siempre se convertían en mi familia. Las raíces de esta costumbre nacen de mi infancia, en los patrones generales de la cultura puertorriqueña, en el calor particular del abrazo de Abuelita y su presencia emotiva en el centro de mi mundo, en el pueblo de mis tías, tíos, primos, parientes políticos y compadres regado por todo el Bronx. Observaba cómo la tribu iba extendiendo sus límites, con cada matrimonio no sólo se añadía un miembro, sino todo un nuevo clan al nuestro. No obstante, en la familia de Abuelita, en última instancia, la sangre venía primero y ella enérgicamente favorecía a los suyos. Mi madre, siendo más o menos huérfana, con pocos parientes, tenía una mirada menos dogmática sobre el asunto. Ella trataba a la familia de mi padre como la suya y, cuando él murió, Mami se apegó a su hermana, Titi Aurora, con una intensidad casi metafísica, sin mencionar que llenó el espacio disponible en la casa. Pero continuó ampliando la familia de amigos entre nuestros vecinos, ya fuera en los proyectos o en Co-op City: Ana y Moncho, Irma y Gilbert, Cristina, Dinora y Tony, Julia... todos eran nuestra familia.

He seguido el enfoque de mi madre en cuanto a la familia, rehusando limitarme a los accidentes de nacimiento, sangre y matrimonio. Como cualquier otra familia, la mía tiene sus rituales y tradiciones que preservan mis lazos con cada miembro, sin importar lo lejos que estemos. Mi amiga Elaine Litwer, por ejemplo, me adoptó para la Pascua Judía y, aunque aparte de eso veo muy poco a su familia, acompañarla al *Seder de Pesaj* cultivaba nuestra conexión. Acción de Gracias siempre se celebra en la casa de Mami y de Dawn. La Navidad pertenece a Junior y a sus hijos Kiley, Corey y Connor, cuando vienen. Los viajes se han convertido en otra fuente de tradición. Las amistades que pueden marchitarse por la distancia se conservan porque cada viaje a su ciudad, por cualquier motivo, se convierte en una ocasión para visitarlas. De esta manera, me mantengo esencialmente conectada a viejos amigos como Ken Moy y su familia, y establezco nuevas relaciones que me han sostenido, tales como Bettie Baca y Alex Rodríguez, Paul y Debbie Berger, a quienes conocí en un viaje. Aunque casi nunca hablamos en los años intermedios, cuando nos volvemos a encontrar es como si no hubiera pasado el tiempo.

LOS NIÑOS ELEVAN a otro nivel el arte de las familias postizas. Yo adoro a los niños y tengo una afinidad especial con ellos, una habilidad para ver el mundo a través de sus ojos que la mayoría de los adultos parece perder. Puedo ser tan terca como cualquier niño, hora tras hora. No malcrío a ninguno; si juego con ellos, juego a ganar. Trato a los niños como personas reales. A veces, pienso que quiero más a los hijos de mis amigos que a mis amigos. A través de los años, he adquirido más ahijados que ninguna otra persona que conozco y me tomo muy en serio mi función. Tenía sólo trece años cuando mi prima Adeline me pidió que fuera la madrina de su hija. Erica fue la primera, y yo estaba un tanto sobrecogida por la responsabilidad y el honor que implicaba la solicitud. El siguiente fue el hijo de Alfred, Michael, luego vino Tommy, el de Marguerite. Pensé que David, el hijo de mi dentista y querida amiga Martha Cortés, sería el último, pero entonces Erica me pidió que fuera la madrina de su hijo, Dylan. Michael y su esposa Lisandra van a tener una bebé pronto y me han pedido que sea su madrina.

Kiley es mía de una manera distinta.

La primera vez que la vi era poco más que una maraña de extremidades flacas como palillos y tubos de la unidad de cuidado intensivo neonatal: una libra, once onzas. Era increíblemente frágil y tenía pocas probabilidades de sobrevivir, pero me quedé allí parada atónita al verla respirar suavemente, un milagro de la vida y la ciencia. Pensé que me las sabía todas sobre la familia hasta que el timbre del teléfono me despertó en medio de la noche: Junior llamaba desde Detroit para decir que había llevado a Tracey al hospital. Salí en el siguiente avión.

Junior había conocido a Tracey durante su residencia en Syracuse, donde ella era enfermera. Ella lo siguió a Filadelfia para una beca y allí se casaron antes de mudarse a Michigan. Ahora, Junior estaba de pie a mi lado frente a la división de cristal del ICU, recitando los detalles clínicos con su mejor voz de médico. Así era como evitaba desmoronarse, pero me daba cuenta de que estaba muy asustado. Me sentí más cerca de él en ese momento que nunca antes. No era sólo el efecto de ver a mi hermanito pasando por la peor experiencia de su vida. Era además ver esa fortaleza y devoción de padre que había aprendido. Junior, que ni siquiera se acordaba de Papi, había descubierto por sí solo lo que significaba ser un hombre.

La prognosis de Kiley no era buena, pero se evitaron las convulsiones que habrían traído complicaciones. Tracey pasaba horas y horas cada día sentada al lado de la incubadora, vigilando, hasta el día milagroso en el que pudo sostener a su hija por primera vez en sus manos. Parecía que casi a diario los médicos tenían que intervenir para solucionar algún nuevo problema. Pero lentamente, muy lentamente, dejamos florecer la esperanza. Y un día, sentada sola a su lado, de alguna manera supe con absoluta certeza que Kiley lo lograría.

Pasó cerca de un año antes de que se riera por primera vez, parecía que cada escalón se subía a un paso dolorosamente lento. Siguió siendo diminuta, mi madre se horrorizaba con lo poquito que comía. Fui yo la que le dio guineo machacado con azúcar morena y le presentó las hamburguesas White Castle, viendo con placer cómo se comía hasta el final su primera hamburguesa. Pero hasta que cumplió cinco años no pude convencer a Junior de que la dejara pasar el día sola conmigo. Kiley no necesitaba que nadie la convenciera. Exploramos el Museo de los Niños, comimos helado en Serendipity, vimos el show de Navidad en el Radio City Music Hall y el nacimiento en San Patricio, todo en nuestra primera salida solas. Después de que Junior se mudó con toda la familia de Michigan a Syracuse, Kiley nunca perdió una oportunidad de quedarse con Titi Sonia.

AL VER MI entusiasmo como el de una tía loca —Titi Sonia es capaz de conducir por horas para cumplir una promesa a un niño o presentarse disfrazada de duende— muchos seres queridos se preguntaban, naturalmente, si algún día tendría hijos propios. La pregunta nunca fue sencilla, aun cuando mi matrimonio parecía estable.

Las posibilidades de que tuviera hijos o, más bien, las potenciales complicaciones a causa de la diabetes, aterraban a mi madre. Ella le contó a Kevin que si teníamos la intención de tener hijos, ella contaba con que él se hiciera médico primero, no tanto para poder mantener a una familia, sino para entender los riesgos inherentes. No era decisión de mi madre, pero yo no me encontraba indiferente a sus temores. De hecho, una parte de mí también los sentía. Sabía, por supuesto, que mujeres con diabetes tipo 1 tenían hijos. No era imposible, pero la incidencia de complicaciones maternas era preocupante, particularmente porque yo había pasado la mayor parte de mi vida imaginándome que tendría suerte si llegaba a los cuarenta. Mi longevidad proyectada y las probabilidades de un embarazo seguro habían mejorado junto con los métodos de control de enfermedades desde la época en que fui diagnosticada, pero todavía temía no llegar a vieja. Si bien ese riesgo no fue determinante en mi decisión, parecía indiscutible que tener hijos sería tentar al destino.

La adopción era una alternativa atractiva. Ocho años después del nacimiento de Kiley, Junior y Tracey adoptaron una pareja de gemelos, Connor y Corey. A Tracey le gusta destacar que son niños coreanos con nombres irlandeses, madre polaca y padre puertorriqueño —una familia estadounidense perfecta. Mis sobrinos son la única prueba que necesitaba de lo emocionalmente satisfactoria que puede ser la adopción. No obstante, todavía quedaba el miedo de que yo no viviera lo suficiente como para ver crecer a un hijo hasta la edad adulta. En última instancia, sacrificaría la satisfacción de la maternidad, aunque yo no diría que la sacrifiqué por una carrera.

Me parece interesante cómo incluso después del enorme progreso del movimiento de liberación de la mujer, la pregunta de si podemos "tenerlo todo" sigue siendo una controversia en los medios, como si el ideal pudiera alcanzarse. La mayoría de las mujeres de mi generación que entraron a la vida profesional no renunciaron a la maternidad, y muchas tuvieron éxito en ambas cosas. Pero pagaron su precio, un precio que todavía paga la mayoría de las mujeres que trabajan fuera de casa (y los hombres también, pienso, si son padres devotos): una vida de arbitraje interno perpetuo que te hace sentir dividido siempre, y hasta negligente, por los turnos con el uno o el otro. Consciente de esta lucha y de cuántas veces Junior y yo interrumpíamos a Mami en su trabajo en el Hospital Prospect con nuestras llamadas telefónicas, siempre he enfatizado que se maneje mi despacho de manera que las mujeres se sientan cómodas trabajando allí. Y, si en algún rincón de mi corazón todavía estuviera refunfuñando por su ausencia durante nuestra infancia, le doy crédito, en cambio, al poderoso ejemplo que mi madre me dio como mujer trabajadora. Pero en cuanto a la posibilidad de "tenerlo todo", carrera y familia, sin sacrificar ninguna, eso es un mito que haríamos bien en olvidar, junto con la noción perniciosa de que una mujer que escoge una sobre la otra es de alguna manera deficiente. Decir que una madre que se queda en casa ha traicionado su potencial es tan absurdo como sugerir que una mujer que pone su carrera en primer lugar es de algún modo menos mujer.

Durante mi época en la Fiscalía las mujeres apenas comenzaban a entrar a la profesión de derecho en cantidades significativas. Todavía muy pocas practicaban el derecho penal, ya fuera como fiscales o abogadas defensoras. Como señalaría Dawn en tono grave, el único cliente feliz de tener una mujer defensora era el que estaba acusado de violación. Hombres y mujeres recibían igual salario en la Fiscalía, pero los ascensos llegaban con mucho menos facilidad a las mujeres, mi propio cambio de delitos menos graves a graves era inusual. Vi a muchas mujeres que estaban igualmente calificadas tener que esperar mucho más tiempo que los hombres por el mismo progreso. Y ellas tenían que trabajar el doble de duro que los hombres para ganárselo, porque mucho de lo que hacían se miraba bajo la lupa de un sexismo casual.

Una vez Nancy estaba presentando lecturas de cargos y el juez se dirigía a ella como "Cariño". Ella se acercó al estrado y le dijo: "Juez, no me parece que eso sea apropiado, preferiría que no me llamara de esa forma". Pero él ni siquiera reconoció su petición y continuó haciéndolo. Incluso oí a un oficial de seguridad de la corte llamar a una jueza "Encanto" en su propia sala de justicia.

Y cuántas veces un defensor entraba a la sala antes de una sesión y le preguntaba a cada asistente jurídico o paralegal masculino a mi alrededor: "¿Tú eres el fiscal a cargo?", mientras yo estaba allí sentada en la cabecera de la mesa, invisible para él. Mi respuesta era no decir nada, y mis colegas hacían lo mismo. Si se ponía nervioso cuando finalmente descubría su error, eso no perjudicaba a nuestra parte y quizás sería menos probable que lo repitiera.

Para Nancy y Dawn esas estrategias de paciencia no servían de nada. Ellas criticaban mi renuncia a expresar la ira verbalmente, del mismo modo que mis amigos en Princeton querían que yo fuera una especie de agitadora. Yo acreditaba su pasión y admiraba su valiente disposición de entrar al dime y dame de la protesta, pero continuaba pensando que esa no era necesariamente la única, ni la mejor manera, de cambiar una institución. Con todo lo difícil que pudiera ser el ambiente en la Fiscalía, yo no veía una conspiración general contra las mujeres. El tratamiento desigual era por lo general más una cuestión de viejos hábitos que se niegan a morir. Un jefe de negociado masculino, que durante años ha dirigido un negociado predominantemente masculino, naturalmente vería a un hombre a su imagen como el fiscal modelo.

Pero no vamos a negar que la cultura era decididamente, y muchas veces inhóspitamente, masculina. Tuve suerte en estar en la sala 50 de la división de juicios bajo el liderazgo inusualmente progresista de John Fried y luego de Warren Murray. Algunos de los demás jefes desdeñaban tener abogadas a su alrededor y en sus negociados prevalecía una atmósfera de *locker room* de varones. Se usaban insinuaciones sexuales para explicarlo todo, desde el juez que estaba de mal humor (es obvio que anoche "no le dieron nada"), hasta la sensación de ganar un veredicto de culpabilidad. Cuando ganaban un caso, celebraban en Forlini's, un restaurante con paneles de madera y banquetas de piel roja capitoneada, donde los abogados cenaban junto con los jueces en una atmósfera de convivencia de club. Nunca me sentí herida porque me excluyeran de esas salidas. Aunque siempre estaba contenta de haber ganado mis casos, por alguna razón la idea de una persona en la cárcel, con todo el dolor que eso conlleva para la familia, nunca me pareció un motivo de celebración.

Por lo demás, yo podía defenderme entre mis colegas masculinos, sin perder mi sentido del humor ante sus payasadas de machos. No hay duda de que me ayudaba el que pudiera, como lo había comentado Rudy, discutir como un hombre, y que realmente había oído muchos más chistes colorados en dos idiomas de los que la mayoría de esos tipos se podía imaginar. ¿Pero habría sido capaz de superar esa cultura, así como la apabullante cantidad de casos, con un niño tirando de mi conciencia en un segundo plano a cada momento? Pensé que no. La idea de otra vida completamente dependiente de mí, de la forma en que un niño necesita a su madre, no parecía compatible con la necesidad profesional de vivir a este ritmo agotador. En esta situación, pensé que apenas tenía tiempo de lograr las cosas que había concebido.

AL TOMAR UNA decisión diferente a la de muchas otras mujeres, de vez en cuando siento el pesar del arrepentimiento. Cuando la madre de Dawn murió, ella despidió el duelo expresando tanto sentimiento y cariño que me estremecí más allá de la pena por haber perdido la gran amiga en que su madre se convirtió. Pasé los días siguientes ponderando los lazos entre padres e hijos, y pensando si alguien me echaría tanto de menos cuando muriera. En última instancia, acepto que no hay sustituto perfecto para la potestad que padres e hijos tienen sobre el corazón del otro. Pero hay otras maneras de crear familias y me asombra el apoyo e inspiración que he recibido de las que he creado a partir de los círculos entrelazados de amigos. En su constante abrazo nunca me he sentido sola.

Veinticinco

E N RETROSPECTIVA, me sorprende cómo pude haber dedicado todas mis horas de vigilia a un empleo sin reflexionar más en la clase de trabajo que estaba haciendo. Unirme a la Fiscalía había representado una oportunidad de ejercer como abogada de inmediato, así como de tener una participación activa en la protección de la gente. No había dudas sobre el encanto de la misión o la emoción que sentía al lograrla, pero mientras trabajaba jornadas de quince horas no me detenía a pensar en la experiencia diaria de enfrentar lo peor de la humanidad, de la misma manera en que tampoco pensaba en las sutiles señales del distanciamiento en casa. Fue Kevin quien me hizo ver lo que ocurría entre nosotros, pero con el tiempo, ya superado el divorcio, tendría que descubrir sola lo que me estaba haciendo el trabajo.

El cumplimiento de las leyes es un mundo aparte: muy pocas personas pueden apreciar desde fuera los efectos psíquicos de vivir dentro de ese universo. Por eso, fiscales y policías socializan principalmente entre sí. Beben mucho juntos. Y sus tasas de divorcio están muy por encima del promedio. Durante nuestras muchas conversaciones sobre por qué nuestro matrimonio no había funcionado, Kevin nunca sugirió que ser fiscal me hubiera cambiado, aun cuando las largas horas de trabajo habían contribuido indiscutiblemente a la tensión. Pero una vez que me di cuenta de que mi intensa concentración podía haberme cegado a ciertas claves en la casa, no pude evitar examinarme para ver si otros cambios también habían pasado inadvertidos.

Hay quienes, trabajando en agencias del orden público, se las arreglan para que su trabajo no altere su vida privada, pero se destacan por ser tan escasos como los santos. A mi alrededor, veía continuamente personalidades ensombrecidas por el cinismo y la desesperanza. Adiestrado en la sospecha, especializado en el contrainterrogatorio, si buscas lo peor en las personas, lo encontrarás. Desde el principio sentí que estos impulsos estaban opuestos a mi optimismo esencial, mi permanente fe en la naturaleza humana y su potencial imperecedero de redención. Pero ahora podía ver señales de que yo también me estaba endureciendo y no me gustaba lo que veía. Hasta mi compasión hacia las víctimas, alguna vez impulso inagotable de mis esfuerzos, estaba mermando por el espectáculo diario de fechorías y aflicciones. Comencé a preguntarme si no habría otros empleos igualmente dignos. Mientras tanto, perseveraba en la Fiscalía, convencida de que por lo menos estaba haciendo algo valioso.

Fue un delito relativamente menos grave lo que me hizo dudar incluso de esa manera de justificar mi empleo. Un día me encontraba trabajando en la sala de querellas, mis ojos, como siempre, pasando por alto los nombres cuando abría un expediente nuevo, yendo directamente a los hechos del caso. Los nombres no aparecen en la narración del oficial encargado del arresto: siempre dice el acusado hizo esto, la víctima hizo aquello. Pero cuando llegué al final de la página, me dije a mi misma que ya había visto este episodio. Agarramos a este tipo. Lo juzgamos. Lo encerramos. ¡Juraría que es el señor Ortiz!

Claro que era él. Había cumplido su sentencia, pero en cuanto puso un pie en la calle lo volvieron a atrapar en un delito que era una copia al carbón del anterior. Lo que había sido un delito menos grave la primera vez ahora se convertía en un delito grave en virtud de la repetición, pero en todo lo demás, los casos eran idénticos. Por supuesto, él no era el primer reincidente con el que me topaba, pero por alguna razón, su caso ordinario ponía en evidencia cierto sentido de futilidad en mis esfuerzos. Si esto era el sistema, quizás debería trabajar para mejorarlo, en lugar de simplemente hacerlo cumplir en el frente de batalla.

En ese momento, el viejo sueño de convertirme en jueza, si bien todavía no estaba al alcance, por lo menos parecía algo por lo que debería razonablemente empezar a trabajar —mi mira estaba enfocada en la corte federal. La corte federal era donde se decidían asuntos de consecuencia amplia, los casos que afectaban muchas más vidas que aquellos donde había una víctima y un acusado. Tenía conciencia de esto desde la escuela de derecho, cuando estudié con particular fascinación todo lo que lograron las decisiones históricas de los jueces sureños, como el legendario Frank M. Johnson, Jr. para adelantar la causa de los derechos civiles y poner fin a las leyes de Jim Crow. La idea de que una sola persona podía hacer tal diferencia en la causa de la justicia era verdaderamente electrizante y, después de más o menos aceptar que mi carrera era una prioridad en mi vida, no vi razones para escatimar la ambición.

A estas alturas, había visto suficiente mundo como para imaginar cómo se veía el camino hacia tal meta. La mayoría de los jueces federales llegan a la corte tras una o dos hazañas: ser socios de un bufete prominente y una temporada importante, en algún momento de sus carreras, en el gobierno. Hay excepciones, por supuesto, pero el único requisito constante es una hoja de servicios de excelencia —en el ámbito académico u otro lugar— que llame la atención del comité de selección de un senador federal o del personal del Presidente. Hoy día, muchos jueces federales han sido primero fiscales federales y, si bien este camino era menos usual cuando yo estaba en la Fiscalía, sabía que necesitaba un descanso del derecho penal. Durante el tiempo que estuve allí, en ocasiones fui a entrevistas cuando veía que había vacantes en el servicio público, pero sabía que necesitaría una experiencia más variada si iba a aspirar a ser mucho más que abogada de línea dentro de la burocracia gubernamental.

De cualquier modo, quería adquirir experiencia en derecho civil y comercial, un reto que acogí con agrado porque había disfrutado mucho mis cursos de derecho mercantil en Yale (después de todo, ¿cuántas personas reciben honores en el curso de transacciones comerciales o se interesan verdaderamente en el derecho contributivo?). Esos cursos además me enseñaron cuánto del trabajo legal incluía la representación de corporaciones y el poder económico.

Para ser jueza, tenía que aprender a moverme cómodamente en ese mundo. Así que decidí que mi siguiente trabajo demandaría una inmersión total en el derecho comercial.

Cuando anuncié mi intención de dar el salto, Bob Morgenthau trató de disuadirme mucho más de lo que yo esperaba. Me indicó que probablemente me convertiría en jefa del negociado si me quedaba, y ese puesto me podía llevar a la judicatura estatal, ignorando que mi mirada estaba puesta en la corte federal. Logró posponer mi partida por más de un año, asignándome un puñado de casos que representaban retos excepcionales y estaban en el ojo público.

Fue muy poco después de ese intercambio que el jefe de mi negociado me llamó. "Sonia, ésta es una situación muy delicada. 'El Jefe' quiere que seas tú la que lo maneje". La oficina tenía que investigar una acusación de brutalidad policíaca presentada por un líder de la iglesia en Harlem. Las relaciones entre la policía y la comunidad negra ya estaban sumamente tensas. Un año antes, un hombre atrapado por vandalismo de grafiti cayó en coma y murió estando en custodia. Ahora, un reverendo de Harlem alegaba que lo habían golpeado después de pararlo por una infracción de tránsito. Los dos oficiales se defendían, diciendo que él los había agredido. "No voy a decirte cuál debe ser el resultado", dijo "El Jefe". "Sólo asegúrate de que la oficina no quede mal parada en la prensa". Volví a oír de él una vez más durante la investigación, cuando me pidió un informe del caso. Aparte de eso, me dejó sola y mantuvo la distancia.

Vernon Mason, el conocido abogado de derechos civiles, representaba al ministro. De visita en mi micro-oficina, Mason me sermoneó largamente sobre la alienación de la comunidad, la ira de ésta contra la policía, su desconfianza de las intenciones de la fiscalía, su propia opinión de que no podría hacerse y no se haría justicia, y declaró que su cliente no tenía intención de cooperar. Yo también le sermoneé: dije que el presumir la corrupción de todos los que trabajaban en el cumplimiento de la ley era una profecía que se cumplía por su propia naturaleza, cuyo efecto era únicamente sabotear el sistema, asegurando así que no se hiciese justicia. Le rogué que me diera una oportunidad. Si bien no podía prometer de antemano que se procesaría a los oficiales, sí le prometí una investigación abarcadora con una mente abierta.

Pero no me dio ni el beneficio de la duda ni me prestó ayuda alguna en la investigación.

Mason no entendía de dónde venía yo como fiscal. A pesar de que respetaba muchísimo a la policía y apreciaba lo difícil que era su trabajo, nunca fui tan ingenua como para creer que no existía el abuso. Como en cualquier otra población, había personas en la fuerza policiaca con problemas emocionales que los predisponían a la mala conducta. Yo misma había visto cómo las frustraciones de una gigantesca ola criminal y una respuesta deplorable por falta de fondos podían cambiar a personas que habían comenzado con la mejor de las intenciones. Las calles se habían vuelto peligrosamente impredecibles, un lugar donde la violencia puede intensificarse más rápido de lo que cualquiera puede razonar. Pero si la comunidad no podía confiar en las agencias del orden público, la labor de la vigilancia policial podía ser infinitamente más difícil, la misión condenada al fracaso. Si descubría que habían actuado mal ese día, los procesaría.

Durante tres meses peiné las calles de Harlem todos los días en busca de testigos. Toqué en cada puerta dentro de las calles donde había ocurrido el incidente, empapelé el vecindario con mis tarjetas, rogando a todo el que escuchara que hablara conmigo si había visto lo ocurrido. Me senté en un taburete en el mostrador de la famosa comida sureña de Sylvia y charlé con todos los que entraban o salían. Pero nadie dio un paso al frente. Si alguien vio algo, nadie lo dijo.

Algo se logró, sin embargo: se observó un esfuerzo genuino. En última instancia, no se formularon cargos, pero tampoco hubo titulares explosivos. Las tensiones se calmaron, al menos por un tiempo. Pero la trama mayor no terminaría pronto. La fiscalía continuaría dando prioridad a los esfuerzos de alcance comunitario. Tenía que hacerlo: activistas como Mason continuarían echándole leña al fuego cada vez que se alegaba abuso. La única respuesta a largo plazo era cultivar mejores relaciones con la comunidad, pero eso requería tiempo y esfuerzo. Los policías necesitarían capacitación especial. La comunidad tendría que aprender el valor de ayudar a la fuerza a reclutar, en lugar de tildar de traidor a cualquiera de los suyos que se uniera. Mirando hacia atrás décadas más tarde, podemos ver que esos esfuerzos rindieron algunos frutos. Incluso las zonas de alta criminalidad de Nueva York no se parecen en nada a lo que eran antes, aunque la desconfianza permanece aún cuando la comunidad coopera.

La segunda asignación importante que Bob Morgenthau me dio sería mi primer juicio de un caso de homicidio. Era un caso titánico, muy complicado y un banquete para la prensa sensacionalista. Como novata en homicidios, no podía dirigir el proceso, pero Hugh Mo, el fiscal auxiliar sénior a cargo, se aseguró de que mi papel de copiloto estuviera lejos de ser pro forma. Hugh era delgado, con una voz resonante y gran personalidad a juego; duro como fiscal, pero gentil hombre de familia —todo un camaleón de estereotipos. Nuestras oficinas estaban contiguas y se nos hizo fácil y transparente el trabajo en equipo y la camaradería. Fue muy generoso al permitirme una participación visible en el caso contra Richard Maddicks, acusado de ser el 'Asesino Tarzán'.

La prensa había bautizado así al delincuente porque su modus operandi incluía entrar por la ventana del apartamento de su víctima colgando de una soga que amarraba al techo. En un maratón de robos a mano armada a lo largo de varios meses, había aterrorizado a una pequeña zona de Harlem, matando a tiros a tres personas e hiriendo de gravedad a otras siete. Le disparaba a cualquiera que encontrara en la casa, sin importar si hacían o no resistencia o si representaban una amenaza. Hasta le disparó al perrito de una de las víctimas. Si algo impedía que terminara un trabajo, podía regresar al mismo edificio otro día o quedarse al acecho en una azotea vecina o en un patio de luces por unos minutos hasta que pudiera continuar.

Los antecedentes de Maddicks lo decían todo: veinticinco años de carrera en asaltos y agresiones. Cuando lo arrestaron estaba en libertad bajo palabra y manteniendo una adicción a las drogas de $200 diarios. Sus botines como ladrón sugerían qué clase de personas eran sus víctimas: un bolsillo lleno de fichas del metro, un rollo de billetes que habían estado escondidos en un zapato o en un sostén, la comida de la cocina. Uno de sus premios gordos fue de unos cuantos miles de dólares que una pareja guardaba en su casa, los ahorros de toda la vida. Sus víctimas apenas tenían para subsistir y sus vidas quedaban destruidas por su visita, en caso de sobrevivir.

La marca de Maddicks no tenía un patrón perfectamente consistente, pero había suficientes coincidencias en los incidentes como para sugerir que era un solo perpetrador. El arma era un denominador común y las acrobacias otro, ya fuera colgarse de una soga, escalar un patio de luces o arrastrarse por una escalera de mano colocada entre dos edificios. Estaba el tiesto, la lata de pintura o el cubo lleno de piedras que entraba con fuerza por la ventana antes que él. Estaba la escalofriante ausencia de miedo.

Hugh y yo habíamos descubierto veintitrés incidentes separados, once de ellos con suficiente evidencia para llevarlo a juicio, los cuales consolidamos en una acusación. Calculamos que la única manera de que un jurado pudiera ver el panorama completo de la maldad de Maddicks era procesarlo por los once incidentes juntos. Pero del dicho al hecho hay un gran trecho: la ley no permite procesar juntos crímenes no relacionados, así que no fue sorpresa que la defensa presentara una moción para separar los diversos cargos.

Cuando la ley permite esto o prohíbe aquello, la primera pregunta a hacerse es por qué. El "por qué" es la esencia del principio y, una vez que lo entiendes, puedes estructurar un argumento para no aplicarlo en un caso particular. ¿Por qué es inadmisible la evidencia de crímenes no relacionados? ¿Por qué sugerir que alguien es propenso a la actividad criminal prejuiciaría al jurado que intenta decidir si el acusado ha cometido el crimen por el que se lo está juzgando? Por supuesto, hay excepciones cuando un elemento común vincula los crímenes y hace que un juicio en conjunto sea sensato y permitido por ley, pero están cuidadosamente restringidos y se complican por las diferencias entre la ley estatal y la federal.

"No es una conspiración", dijo Hugh. "Es una sola persona". Investigué a fondo en la biblioteca buscando la manera adecuada de enmarcar los elementos comunes que vinculaban los crímenes y solicitamos una vista Molineux, un procedimiento del estado de Nueva York en el cual el juez decide si los hechos del caso justifican que se permita evidencia que normalmente es inadmisible. Argumentamos que nuestro propósito no era mostrar tendencia criminal, sino más bien demostrar la identidad: dado el raro nivel de fortaleza física y agilidad requeridos para las acrobacias comunes a todos los incidentes, podíamos alegar de manera razonable que este elemento, similar a un modus operandi, identificaba a Maddicks como el perpetrador.

El Juez Rothwax estuvo a cargo de las mociones previas al juicio. Como siempre, me aseguré de estar bien preparada, y él fue perfectamente razonable y solícito. Juzgaríamos los once incidentes en un solo juicio. Sentí la satisfacción absoluta de haber concebido un argumento lo suficientemente persuasivo como para mostrar que los hechos de nuestro caso caían dentro de los límites de ese rincón de la ley. La facultad crítica que había permanecido abstracta para mí en Yale, me eludió en Paul, Weiss, y ni siquiera era necesaria para procesar la mayoría de los casos, estaba ahora en mi poder: indiscutiblemente, estaba pensando como abogada.

ENCONTRAMOS CUARENTA TESTIGOS dispuestos a declarar, Hugh y yo nos repartimos veinte cada uno para entrevistarlos y prepararlos para el juicio. Siendo este mi primer caso de homicidio, gran parte de los preparativos eran nuevos para mí. También lo era el enorme volumen de expedientes —autopsia, huellas digitales e informes de balística y declaraciones de múltiples testigos ofrecidas a distintos oficiales— que había que asimilar. Pero bajo la dirección de Hugh aprendí cómo examinarlos en busca de los datos cruciales para crear nuestro caso. Me instruyó también en la preparación de tablas, gráficas y mapas con los cuales representar visualmente la evidencia para evitar que el jurado se abrumara con los vertiginosos pormenores, siempre un peligro en los juicios complicados.

El esfuerzo también requirió que Hugh y yo conociéramos al dedillo las pocas calles de Harlem donde Maddicks había cometido su serie de crímenes. Es fundamental para un fiscal visitar la escena del crimen. Tienes que echar raíces en el espacio, interiorizarlo y absorber detalles que seguramente te perderías si escucharas la descripción de otra persona. Tienes que hacer que la escena cobre vida en la mente del jurado, así que tiene que vivir primero en la tuya.

Un apartamento miserable que visité había sido usado como hospitalillo de adictos. Había agujas usadas y cucharas por todo el piso.

Habían cortado la electricidad y casi no se veía nada con la luz que entraba por las ventanas oscurecidas por la mugre. Un colchón que ya apestaba a orín viejo había absorbido sangre como un papel secante. ¿Qué podía tener un hombre tirado aquí que le costara la vida?

Otro hogar me recordó con tristeza al de Abuelita. Una familia extendida —una madre, tres hijos adultos con sus esposas, varios nietos— todos compartiendo dos apartamentos en el mismo edificio. Los niños estaban en la escuela, los padres trabajaban —empleos de restaurante o mantenimiento. El padre, fallecido hacía tiempo, había sido guardia de seguridad, fue su vieja macana la que agarraron los hermanos cuando Maddicks apareció en la ventana. Lo persiguieron a la azotea, desde donde descendió como una araña por entre dos edificios mientras ellos le daban golpes desde arriba. Pareció desaparecer. De vuelta en el apartamento, la familia se reunió en medio de la conmoción para llamar a la policía. Su hermana, hermano, madre y sobrinita estaban parados al lado de Steve Robinson cuando una bala atravesó la ventana desde el edificio al otro lado y le dio en la frente.

¿Era Maddicks también un experto francotirador o fue un disparo con suerte? De cualquier modo, la muerte de Steve Robinson devastaría a esa familia, desperdigándolos. Un solo hermano, destruido y de pocas palabras, quedaba allí para mostrarme lo que había sido su hogar, la mancha de sangre todavía visible en el piso.

Azilee Solomon había regresado a casa del trabajo y encontró la puerta sin llave, su hogar revuelto, su compañero de toda la vida —su esposo de hecho, realmente— muerto en la butaca empapada de sangre donde había dormido la siesta. Ambos habían trabajado en el hotel Hilton durante veinte años, ella como camarera, él como conserje. Les robaron hasta el último centavo que habían ahorrado para su retiro. La carne y el café habían desaparecido de su refrigerador, junto con el carrito de compras que la señora Solomon usaba para llevar los víveres a la casa.

En el apartamento de la novia de Maddicks, los detectives encontraron la misma carne y el mismo café, pero eso no probaba nada: cualquiera podía haber comprado esas marcas. Fuera del edificio, sin embargo, había seis carritos de compra alineados al lado de la basura, entre ellos, la señora Solomon al instante reconoció el suyo. Era cierto que los carritos de compra también se fabricaban en masa. Pero sólo uno podía haber tenido el pedazo de cinta amarilla que la señora Solomon había usado para remendar un travesaño roto. "Quítenles esas ropas viejas", le dijo a los detectives. "Y encontrarán la cinta amarilla debajo". En el juicio, preparamos una dramática rueda de reconocimiento de carritos de compra en la sala del juez James Leff para recrear el momento del descubrimiento.

Pasé mucho tiempo con la señora Solomon, preparándola para su testimonio. Llegué a conocerla bien. Era una mujer muy religiosa que irradiaba bondad. Yo no tenía una fe tan grande como la de ella, pero me conmovió profundamente ver la paz que le daba. A pesar de que el asesinato de su compañero fue absurdo y le viró la vida al revés, de alguna manera ella lo aceptaba como la voluntad de Dios. Ella quería que alejaran a Maddicks de cualquier otra persona a la que pudiera hacerle daño, pero expresó que no tenía ningún deseo de venganza. Sus lágrimas brotaron, pero sin sentir lástima de sí misma, cuando contaba su historia con naturalidad, primero a mí y después al jurado. Pude ver que había sido amada.

'El asesino Tarzán' era, en perturbador contraste, mi primer encuentro de la vida real con un ser humano imposible de salvar. A lo largo del juicio, lo observaba obsesivamente, buscando en su rostro la más mínima señal de emoción. Algo dentro de mí necesitaba ver con desesperación siquiera un asomo de empatía o arrepentimiento, mientras uno tras otro los testigos contaban una historia de pérdida más horripilante que la anterior. Me llevé una decepción. Estuvo ahí sentado, absolutamente inmutable, hora tras hora, y no pude evitar pensar: *el diablo anda suelto y está aquí*. Siempre había tenido una fe fundamental en la rehabilitación, siempre creí que la educación y el esfuerzo, si se aprovechaban de manera inteligente, podían repararlo todo. Richard Maddicks me enseñó que había excepciones, aunque fueran pocas. Lo que hacemos con ellas es materia aparte, pero cuando fue sentenciado a sesenta y siete años y medio en prisión, quedé satisfecha de que probablemente no saldría en libertad mientras yo viviera.

Más tarde, al despedirnos después del juicio, cuando la señora Solomon iba saliendo de mi oficina, regresó para decirme: "Señorita Sonia" —no podía pronunciar mi apellido— "usted tiene algo especial. Ha sido bendecida. Me alegra haberla conocido". Se había ido antes de que pudiera contestarle, pero pensé: *Señora Solomon, usted también tiene algo especial. Me siento humilde y honrada por haberla conocido.* Hay personas que me han hecho creer, de maneras que no puedo explicar del todo, que tengo algo importante que lograr en esta vida. A veces parece ser un encuentro al azar. Las palabras inescrutables de un extraño que de algún modo me dicen: Sonia, tienes trabajo que hacer. Sigue adelante.

EL ÚLTIMO DE los casos verdaderamente fuertes que percibí como un reto de Bob Morgenthau tenía un hedor maligno distinto. Nancy y Dawn estaban preocupadas sobre cómo podría afectarme. "¿Puedes manejarlo?", me preguntaron. Sabía que podía, pero me sorprendería hasta a mí misma de la ferocidad de la determinación que provocó, un lado más férreo de mí que no había conocido.

Estaba trabajando hasta tarde una noche cuando llegué a mi límite por ese día. Apagué el proyector, encendí las luces, respiré profundo y traté de ahuyentar las náuseas. ¿Podría enseñar estas películas al jurado? Por supuesto que eran prejuiciosas; la defensa iba a dar la pelea para excluirlas. Pero hasta que una persona haya visto esto, sigue siendo abstracto. Puedes entender que la pornografía infantil es abominable, puedes entender el daño infligido a los niños usados para hacerla y a la moral de la sociedad, pero no puedes siquiera imaginar la profundidad del asco que sentirás. No puedes anticipar una lástima tan abrumadora. Sientes que tú misma has sido violada. Tenía que lograr que admitieran las películas. Pero faltaba la cuestión de la estrategia. Siempre recordaba el consejo de Warren Murray sobre persuadir al jurado de la necesidad moral de una convicción. Algunos crímenes, sin embargo, son tan atroces que no pueden evitar causar indignación. En esos casos, insistir en el mismo punto puede ser contraproducente. Así que decidí que las películas solas harían el trabajo emocional y yo dedicaría mi energía a construir el argumento de culpabilidad más apabullante, una estructura lógica inmune ante los desmentidos.

Había dos acusados. Scott Hyman era un pez de poca monta, un empleado de negocios al pormenor que había vendido unas cuantas películas a un policía encubierto, que supuestamente lo conectaría con el distribuidor para una compra más grande. Era joven, incluso se veía vulnerable, cada día se presentaba en la corte con el mismo suéter holgado bailando sobre su flacucha constitución. Cuando supe que sus padres habían tenido una librería para adultos, me pregunté qué clase de niñez había tenido. Su socio Clemente D'Alessio mostraba una figura más antipática, bajo y fornido, el pelo de lamido de vaca peinado hacia atrás, la cara marcada por la viruela, un llamativo crucifijo de oro colgando en su pecho. Si no era el cerebro de una operación mayor, por lo menos era lo suficientemente listo para mantenerse oculto. Todo lo que teníamos en su contra era circunstancial y dependía de que se identificara su voz en una sola conversación telefónica grabada. Mi plan era implicar a ambos en la misma transacción, enfocándome en el vínculo entre minorista y mayorista.

El caso tenía sus puntos débiles. La venta al por mayor —una venta de trescientas películas al agente encubierto— nunca se concretó porque la policía no pudo reunir el efectivo con suficiente rapidez. Intentaron dilatar la transacción, pero D'Alessio se asustó y se echó para atrás. Les tomó entonces seis meses decidir arrestarlo. No me facilitaron el trabajo. En un caso donde la credibilidad de la policía era fundamental, donde tanto dependía del testimonio del policía encubierto, ya se habían cometido muchos errores. Hasta la llamada telefónica crucial —la grabación de Hyman llamando a D'Alessio— podía decirse que estaba contaminada, porque la llamada se hizo minutos después de que Hyman estuviera en custodia, antes de haber tenido acceso a un abogado. Por otra parte, una investigación descuidada no significaba que estos tipos eran inocentes, únicamente que yo tendría que trabajar más duro. Afortunadamente, tuve mucha ayuda disponible de mi asistente, Karen Greve Milton, y era un alivio compartir el peso emocional del caso, así como la carga de trabajo.

Era el primer día, y durante la exposición inicial, yo era un manojo de nervios como hacía tiempo no me pasaba. Recordé el consejo que le dio un jefe de negociado a una fiscal auxiliar: "Pórtate como un hombre", le dijo. "Ve al baño y vomita". La risa fue suficiente para calmar mi estómago. Desde entonces he aceptado que todos los abogados litigantes se ponen nerviosos, incluso algunos jueces y, el día que sientas que estar en la corte es una rutina tal que puedes sentirte relajado, probablemente sea un día del cual te vas a arrepentir.

El defensor de D'Alessio era un abogado criminalista de alto precio con más de veinte años de experiencia en juicios, con frecuencia en casos de notoriedad. Un hombre grande de reflejos sorprendentemente rápidos y buen olfato para la publicidad; era intimidante en muchos aspectos. Derramaba con abundancia su retórica y rociaba su condescendencia. Ser condescendiente con el fiscal puede ser una táctica, pero fue descuidado y algunas veces salpicó al jurado, lo que puede ser muy perjudicial. Tomé notas mentalmente de que debería ser sumamente cortés con el jurado y reconocer la incomodidad a la que todos nos estábamos sometiendo.

La defensa pudo haber alegado entrampamiento, pero prefirió no hacerlo. En vez, el abogado de Hyman optó por argumentar "capacidad disminuida". Aparentemente, Hyman era adicto a los *Quaaludes*. A cambio de las pastillas, le suministraba pornografía infantil a un farmacéutico. Fue el farmacéutico el que, al ser atrapado por la policía por otro delito, se convirtió en informante, tendiéndole una trampa a Hyman con el policía encubierto. La defensa sostenía que Hyman sólo proporcionaba la pornografía para mantener el suministro de drogas, las que a su vez menoscababan su buen juicio.

El argumento de "capacidad disminuida" es siempre un argumento débil, cuanto mucho. Carece de base legal y yo podía ver alrededor de cinco maneras diferentes de derrotarlo. Pero el abogado estiró su argumento hasta convertirlo en una distracción interminable, ordenando registros de medicamentos federales y trayendo a declarar al farmacéutico. Ocurrió que el farmacéutico estaba acusado en el foro federal de tantos otros cargos que le costaba trabajo llevar cuenta de cuáles de los cargos era protegido por inmunidad. No podía decir mucho. Otro testigo que la defensa tenía en su lista fue arrestado por un cargo totalmente distinto mientras esperaba fuera de la sala de justicia. Era difícil imaginar un paquete de personajes más sórdido.

El abogado de D'Alessio decidió utilizar la estrategia de identidad equivocada: había otro Clemente que trabajaba en el mismo edificio y él, según alegaba la defensa, era evidentemente con el que hablaba Hyman en la llamada incriminatoria. Así que D'Alessio había encontrado una manera de permanecer invisible, incluso sentado allí en la mesa de la defensa. Yo tendría que usar para nuestro beneficio ese velo de misterio con el que se cubría. El hecho de que se tomara tantas molestias por mantener las manos limpias a pesar de una montaña de evidencia circunstancial encajaba con nuestra perspectiva de que habíamos atrapado a un pez gordo.

Presenté mi evidencia en seis largos, metódicos y minuciosos días. Había tantas cosas —pilas de películas, cintas grabadas, documentos— que tuvimos que llevarlas en carritos a la sala. Tracé en un mapa los lugares en detalle, pintando para el jurado un panorama de frentes de tiendas de mala fama con nombres tales como Peep-In, Show Palace, el teatro Roxy Burlesque. Esto no era sólo para crear ambiente. Necesitaba describir claramente el territorio para así poder guiar al jurado a lo largo de la estela de evidencia inconexa que provenía de los equipos de vigilancia: Hyman entrando y saliendo entre la oficina de D'Alessio y la bóveda donde se guardaban las películas; la bolsa de papel de estraza que se veía aquí y allá, que se veía al entrar pero no al salir; las ubicaciones donde se grabaron las conversaciones con micrófonos escondidos…

¿Estaba llevando muy lejos al jurado, sometiéndolo a escuchar las tediosas grabaciones de los agentes encubiertos? Tuvieron que aguantar largos silencios, música incongruente del radio del automóvil, mientras las manecillas del reloj se movían con lentitud, y esperar algunas palabras condenatorias de mi parte. Pero las cintas no dejaban lugar a dudas sobre la naturaleza de lo que estaba ocurriendo. Se podía oír a Hyman alardear de otras ventas que había hecho, de la calidad de las películas que ofrecía y explicar cómo las películas con niños más pequeños, "pornografía de niñitos", eran más fáciles de conseguir; los niños mayores se daban cuenta del negocio y querían una tajada. Hablaba también de la preocupación del distribuidor por mantener la discreción. Y finalmente, teníamos la conexión entre Hyman y D'Alessio: "Tal y como la última vez, sí, el mismo tipo".

Las películas eran la última pieza del rompecabezas que yo estaba ayudando al jurado a completar antes de concluir mi caso. Las imágenes se encontraban rayadas y ruidosas, los colores se habían corrido por haberse copiado muchas veces. Eran mudas: sin sonido, sin diálogo, sin argumento. El escenario, una simple habitación. Los niños parecían de siete u ocho años, no más de diez u once. Sus pequeñas extremidades eran flacuchas, amoratadas y mugrientas. El lente se acercaba sin compasión a los genitales, sagaz y ambicioso. Aunque no se veía ni escuchaba una presencia adulta, la acción torpe y sin interés no dejaba dudas del fantasma que daba órdenes detrás de la cámara.

En total, presentamos trece películas, cada una de entre diez y quince minutos. Mientras una iba rebobinando, el oficial de policía recitaba la letanía que identificaba la próxima, y todos nos preparábamos mentalmente. A mitad de la proyección, me fijé en la periodista que había estado sentada todos los días en la galería, siguiendo el caso para un libro que estaba escribiendo. Se había quitado los lentes, negándose silenciosamente a ver más y estaba mirando tristemente al vacío. Los miembros del jurado no tenían esa opción.

Mi recapitulación no necesitaba de retórica. Los hechos eran suficientes para condenar. Sólo tenía que mostrar cómo estaban conectados con una lógica implacable, paso a paso, sin dejar fuera ni una pieza.

Traté de ponerme en el lugar del jurado y anticipar cualquier posible duda o malentendido. ¿Se resistirían a la naturaleza circunstancial de la evidencia contra D'Alessio? Palabras como "circunstancial" llevan una carga exagerada si se considera el grado en el que la mayoría de nosotros vive la vida por deducción. *Mantenlo simple, directo,* me recordaba a mí misma. *Este es un panel de ciudadanos, no de eruditos legales.* Habiéndolos expuesto a tanto horror, me dirigí a ellos con un poco de humor: "Cómo sabía tu mamá que habías sido tú cada vez que se robaban las galletitas de la jarra", les pregunté. Sólo uno de sus hijos era muy bajito para alcanzar la jarra sin subirse en la escalera. Y digamos que se le olvidó recoger la escalera, dejándola allí, a la vista de su madre, cubierta de migajas de galleta. En ese caso era una apuesta segura que el culpable eras tú y no uno de tus hermanos mayores.

Mi conclusión duró dos horas y media. El juez tomó otras dos horas en instruir al jurado, revisando todos los elementos de derecho. Comenzaron a deliberar al caer la tarde. Pero al final del día siguiente, la presidenta del jurado estaba leyendo el veredicto, pronunciando "culpable" ochenta y seis veces, cuarenta y tres cargos para cada acusado. Hyman y D'Alessio ya lo esperaban; tenían a mano la fianza.

Pero faltaba el asunto de la sentencia. Había visto casos en los que los acusados encontrados culpables de todos los cargos habían evadido todo el peso de la justicia porque uno de los jueces, por una u otra razón, no quiso imponerla. En las conversaciones que grabamos, cuando Hyman alardeaba de otros delitos —tráfico de drogas y fraudes de tarjetas de crédito— decía que no le preocupaba que lo atraparan. Cuando llegue el momento de la sentencia, decía, sólo tienes que seguir posponiendo el caso hasta que llegue al juez indicado. Yo no podía dejar que eso ocurriera. Cuando nos volvimos a reunir un mes después, presioné por la pena máxima. Y cuando el abogado de D'Alessio presentó una analogía profundamente ofensiva —lo máximo aquí, dijo, sería como una sentencia de veinte años por posesión de un solo cigarrillo de marihuana— mi respuesta llegó con una furia tan controlada que dudo que se registrara como furia, pero la sentía.

"En esas películas vemos niños entre las edades de siete a ocho años participando en actividades normalmente reservadas para la habitación de los adultos", dije, confiando en ahora exponer el caso moral que las películas habían presentado por mí ante el jurado. "Pero era más que eso, su Señoría. Había una niña de ocho años en una de las películas, un niñita despersonalizada hasta el punto que ni siquiera sabemos su nombre, ni quién es, pero es un ser humano. Una niña de ocho años a la que se le ordenaba, fuera de cámara, a participar en actos de una película que no estoy segura que entendiera. Esa niña fue asaltada y violada. Fue despojada de su virginidad y su inocencia por los individuos que produjeron esas películas. En un sentido fue asesinada... Eso no es el equivalente, cuando solicitamos nuestra sentencia, a vender un cigarrillo de marihuana. Cuando vendes un cigarrillo de marihuana, el comprador y el vendedor tienen libre albedrío. Estos niños no tenían tal libertad".

D'Alessio recibió una sentencia de tres años y medio a siete años; Hyman recibió de dos a seis.

Antes de eso, Bob Morgenthau me había ofrecido un ascenso como directora de la Oficina de Menores. Mi trabajo en este juicio lo hizo pensar que ésta podría ser un área de especialidad para mí, y lo hizo preguntarse si la oficina necesitaba una unidad dedicada a la pornografía infantil. Rechacé la oferta de inmediato en un gesto instintivo de supervivencia. Sabía que no podía ser testigo de tanto dolor y depravación sin ahogarme en él. Había llegado el momento de continuar mi camino.

CUANDO CONCLUYÓ EL caso de pornografía infantil, me tomé unas cortas vacaciones en Puerto Rico, pero mi mente estaba todavía en Nueva York y, en particular, en mi primo Nelson, que había regresado a mi vida. Después de desaparecer por espacio de ocho años en el peor momento de su adicción, se las ingenió para unirse al ejército y reformarse. Todavía tenía altibajos, pero no volvió a perder el contacto con la familia, así que gradualmente pudimos restablecer nuestra conexión. Parecía que lo peor había quedado en el pasado cuando se casó con Pamela. Ella tenía una hija a quien él quería como propia. Acababan de enterarse de que tendrían otro hijo cuando Nelson fue diagnosticado con SIDA. Él fue uno de los primeros casos vinculados al uso de agujas, justo antes de que el conocimiento de la enfermedad estallara en la conciencia pública.

Nelson, como yo, había tenido una conexión especial con Abuelita, y ésta no terminó cuando ella murió. Sus viejas premoniciones de que moriría joven lo atormentaban ahora. Me dijo que podía oír trompetas fantasmales. "Abuelita me llama y yo le digo que no estoy listo. Quiero ver nacer a mi hijo". Y así fue, pero no vivió mucho más, el final llegó antes de cumplir los treinta años. En sus últimas semanas, tuvimos muchas conversaciones que duraban horas, deslizándonos en la transparente serenidad que compartíamos en nuestra infancia, como si recuperáramos el tiempo perdido. Yo no había entendido hasta entonces que una persona podía ser adicta a las drogas y funcionar normalmente en el mundo, tener un trabajo y mantener una familia. Nelson no le robaba a la gente para mantener su vicio; no se inyectaba en las escaleras. Manejaba su adicción como una enfermedad crónica, no muy distinta a mi diabetes.

Le conté que me deslumbraba su inteligencia y su curiosidad ilimitada sobre cómo funcionaba el mundo. Y que me desesperaba por no llegar a estar a su altura. Me miró y movió la cabeza. "En realidad no lo entiendes, ¿verdad? Yo siempre me sentí intimidado por ti. No había nada que no pudieras aprender si te lo proponías. Sólo estudiabas hasta que lo averiguabas. Yo no puedo hacer eso; nunca pude. Por eso no pude terminar la universidad, no podía retener un empleo. Carecía de la voluntad necesaria. Esa determinación que tienes es especial. Es una clase de inteligencia diferente".

Un día, después de la llegada del pequeño Nelson, hablamos de su felicidad por el nacimiento de su hijo y de su tristeza ante la posibilidad de no estar allí para sus hijos. Hablamos también de la vez, un par de meses atrás, antes de que su condición empeorara, que me pidió que lo llevara a hacer una diligencia. Ya le costaba trabajo moverse y necesitaba ver a alguien, sólo un momento. Me pidió que esperara, así que me quedé en el carro, estacionada fuera del destartalado edificio en Hunts Point, a unas pocas calles de donde solía vivir Abuelita. Me imaginé que era un viejo amigo del que quería despedirse ahora que todavía podía. Pero ahora me confesaba que estaba adentro consiguiendo heroína. Quería darme contra la pared: ¿Cómo alguien, y más aun un fiscal auxiliar de Distrito que había visto todo lo que yo había visto, podía ser tan ingenuo? Recité aquella lección esencial de Papi, simplista pero simplemente verdadera: las personas buenas pueden hacer cosas malas, tomar malas decisiones. Eso no las hace malas personas.

Cuando me rogaba que lo perdonara, había una sugerencia de delirio impulsando la vergüenza y la tristeza en su voz. Pero yo sabía que el perdón era irrelevante. Yo estaba cargando con la culpa del sobreviviente. ¿A mí quién me perdonaría? ¿Por qué no estaba yo en esa cama de hospital? ¿Cómo había escapado yo si mi alma gemela, mi mitad más inteligente, una vez uña y carne, no había podido? Su petición sólo hizo la carga más pesada. Dios mío, qué desperdicio.

ES JULIO DE 1983 y estoy en la casa de Fire Island. Me despierto muy temprano de un sueño profundo. Todavía está oscuro afuera, pero estoy totalmente alerta, aun cuando me quedé despierta hasta tarde la noche anterior. El reloj dice cuatro y treinta. Me pongo unos *jeans* y una camiseta y camino hasta la bahía. Me siento en el muelle y veo el azul intenso escurriéndose del cielo, quebrando albores. El sol todavía oculto detrás de la isla. Probablemente está rompiendo el borde del Atlántico. Nelson está aquí, puedo sentirlo. Ha venido a despedirse. La mañana borra las últimas estrellas y disuelve lo que queda de la noche.

Camino de regreso a la casa y está sonando el teléfono. Es el padre de Nelson. "Sonia, es Benny", dice. Sé lo difícil que es para él hacer esa llamada.

"Ya sé. Iré a casa en el primer ferry".

Veintiséis

CUANDO TRATO DE entender en mi corazón cómo pudo pasar que dos niños tan parecidos pudieran tener destinos tan diferentes, entro en un mundo subterráneo de pesadillas; el pánico repentino cuando la mano de Nelson se suelta de la mía entre los empujones de la multitud, el monstruo que yo puedo evadir y él no.

La razón parece ser una mejor defensa contra el dolor. Me deja entender a mi manera lógica qué determinó la diferencia entre dos niños que comenzaron casi como gemelos, inseparables y, ante nuestros ojos, virtualmente idénticos. Casi, pero no del todo: él era más inteligente; él tenía el padre que yo deseaba tener, aunque compartíamos la bendición especial de Abuelita. ¿Por qué yo resistí, incluso progresé, donde él fracasó, consumido por los mismos peligros que me habían rodeado?

Algo puede atribuirse al machismo, la cultura que empuja a los varones a la calle, mientras protege a las niñas, pero hay más. Nelson lo mencionó ese día en el hospital: lo que yo tenía y a él le faltaba. Llámenlo como quieran: disciplina, determinación, perseverancia, fuerza de voluntad. Aparte de que él lo dijera, yo sabía que esa había sido la gran diferencia en mi vida. Si pudiera embotellarla, la compartiría con todos los niños de Estados Unidos. Pero, ¿de dónde viene?

Los buenos hábitos y el trabajo duro importan, pero son sólo expresiones de eso, un efecto más que la causa. ¿Cuál es la fuente? Sé que mi espíritu competitivo —mi impulso de ganar, mi miedo de perder, mi deseo constante de superarme a mí misma— brota desde lo más profundo de mi personalidad. Casi nunca se dirige a los demás; compito conmigo misma. Pero si la ambición sólo alimenta el ego y el amor propio, ¿de qué sirve? Las ansias de ganar pueden servir para acumular los placeres materiales de la vida, pero esos placeres pueden ser tan efímeros y adictivos como la euforia de Nelson, y muchas veces sólo otra forma de ser el más grande y más malo del barrio.

Lo que Nelson vio que me impulsaba surge de un tipo distinto de aspiración: el deseo de hacer algo por los demás, de ayudar a arreglar las cosas para ellos. ¿Extraña ambición para un niño? Podrán decir algunos, pero he sido consciente de ella desde que tengo uso de razón. ¿Vanagloria? Nunca he sentido tanto alivio de la incomodidad de soportar el ego como cuando ayudo a los demás. ¿Una reacción a los primeros años en una casa de dolor? Tal vez, pero en algún momento, dejé mi compulsión por agradar: es mi propio criterio de carácter con el que necesito cumplir. De cualquier modo, estoy segura de haberlo aprendido de otros, de mis ejemplos. Y muy buenos que son.

SI INTENTO IMAGINAR mis ejemplos más inmediatos de amor desinteresado, el instinto me lleva primero a quienes estaban más cerca: Abuelita, sanadora y protectora, con su rebosante generosidad de espíritu; y mi madre, enfermera a domicilio y confidente de todo el vecindario.

Mi entendimiento de mi supervivencia estaba vinculado en todo sentido con la protección de mi abuela. Equivalía a más que un refugio del caos en casa: mi sentido de estar resguardada física y mentalmente. Me había dado la voluntad de manejar mi enfermedad, de superar mis insuficiencias en la escuela y, en última instancia, de imaginar las más improbables posibilidades para mi vida. Y ese sentimiento de la protección de Abuelita sólo crecería después de su muerte, manifestándose en innumerables formas, desde insólitas intervenciones fortuitas que salvaron mi vida durante las crisis diabéticas hasta extraños alineamientos de circunstancias que me favorecerían desproporcionadamente. Cosas que fácilmente podían haberme ocurrido, no ocurrieron; cosas que no parecían probables, de alguna manera sucedieron. Esto parecía como suerte con un propósito.

Yo no me hacía ilusiones pensando que había sido designada o elegida para un destino particular. Pero llegué a reconocer en mi buena fortuna la obra de una bendición, un don que hizo que mi vida no fuera exclusivamente mía: no estaba en libertad de desperdiciarlo aunque hubiera querido. Abuelita nos mostró que los dones eran para compartirlos con los demás. Y, si bien no me dieron una misión, tenía que encontrar un propósito digno para ganarme esa protección. El lenguaje de causa y efecto sería engañoso aquí, el intercambio implícito de una cosa por otra, irrelevante: basta decir que, de algún modo, una sinergia de amor y gratitud, protección y propósito, se implantó en mí desde muy temprana edad. Y floreció en la determinación de servir.

MI AMBICIÓN DE niña de convertirme en abogada no tenía nada que ver con el respeto y las comodidades de la clase media. Entendía que el trabajo del abogado era ayudar a las personas. Entendía la ley como una fuerza para hacer el bien, para proteger a la comunidad, para mantener el orden frente a la amenaza del caos y resolver conflictos. La ley le da una estructura a la mayoría de nuestras relaciones, permitiéndonos a todos potenciar nuestros intereses al mismo tiempo, de la manera más armoniosa. Y supervisando este noble propósito con sabiduría imparcial estaba la figura del juez. Todos los niños tienen héroes de acción: astronautas, bomberos, comandos. Mi idea del heroísmo en acción era el abogado, el juez era un súper abogado. Para mí las leyes no eran una carrera, sino una vocación.

Mi exposición más temprana a las profesiones de ayuda había sido a la medicina y la enseñanza: el doctor Fisher, el personal del Hospital Prospect y el Centro Médico Jacobi, y las Hermanas de la Caridad que nos daban clases en Blessed Sacrament. La ley, entendí desde muy pequeña, tenía un alcance diferente. Los médicos y las enfermeras y los maestros ayudaban a las personas una a una. Pero a través de las leyes podías cambiar la estructura misma de la sociedad y la manera en que funcionaban las comunidades. De esta forma, la ley podía ayudar a gran número de personas al mismo tiempo. Con tantas penurias y sufrimiento a mi alrededor, la necesidad de cambio era latente.

El espíritu de los tiempos habita en este ideal del derecho como un propósito noble. El movimiento de derechos civiles era el telón de fondo mientras crecía mi generación. Si bien el juez de Perry Mason era un destello icónico de posibilidad para un niño, la misma pequeña pantalla en blanco y negro enmarcaba en las noticias de la tarde historias sobre estos valientes jueces sureños que desafiaban impávidos a las masas y la violencia colectiva. Era la misma grandeza que percibía en las historias de la señorita Katz sobre las monjas y los sacerdotes que trabajaban con los pobres en Latinoamérica o en los reportajes sobre nuestro propio párroco, el padre Gigante, cuyo ministerio lo llevó a las desoladas calles del sur del Bronx. En aquellos tiempos, no parecía haber un mejor propósito que intentar conseguir la justicia en nombre de aquellos a quienes se les había negado.

De este tumultuoso panorama surgió un abogado heroico que vi en persona. Durante su campaña para la presidencia, Robert F. Kennedy visitó los proyectos Bronxdale en 1968. Recuerdo que pegué mi cara contra las rejas de la ventana de nuestra cocina, que daba a la entrada del centro comunitario, esperando captar algo de él cuando pasara entre la multitud. Yo tenía trece años entonces, empezaba a involucrarme en el consejo estudiantil y andaba enfrascada en mis propias elecciones de la secundaria, con nuestras fiestas de afiches y discursos de campaña en la cafetería. Kennedy dotó de voz apasionada la causa de la justicia para todos y a una vida vivida al servicio de esa causa. Y, cuando poco después de haberlo visto, fue asesinado, el silencio de esa voz y la elocuencia de quienes lo lloraban, confirmó para mí la nobleza de su propósito, que yo tomaría como propio.

EN ESTA VIDA no hay espectadores. Ese había sido mi punto acerca de los vecinos de Kitty Genovese durante mi mejor presentación en una competencia de oratoria. Nuestra humanidad nos hace a cada uno parte de algo más grande que nosotros mismos. De ahí que mis héroes nunca fueran solitarios. La figura de un visionario solo que cautiva a tanta gente joven en sus propios sentimientos de aislamiento nunca me llamó la atención. Mis héroes estaban todos engarzados en la comunidad. Y la voluntad de servir se sintió primero como el deseo de ayudar a quienes reconocía como los míos.

Cuando llegué a Princeton, de inmediato vi que un sentido de pertenencia no se daría fácil. La comunidad era mucho más grande que ninguna que conociera, unida por sus propias tradiciones, algunas de ellas impenetrables para las mujeres y las minorías. Así que encontré mi lugar donde pude, trabajando con Acción Puertorriqueña y el Third World Center. A través de esas asociaciones nacieron mi colaboración con el Hospital de Psiquiatría de Trenton y mi experiencia más formativa ayudando a los demás. Estando tan cerca de Princeton, Trenton no podía estar más lejos en términos humanos, un mundo aparte de las certezas del privilegio. Pero incluso bajo los criterios de esa atribulada ciudad, los pacientes a quienes yo ayudaba eran vulnerables al extremo: confundidos; distanciados de cualquier lazo con familiares o amigos que alguna vez hubieran podido sostenerlos; y, a falta de un lenguaje común, aislados incluso de quienes los cuidaban. Mi indignación ante su abandono hizo palpable una conciencia emergente de que mi comunidad se extendía mucho más allá del lugar de donde yo venía, y de la gente que conocía.

Cuando estudiaba en Yale, el sur del Bronx volvió a estar en las noticias. El presidente Carter lo visitó en 1977, las cámaras de noticias enmarcándolo en un paisaje desolado de edificios quemados, escombros acumulados, un vecindario consumido por el desempleo y otros males económicos. La caravana se detuvo a poca distancia de donde vivían Abuelita y mis padres cuando yo nací, pero hasta que vi el lugar a través de las cámaras de televisión no había podido verlo realmente. Cuando vives en medio de tanto deterioro, la vida diaria lo hace prácticamente invisible. De alguna manera, las comunidades continuaban funcionando entre sus propias ruinas y, aunque esta era posiblemente la peor catástrofe urbana en los Estados Unidos, no era la única escena de desolación. La sociedad civil, a pesar de estar cuidadosamente regida por sus leyes, había dejado una enorme cantidad de sus miembros varados. Fue para rescatar a estas comunidades que por primera vez me sentí emplazada, con la convicción de que la ley debe funcionar para todos o no funciona para nadie.

En Princeton y Yale había quienes viniendo de los mismos lugares de donde yo venía decidían nunca mirar atrás. No los juzgo. Un título de una universidad *Ivy League* o de una escuela de derecho importante, se da por sentado, te garantiza la entrada a un mundo de abundancia, y nada te obliga a mirar atrás cuando trabajaste duro para escapar de allí. Pero yo no veía la buena fortuna como una oportunidad para mi propia salvación; seguía viéndola como una encomienda, no un regalo categórico; y no habría disfrutado de paz mental hasta que hubiera encontrado un uso digno para ésta. Mi encuentro fortuito con Bob Morgenthau en una mesa con quesos no habría conducido a ninguna parte si yo no hubiera estado profundamente preparada para lo que él me ofrecía. No era lo que la mayoría de mis compañeros de clase buscaban, pero podía ver cómo encajaba en el plan que yo había imaginado. Ahora, habiendo completado esa parte del recorrido, estaba más convencida que nunca de que nada había ocurrido por casualidad.

Lo que quedaba por verse era cuán lejos me llevaría el siguiente paso.

Ventisiete

SHEA STADIUM, SERIE Mundial de 1986. Los Mets y los Red Sox, todavía con su maldición a cuestas, están empatados en una tensa décima entrada del juego que tiene a la multitud de pie gritando, primero en un lado, luego en el otro, como niños en un sube y baja salvaje.

Pero el verdadero drama está ocurriendo en el estacionamiento, donde estoy en la parte de atrás de una motocicleta, con un chaleco antibalas, un *walkie-talkie* chirriando en mi oído, persiguiendo un camión lleno de artículos falsificados. Vamos a cincuenta, luego a sesenta, dando vueltas en círculo como en una pista de carreras, cuando el camión se escabulle en una esquina. Es una calle sin salida, un *cul de sac* de concreto, y en un momento da la vuelta y viene disparado hacia nosotros. Mi conductor está a punto de salir corriendo, pero le digo: "Quédate quieto, no nos va a dar. Lo detendremos aquí mismo". *Este tipo no está loco*, pienso. Pero podría estarlo o quizás sólo entró en pánico. En cualquier caso, está acelerando. De pronto está con la mitad de las ruedas en la pared de concreto detrás de nosotros, como un doble de acción subiendo las pared de la muerte. ¿Se puede hacer eso en un camión? Antes de darme cuenta, se nos escapa, a casi noventa en dirección contraria. Suficiente. ¿Alguien tiene que morir por un cargamento de gorras, camisetas baratas y *souvenirs* falsificados de los Mets?

Es más, ¿qué estoy haciendo aquí?

Buena pregunta. Después de finalizar los casos que Bob Morgenthau me asignó como incentivos para quedarme en la oficina de Fiscalía, finalmente llegó el momento de irme. Con la convicción de que el desarrollo económico era la única cura verdadera para tantos males que plagaban nuestras comunidades pobres, pensé que el derecho mercantil sería útil. Estaba también dispuesta a explorar el derecho internacional, un interés desde mi época en Yale. Una cosa era segura: quería continuar trabajando en las cortes, había aprendido a amar mis días en la sala de justicia.

También sabía muy bien lo que no quería: ser un eslabón más encerrado en un cubículo en la cadena de un gran bufete. La práctica común que mantenía a los asociados en la biblioteca durante años, subiendo papeles a los próximos niveles de la organización para un socio en la cúspide de la responsabilidad todavía me atraía tanto como trabajar en una mina de carbón. Como lo hice cuando busqué oportunidades después de Yale, mi objetivo era un bufete más pequeño donde pudiera crecer más rápido a una función sustancial. Pero cuando fui a las entrevistas descubrí que el tamaño no era garantía de "etos". Muchas veces los bufetes pequeños eran *spin-offs* que sencillamente se llevaban a los clientes de los bufetes más grandes de donde provenían, pero que también reproducían la cultura de los bufetes donde sus socios habían comenzado sus carreras.

Uno de los bufetes que sobresalía como excepción era Pavia & Harcourt, una pequeña firma según los estándares de Nueva York, con escasamente treinta abogados cuando fui a entrevistarme con ellos en 1984. Su fundador, un judío de Italia refugiado durante la Segunda Guerra Mundial, se había ganado su reputación al representar los intereses comerciales de la élite europea en los Estados Unidos. Gran parte del trabajo del bufete tenía que ver con las finanzas y la banca, la reglamentación de marcas comerciales y distribución de productos, y la gama diversa de tareas legales relacionadas con el comercio internacional y las operaciones comerciales.

Al llegar a mi primera entrevista, me impresionó el aura del lugar, un oasis de sobria elegancia en el centro de la ciudad. Decían que George Pavia, el hijo del fundador y ahora socio ejecutivo, era partidario de la continuidad, y el decoro de las oficinas iba a tono con una cartera de clientes cuyos nombres eran sinónimo de lujo y distinción europeos: Fendi, Ferrari, Bulgari... Las conversaciones saltaban continuamente de inglés a italiano y francés. Era difícil imaginar una atmósfera más remota al de la oficina del fiscal de Distrito.

A pesar del ambiente de viejo mundo, el bufete estaba adelantado a sus tiempos en acoger a las mujeres. Había dos entre los nueve socios en una época en la que era difícil encontrar siquiera una en los niveles más altos de los bufetes grandes de Manhattan. Este era excepcional además en su organización: los asociados trabajaban directamente con los socios en equipos de dos personas, lo que creaba mentores de manera natural. Era una situación donde podía aprender y, ojalá, progresar con rapidez.

Fui a muchas entrevistas, me reuní con cada uno de los nueve socios y con todos los asociados litigantes. Las impresiones positivas que me iba formando parecían ser mutuas. Era claro que mi experiencia en juicios llamaba mucho la atención y llenaría una necesidad inmediata. Un título de Yale no perjudicaba. Pero de repente, e inexplicablemente, mi progreso pareció perder impulso y me quedé esperando una llamada que no llegó. Mientras tanto, las entrevistas en otros bufetes solamente servían para que viera con más claridad dónde quería estar realmente. Presionando al cazatalentos que nos había conectado, me enteré de que George Pavia temía que pronto me aburriera con el trabajo de un asociado de primer año —el puesto para el que estaban contratando— y me fuera.

Sé diplomática, pero directa, me dije. No tiendo a machacar sobre las cosas, pero algunas situaciones exigen un poco de audacia. Pedí otra reunión y una vez más me escoltaron al nido sereno cubierto de alfombras persas y delicados paisajes grabados de la antigua Génova.

"Señor Pavia, entiendo que tiene algunas dudas sobre mi contratación. ¿Se siente cómodo hablando de eso?"

"Sí, por supuesto". Me explicó su preocupación. Era válida, reconocí, y entonces planteé mi postura: nunca había practicado el derecho civil, así que tenía mucho que aprender. Mientras estuviera aprendiendo, no tendría oportunidad de aburrirme. Cuando me familiarizara con el trabajo, podría ocurrir una de dos cosas. O todavía estaría luchando por mantenerme a flote, por lo que no tendría oportunidad de aburrirme, aunque probablemente no duraría mucho en el bufete. O de lo contrario, reconocerían que yo estaba capacitada y me darían más responsabilidades. No veía cómo podían perder. Dejé claro que no tenía inconveniente en aceptar el sueldo inicial de un asociado de primer año —una fracción de lo que podía esperar de un bufete grande— siempre y cuando él estuviera dispuesto a aumentarlo cuando mi trabajo lo ameritara.

El bono y el aumento que me dieron después de mi primera evaluación de fin de año fueron enormes y, para la segunda evaluación, mi sueldo ya estaba a la par del estándar.

MIS PRIMEROS CASOS en Pavia & Harcourt tenían que ver con disputas sobre garantías a clientes y problemas con alquileres de bienes raíces. El trabajo de un asociado novato generalmente conllevaba trabajo legal ecléctico y a veces marginal para los clientes que el bufete representaba en aspectos más cruciales de sus negocios. No obstante, dependía de habilidades que eran instintivas para un fiscal. En mis primeros días de trabajo, un colega que se sentó lo suficientemente cerca como para oír mis llamadas telefónicas le contó a otro asociado litigante que a su vez corrió la voz, que yo era "toda una bruja" y que no me dejaba mangonear por un adversario.

Me estremecí al oír que me ponían en esa categoría. Procesar caso tras caso confiando en tus instintos en la Fiscalía desarrolla una bravuconería que puede parecer brusca para los abogados que no conocen ese mundo. Fue una especie de choque cultural en ambas direcciones. La gran distancia entre los sucios pasillos de la calle Centre y nuestro refinado comedor en la avenida Madison se notaba en otros pequeños detalles también. Un regalo de un cliente agradecido, por ejemplo, no tenía que devolverse en presencia de testigos, un beneficio agradable que no esperaba.

"Ahora estás en la práctica privada, Sonia. No hay amenazas de corrupción", me aclaró David Botwinik, el socio que yo consultaba —realmente, todos consultábamos— cuando necesitábamos consejo en cualquier asunto de ética. Lo llamaba el "Rabino". Puedes aceptar

un regalo, me dijo, pero admitiendo que "en los diez años que he trabajado con clientes, nunca han enviado un regalo para *mí*".

Mientras más observaba a Dave en acción, más profundamente me
impresionaba su sentido de integridad, justicia y honor profesional.
De la misma manera que hice con John Fried en la Fiscalía, recurrí
a Dave instintivamente como guía. Su presencia era reconfortante,
paternal y amplia en una manera que sugería un apetito voraz, aunque
sus mayores intereses eran más de la mente que del cuerpo. Parpa-
deaba como un búho detrás de sus lentes y tartamudeaba un poco. El
titubeo sólo hacía que pareciera que sus palabras habían sido cuidadosamente pensadas.

En el ejercicio del derecho existen reglas que establecen un criterio
mínimo de conducta aceptable: lo que permite la ley. Ese es el piso
debajo del cual nadie puede aventurarse. Hay otras reglas, no codifi-
cadas formalmente, que fijan el nivel más alto que define lo que es la
conducta ética, que consiste en el respeto a la dignidad y a la imparcialidad de nuestros tratos con los demás. No existe una ley, por ejemplo,
que diga que no puedes entregar citaciones judiciales a las cinco de
la tarde de un viernes antes de un fin de semana largo. Por otra parte,
esa no es manera de tratar dignamente a un adversario, quien también es un ser humano, con familia, planes y una vida privada fuera
del trabajo. Algunos abogados pueden alegar que le debes a tu cliente
cualquier ventaja que puedas sacar de una situación. Pero las jugadas sucias invitan a las represalias y entonces ambas partes terminan
luchando en el fango. Con respecto a la intersección entre la decencia
común y el honor profesional, los instintos de Dave Botwinik eran
impecables.

Fue también a través de su instrucción que llegué a tener amplios
conocimientos de una compleja y poco comprendida área del derecho.
Dave se había especializado por treinta años en la representación de
corredores extranjeros de materias primas que compraban en los mercados de granos de Estados Unidos. Había trabajado duro para instituir prácticas de arbitraje más equitativas que moderaran la influencia
de las grandes empresas de granos. Al observar cómo yo preparaba a
los testigos y llevaba a cabo los contrainterrogatorios, me pidió que

lo ayudara en los arbitrajes que involucraban el mercado de granos, los cuales si bien tenían una estructura menos formal que un juicio, requerían las mismas estrategias.

"Ya estoy viejo para esto, tú puedes hacerlo", me dijo, pero yo jamás habría podido sin su vasto conocimiento. Él podía leer entre líneas cualquier contrato y ver de inmediato por qué había sido redactado de tal forma, cuáles eran los temas importantes respectivamente para las partes involucradas. Conocía a todos los jugadores en la industria, que era un mundo completamente de hombres. Habiendo comenzado con la escena de agricultores reales que traían granos a los mercados en el oeste de mediados del siglo diecinueve, el juego había evolucionado a un intercambio arcano de instrumentos financieros realizados en cuartos llenos de corredores trabajando por teléfono. Incluso con mi conocimiento del derecho de almirantazgo, me costó trabajo entender la lógica del negocio. Finalmente lo capté, pero me tomó una llamada de auxilio en la madrugada para poder cortar el nudo gordiano de contratos entrelazados: realmente no estábamos rastreando cargamentos de granos. El efímero intercambio de derechos contractuales que comenzaba con contratos futuros del grano intersectaba con la realidad física sólo al final de una larga cadena de transacciones.

Una sola vez llegué a ver el grano. Nuestro cliente había enviado una muestra para hacer pruebas y para mí era claro que los resultados del laboratorio habían sido falsificados. Yo sabía que una bolsa plástica sellada de un laboratorio privado no es garantía de una cadena de custodia cuando cualquiera puede comprar en un supermercado un *kit* de sellado al calor para bolsas plásticas. Así que yo lo hice. Durante el arbitraje, al final de mi contrainterrogatorio, le pedí al testigo que abriera la muestra aparentemente intacta del grano. Él rompió el sello de la bolsa plástica y encontró adentro una nota de mi puño y letra: "Las bolsas se pueden alterar".

Aprendí, con el transcurso de los años, a no revelar nunca que sabía mecanografía. En la época anterior a que todo el mundo tuviera una computadora personal, era seguro que una joven abogada sería informalmente relegada a secretaria, así que yo me apegué estrictamente a esa regla. Una sola vez, a altas horas de la madrugada, a punto de cumplirse un plazo por la mañana, le pedí a Dave Botwinik que se tapara los ojos para mecanografiar un borrador final. Podía confiar en Dave. Tenía la habilidad de desviar los pedidos de otros abogados para que la única mujer en la habitación trajera café.

Fran Bernstein, por su parte, estaba muy por encima de esta lucha en la guerra de los sexos. Ella podía sentarse durante interminables horas frente a su Smith Corona mientras repiqueteaba como una ametralladora, como si su cerebro estuviera conectado directamente a la máquina. Me impresionaba su proceso de escribir, cómo las páginas de elegante prosa sin aparente necesidad de pulirse se deslizaban de su maquinilla. Pero esa era sólo una de sus increíbles cualidades. Cuando hablaba, sus ideas fluían de la misma manera incontenible, como la sonrisa que iluminaba su rostro con hoyuelos. En sus tiempos de estudiante de derecho, Fran fue una de las primeras mujeres editoras de la revista de derecho de Columbia, donde más tarde se convirtió en conferenciante. También fue una de las primeras mujeres en ser asistente jurídico de un juez del Segundo Circuito. Había dejado de trabajar por varios años para criar a sus hijos y regresó sólo a tiempo parcial. Si eso había sido un obstáculo en su carrera, a ella parecía no importarle. Si bien al principio me sentía intimidada ante su presencia, se convertiría en una verdadera amiga y otra de mis mentores en Pavia & Harcourt.

La elocuencia espontánea de Fran me apocaba tanto que la primera vez que me pidió que escribiera un informe me paralicé. Aun después de todos mis éxitos en la sala de justicia, escribir todavía me aterraba. En la Fiscalía, con frecuencia me ofrecía de voluntaria para el exceso de apelaciones con las que los negociados de juicios están obligados a ayudar, sólo para tener la oportunidad de mejorar mi redacción. Me pasé toda la noche trabajando en el informe de Fran, mi cerebro contorsionándose en posiciones incómodas, sufriendo recuerdos recurrentes de aquel verano traumático en Paul, Weiss. El borrador que logré terminar pasado el amanecer era de inferior calidad. Pero cuando confesé lo totalmente incompetente que me sentía, Fran fue más que gentil. Como profesora, señaló, había estado escribiendo prolíficamente toda su vida profesional. Ese rol también le había dado un instinto para estimular a alguien tratando de aprender.

El único renglón de mi vida donde resistí la influencia de Fran fue en la política. Ella me recomendó encarecidamente que me afiliara al Partido Republicano, pero no por razones ideológicas. Reagan era candidato a la presidencia. Unirse al partido, según ella, era cuestión de afiliarse a donde se dirigía el poder en nuestra sociedad, un requisito necesario para la clase de progreso que yo buscaba en última instancia. Yo sabía suficiente historia como para saber que el GOP era el partido de Lincoln, una conexión que alguna vez tuvo verdadero significado. Y yo era lo suficientemente conservadora en lo fiscal como para apreciar lo que Fran admiraba sobre la política económica republicana. Pero no podía ver por qué esas ideas tenían que casarse con las visiones sociales que el partido estaba ahora patrocinando. Nueva York había producido algunos líderes republicanos progresistas, tales como Nelson Rockefeller, que promulgó una de las reformas sociales más audaces que el estado había visto. De cualquier modo, no sentía la necesidad de agrupar todas mis opiniones bajo una etiqueta. Así que me inscribí sin afiliación a un partido, y he permanecido así desde entonces. Y, contrario a los cuidadosos cálculos de Fran, no estar alineada me ha salido bien.

"¿QUÉ SABES DE bolsos?", me preguntó un día Fran.

"Nada. ¿Qué hay que saber?" Estaba a punto de convertirme en experta. Para empezar, me explicó Fran, un bolso de Fendi costaba de ochocientos a varios miles de dólares. Eso merecía un segundo vistazo. Mi efectivo, las llaves y los cigarrillos estaban guardados en un bolso que costaba unos veinte dólares. Ella me mostró uno de los modelos, me explicó los puntos más finos de la técnica de la puntada, cómo reconocer la calidad de la tela y los herrajes, todos los detalles que distinguían al original de la imitación.

Fran había estado siguiendo el desarrollo del derecho de propiedad intelectual durante varios años. Era un campo nuevo, así que casi no se mencionaba en las escuelas de derecho. Aunque las leyes de patentes y de copyright eran un área bien establecida de la práctica, las marcas captaban menos atención en esa época. Mientras tanto, en las aceras de Manhattan se disparaba el negocio de las imitaciones de bolsos de Gucci y Fendi, las falsificaciones de relojes Rolex y Cartier, y galones de réplicas de Chanel No. 5.

Fran proféticamente entendía que el daño ulterior de no defender una marca comercial era la pérdida de los preciosos derechos de uso exclusivo. Comenzó a educar a nuestros clientes, muchos de los cuales estaban en el negocio de la moda y creaban productos de lujo cuyo valor estaba tan ligado al prestigio del nombre como a la calidad de la producción, Fendi fue el primero en valorar la importancia de lo que Fran estaba tratando de hacer. Las imitaciones baratas de los bolsos Fendi no sólo se estaban vendiendo en el barrio chino y en los pulgueros de todo el país, sino también en las estanterías de una respetable cadena de tiendas. A la larga, aparecieron en la acera justo enfrente de la tienda de Fendi en la Quinta Avenida.

Fran decidió educarme también a mí, porque quería que la ayudara a llevar a juicio a la importante cadena de tiendas. Me daba libros y discutíamos los casos que leíamos juntas. Cuando el caso de Fendi llegó a juicio, nos alegró saber que había sido asignado al juez Leonard Sand, que tenía fama de ser brillante. Él había procesado un caso muy contencioso contra la ciudad de Yonkers sobre desegregación —un caso que duraría décadas pero que estaba entonces fresco en la conciencia pública y con el cual yo estaba muy familiarizada por mi trabajo en PRLDEF.

Preparándonos para el juicio, yo estaba en la sala de conferencias observando cómo Fran preparaba a un testigo cuando la llamaron por teléfono. Me pidió que continuara por ella. La casa de modas Fendi era prácticamente un negocio familiar. Cándido Speroni, nuestro experto en las complejidades de los procesos de producción de Fendi, estaba casado con una de las cinco hermanas, cada una de las cuales era responsable de un aspecto distinto del negocio. El sobrino de Cándido, Alessandro Saracino, un joven abogado también, servía de intérprete.

Preparar testigos es un arte. Como fiscal, aprendes que no puedes decirle a un testigo qué decir o qué no decir —dejarán escapar las cosas más sorprendentes cuando los llamen a declarar en la corte. Por el contrario, el propósito de la preparación es ayudarlos a entender el motivo detrás de cada pregunta, de manera que estén trabajando en equipo para comunicar al jurado el conocimiento relevante que tengan. Yo estaba sumergida en el proceso con Cándido, completamente concentrada en la tarea inmediata, cuando miré el reloj y me di cuenta de que ya hacía mucho rato que Fran se había ido. Me pregunté en voz alta qué le habría pasado, y me respondió desde la esquina al lado de la puerta: "Estoy aquí. Te he estado observando". Después de sugerir que tomáramos un receso para almorzar, le dijo a Alessandro: "Por favor, habla con tu tío y pregúntale si estaría de acuerdo… Sonia debe ser quien lleve este caso a juicio, no yo. Te costará mucho menos, pero en última instancia no es por el dinero. ¡Es tan buena!".

Y así comenzó mi amistad con los Fendi, así como la improbable experiencia de presentar un caso ante el reconocido juez Leonard Sand y ser la única asociada joven que llamaba a su oficina al final del día para decirle a un socio sénior que los papeles que necesitaba tener listos a la mañana siguiente.

El hecho de que Fran me entregara el caso Fendi para estrenarme en un litigio civil no sólo era un tributo a su generosidad personal, sino también a la naturaleza de Pavia & Harcourt, donde la colaboración abierta estaba arraigada en la cultura. Las personas con las que trabajaba estaban tan seguras de sí mismas que compartían clientes y conocimientos con facilidad. Ese espíritu de trabajo en equipo transparente me alegraba, así que me esforzaba por ser tan franca y servicial con los demás como lo eran Fran y Dave conmigo. Un joven asociado que estaba batallando con la dislexia se quedó tan asombrado de mi velocidad de lectura como quedé yo ante la destreza de Fran de escribir como ametralladora. "¡Sonia, acabas de devorar ese artículo tan rápido como podías!" exclamó. Pero él tenía un truco fiable para detectar lo que probablemente sería más útil, así que con frecuencia trabajábamos juntos para abrirnos paso por la densa maleza de lectura requerida leyendo, intercambiando observaciones e ideas.

En esta atmósfera de camaradería, aprendí a estar más atenta a cómo me percibían los colegas. Esa impresión inicial de ser "toda una bruja" se había desvanecido con la experiencia, pero reaparecía esporádicamente cuando llegaba alguien nuevo. Theresa Bartenope fue contratada como secretaria para otro departamento en el lado opuesto del edificio, pero yo le lancé el anzuelo para que se convirtiera en mi paralegal en el ejercicio de la propiedad intelectual. Eso significaba que con frecuencia llamaba por el crepitante intercomunicador: "Theresa, te necesito en mi oficina". Aparecía en mi puerta minutos después, jadeando por la carrera, las manos temblorosas, una urticaria extendiéndose por el cuello. *¿Qué le pasa?*, me preguntaba. Cuando se retiraba a su lado del edificio, la gente en los pasillos se reía del espectáculo. Finalmente, alguien me dio una pista y llamé de nuevo a Theresa, esta vez más suave: "Theresa, ¿por qué me tienes miedo? Yo no muerdo".

Cuando me enfoco con intensidad en el trabajo, soy completamente ajena a las señales sociales, es más, a cualquier señal. Me aíslo del universo entero y sólo me importa la página que tengo al frente o la situación que me ocupa. Los colegas que me conocen bien no se lo toman como algo personal. De hecho, algunas veces lo encuentran práctico. Las conversaciones de pasillo pueden ocurrir justo frente a mi puerta porque yo soy la única persona insensible a las distracciones, totalmente abstraída. Esa misma tendencia como fiscal me dio una mala reputación —no merecida, según creo— de ser despiadada en el contrainterrogatorio. Esa no era mi intención; cuando estoy sumamente concentrada y procesando información con rapidez, las preguntas sólo salen disparadas sin ceremonia.

Theresa, gracias al cielo, superó su temor y desde entonces me ha acompañado en cada etapa de mi carrera. Ella sigue siendo mi mano derecha y protectora, mi queridísima amiga. Cuando olvido algo, ella es la que se da cuenta. Ella es el espejo que me muestra las faltas cuando nota que me estoy poniendo intimidante o muy brusca, un efecto que se acrecienta aún más debido a la importancia de mi cargo actual. Cuando estoy demasiado enfrascada en algo, ella me obliga a respirar y me recuerda ser gentil.

RESULTÓ QUE EL caso contra la tienda importante se resolvió extrajudicialmente a mitad del juicio, pero yo continuaría trabajando de cerca con Fran Bernstein en casos de propiedad intelectual para Fendi, así como para otros clientes. El litigio, sin embargo, no era un recurso eficaz para el problema de los artículos falsificados que se vendían en la calle y en el barrio chino; no tenía sentido llevar a juicio a vendedores ambulantes. En su lugar, los dueños de las marcas comerciales decidieron unirse para solicitar una orden judicial que nos permitiera confiscar la mercancía y los registros relacionados con su producción y distribución. Al preparar el caso para una orden de confiscación, trabajábamos con investigadores privados para rastrear a los proveedores que canalizaban las réplicas a Nueva York desde diversos puntos de manufactura en Asia, así como artesanos italianos con doble empleo. Los investigadores compraban artículos a los vendedores en diversos locales y podíamos trazar en un mapa las conexiones al comparar los herrajes o las telas de distintos lotes. Al mantener un área bajo vigilancia, podían con frecuencia identificar un almacén ubicando a los mensajeros que se movían entre ese local y los vendedores. Si podíamos interceptar el contrabando en ese punto de distribución, quizás podríamos hasta encontrar documentos de aduana y transporte que llevaran todavía más alto en la cadena de suministro.

Le enseñé a Fran a elaborar una declaración jurada. Ella escribía la mayoría de los informes. Me encantaba el trabajo investigativo, el reto del rompecabezas y la emoción de las operaciones de confiscación. Juntas éramos Cagney y Lacey.

Dempster Leech era nuestro investigador privado, cuyo aspecto de profesor despistado y desaliñado, y su manera vacilante de hablar ocultaba su amor por la caza. A través de las calles hediondas del barrio chino, encabezaba una patrulla de corpulentos compañeros, la mayoría de ellos oficiales de policía retirados, o fuera de sus horas de servicio normal, que vivían fuera de la ciudad. Tenían que estar armados: el comercio callejero de las imitaciones estaba controlado por pandillas que, además de traficar drogas y otras cosas, extorsionaban a los vendedores a cambio de protección. En las confiscaciones se necesitaba que los abogados de cada propietario de la marca comercial estuvieran cerca para observar la operación. Nuestro trabajo era examinar los artículos, asegurarnos de que sólo se llevaran las falsificaciones, que se presentaran las citaciones correctamente y se entregaran recibos por el inventario confiscado. Por lo general, cualquiera que estuviera involucrado desaparecía en cuanto detectaba nuestra presencia. Ante el menor asomo de problema, el destello de un arma, Dempster nos sacaba rápidamente. Nadie quería actos heroicos. Pero unas cuantas veces, rozamos el peligro incómodamente cerca.

Yo era la abogada a cargo la tarde en que vi a Dempster correr hacia mí en medio del bullicio de la calle Canal. Su vigilante había divisado a alguien saliendo de un edificio, empujando una carretilla cargada de cajas. Una de éstas se cayó de la carretilla desparramando lo que parecían ser bolsos Fendi. Los hombres de Dempster estaban vigilando el edificio. No había ventanas, pero se agachó en un muelle y divisó bajo la puerta corrediza que estaba entreabierta. Entre las sombras de la habitación, regados por todas partes, había cientos y cientos de bolsos falsificados. Llamé al juez y minutos más tarde teníamos una orden de confiscación.

El lugar estaba tan atestado de réplicas de Fendi que después de cargar todos los *jeep* de Dempster, tuvimos que traer un tráiler. Cada vez que pensábamos que habíamos terminado de limpiar todo el lote, otro rastro de bolsos sueltos nos llevaba como migas de pan a otro cargamento. El interior del edificio, como muchos otros en el barrio chino, era un laberinto de habitaciones que se conectaban detrás de varias fachadas de tiendas separadas. Lo que desde fuera parecía una estructura pequeña independiente realmente se extendía a través de casi toda la calle.

Generalmente, unos días después de una confiscación, yo tenía que regresar a la corte para presentar una declaración jurada sobre el inventario. Pero en esta ocasión, tenía que estar en otra parte, así que envié a un asociado joven que había ido con nosotros a la redada. Cuando Tony salió de la parada del metro en la calle Centre, un grupo de jóvenes asiáticos con siniestros tatuajes lo rodeó. "¿Dónde está la mujer de pelo negro? Dile que la estamos buscando. Dile que sabemos quién es". Tony no fue el único que tembló ese día. Se convocó una reunión de todo el departamento de litigios de Pavia & Harcourt; los socios estaban espantados. El juez también se horrorizó cuando se le informó lo ocurrido, enviaron alguaciles a acompañarme cada vez que iba a la corte.

Todo el asunto me pareció bastante irónico. Aparentemente, estaba en mayor peligro representando marcas de lujo en un bufete distinguido que cuando procesaba ladrones armados y asesinos. Dave

Botwinik y algunos de los demás socios discutieron que deberíamos olvidarnos por completo y de inmediato de las confiscaciones. Yo, al igual que Tony, entendía que los riesgos se habían manejado muy bien y que el valor para nuestros clientes era enorme. Quizás también estábamos fascinados con la agitación. Yo no estaba lista todavía para jubilar mi chaleco antibalas. El debate dentro de la firma se resolvió con un compromiso de los abogados que especificaba el alcance de los riesgos en cualquier operación y garantizaba que no se presionara a participar a nadie quien no quisiera exponerse a esos riesgos.

ANTES DE LOS dos años de haberme reclutado para trabajar en propiedad intelectual, Fran sufrió una recurrencia del cáncer del seno que había estado en remisión por varios años. La noticia la abrumó terriblemente. Su madre, hermana, abuela, prácticamente todas las mujeres de su familia habían sucumbido a la misma enfermedad. Según progresaba su tratamiento, pero también su enfermedad, cada vez la veíamos menos. Por un tiempo, trataba de levantarle el ánimo a través del teléfono, pero su salud se deterioraba rápidamente.

Cuando estuve lista para convertirme en socia en mi cuarto año, a fines de 1988, ella vino a la oficina por primera vez en meses para votar. Había perdido mucho peso y estaba muy frágil, pero todavía le quedaba chispa. Esa noche, ella y su esposo Bob me llevaron a cenar a La Côte Basque. Era la primera vez que yo iba a un restaurante de tanta opulencia y estaba emocionada con la experiencia, pero triste al ver que Fran casi no podía comer. Todavía no se conocía el resultado del voto para socio, así que no había un motivo evidente para celebrar, pero Fran no podía esperar. "Tienes que fingir que no sabes lo que voy a decirte, pero ¡esta noche celebramos!"

Más tarde, cuando esperábamos en la acera a que Bob trajera el carro, Fran me miró de arriba abajo. "Si vas a ser socia, tienes que vestirte como es debido. Fendi es tu cliente ahora. Debes representarlos adecuadamente. Necesitas comprar un abrigo de pieles de Fendi".

"¡Fran, yo no quiero un abrigo de pieles!" Me parecía estar oyendo a mi madre quejándose de mi forma de vestir. Yo ya tenía una relación extraordinaria con la familia Fendi y no dependía de que vistiera de alta costura. Alessandro, el joven abogado que era aprendiz del negocio de la familia, se había convertido en un buen amigo durante los meses de llamadas telefónicas diarias entre Nueva York y Roma, a cualquier hora, sin importar mi zona horaria o la suya. Con el tiempo, ayudé a allanar el camino para que él y su esposa, Fe, se mudaran a los Estados Unidos y, después de cierta resistencia inicial, se convirtieran en auténticos neoyorquinos, enamorados de su hogar adoptivo y apasionados de su vida cultural.

Había sido la abuela de Alessandro, Adele, quien, junto a su esposo, había establecido el nombre de Fendi como el epítome del lujo, la calidad y el diseño italianos. Fue también ella quien preparó a cada una de sus cinco hijas para asumir una faceta diferente del manejo financiero o creativo, con sus esposos a su vez entrando en el negocio familiar. Alessandro, por lo tanto, se sentía perfectamente cómodo trabajando con mujeres firmes, y a mí me agradó de manera instintiva verme rodeada de un entorno empresarial unido por sólidos lazos familiares. Era una colaboración natural.

Princeton y Yale me proporcionaron mis primeros vistazos de cómo vivían los extremadamente privilegiados. Trabajar en Pavia & Harcourt me daría una perspectiva todavía mejor, con invitaciones a eventos sociales ofrecidos por clientes adinerados, donde una niña del Bronx se veía a sí misma con incredulidad codeándose con famosos como Raquel Welch y Luciano Pavarotti. Aun así, me sentía más como observadora que como participante del esplendor. La amistad con los Fendi me reveló un mundo más privado de lujo y gusto exquisito. Al visitar su casa en Roma y pasar vacaciones con ellos por toda Europa, mis ojos se abrieron no sólo a lo más refinado del diseño italiano moderno y a un legado clásico glorioso, sino a una sensibilidad completamente distinta. Alucinada por celebraciones de encanto teatral, coleccioné sueños de esos que duran toda la vida. Quizás, hasta cierto entendimiento y, con éste, la seguridad que proviene de haber visto la vida desde todos los ángulos.

Pero lo más importante fue que ellos se convirtieron en familia.

Alessandro es un hermano para mí. Saltaría ferozmente en mi defensa; me atrevería a decir que se batiría a duelo al amanecer si estuviera en juego mi honor. Por mi parte, yo no lo pensaría dos veces para tomar el próximo vuelo y estar a su lado en el momento en que lo necesite, así como nunca dudé en invitar a sus padres, Paola y Ciro, a Co-op City, para la cena de Acción de Gracias en casa de mi madre.

Veintiocho

UN PAR DE semanas después de mi cena de celebración con Fran y su esposo, George Pavia me llamó a su oficina para que él y Dave Botwinik pudieran decirme, esta vez oficialmente, que los socios del bufete me habían elegido como socia. Las buenas noticias venían acompañadas de una curiosa condición, palabras que se quedaron en mi mente. "Es claro que no te vas a quedar en la práctica privada para siempre", dijo George. "Sabemos que tu destino es la judicatura. Dave incluso está convencido de que llegarás hasta la Corte Suprema. Pero con esta oferta, sólo te pedimos que te quedes con nosotros mientras continúes en la práctica privada".

Ofrecerle ser socio a alguien que no tiene planes de quedarse mucho tiempo era inusitadamente generoso, particularmente en una firma tan pequeña en la que cada socio es parte integrante del equipo. Acepté con una enorme gratitud, pero también con patente mortificación ante la profecía fantástica de Dave. Si él hubiera sabido que soñaba con ser juez desde niña, podría haberlo tomado como un halago afectuoso, pero recalentado. En cambio, me había abstenido por mucho tiempo de verbalizar mi ambición por entender que cualquier judicatura federal exigiría un extraño alineamiento de fuerzas políticas, así como algo más que una pizca de suerte. Dave podía haber intuido la dirección de mis sueños —como vería pronto, había por lo menos otra cosa sobre la cual yo no había dicho ni pío que era más evidente de lo que yo imaginaba— pero aun así, hablar de la Corte Suprema de esa manera me hizo estremecer, de la misma manera que cuando un tío exagera tus logros. Era incómodo oír un pensamiento tan ingenuo de alguien a quien yo respetaba profundamente, y sentí vergüenza ajena por mi "Rabino". Me sentí además extrañamente expuesta allí, mientras mis colegas se referían casualmente a mi sueño, imposible secreto, al mismo tiempo que celebraban el hito profesional de convertirme en socia y, aún más con la sombra de la muerte de Fran acechando.

Cuando ella finalmente perdió la batalla la próxima primavera, la pérdida fue devastadora para todos. La muerte de cada persona cercana a mí ha llegado como una bofetada para recordarme mi propia mortalidad, obligándome a preguntarme: ¿Qué estoy logrando? ¿Es mi vida significativa? La muerte de Abuelita me impulsó a estudiar todavía más en la universidad. Cuando llegó el momento de Nelson, no pude seguir posponiendo la decisión de seguir mi vida fuera de la Fiscalía. Fran me había confiado el trabajo innovador en propiedad intelectual, un trabajo que se convertiría en su legado y, cuando murió, me lancé a éste con mayor resolución. De todos modos, verla partir a los 57 años, sólo un año menos de los que yo tengo ahora, disparó mi sentido habitual de que quizás no tendría suficiente tiempo para luchar verdaderamente por lograr mi meta máxima.

He vivido gran parte de mi vida inevitablemente consciente de que es valiosa y finita. La realidad de la diabetes siempre ha acechado en un rincón de mi mente y, en etapas tempranas, acepté la probabilidad de que moriría joven. No tenía sentido inquietarse por eso; nunca me he preocupado por las cosas que no puedo controlar. Pero tampoco podía desperdiciar el tiempo que tuviera. Una especie de metrónomo interno ha continuado marcando un ritmo. Ahora, la diabetes se puede controlar mejor y ya no tengo miedo de quedarme corta en el cómputo de los años. Pero conservo el hábito de vivir como si estuviera a la sombra de la muerte, y considero que eso es también un don.

EN UN DÍA glorioso de junio, un grupo de amistades estaba celebrando mi cumpleaños número treinta y siete con una barbacoa en mi patio. Tuve suerte de descubrir ese apartamento en la misma calle de mi antiguo hogar y el de Dawn, suerte de haberlo obtenido con descuento aún antes de concluir la conversión a co-op y todavía más suerte de que Dave Botwinik me ayudara a conseguir un préstamo inusualmente económico para el pago inicial. Lo mejor de todo, el patio era perfecto para hacer fiestas.

Todos estaban bien atendidos. Los vasos estaban llenos. *Déjalos bailar*, pensé. Exhausta, necesitaba recostarme unos minutos. No me sentía bien, estaba aturdida, pero una vez que me acosté, no podía moverme. Finalmente, pude arrastrarme fuera de la cama y abrir la puerta corrediza al patio. Pero de ahí no pude seguir. Necesitaba sentarme enseguida. Afortunadamente, había un escalón. Y allí estaba Theresa. Ella me estaba hablando, pero yo no entendía las palabras. Se me acercó, todavía diciendo disparates. Había algo en su mano que yo quería desesperadamente. Lo necesitaba. Lo agarré, pero me temblaba el pulso. Estrellé el pedazo de bizcocho de cumpleaños en mi boca. Theresa se quedó ahí parada con la suya abierta por el susto. Debo haberme visto bastante desconcertante con toda la cara embarrada de *frosting*.

Cuando me recuperé y hablamos de lo sucedido, Theresa me dijo que, aunque ella tenía una vaga idea de que yo era diabética, no tenía idea de cómo se veía un bajón de azúcar. Los amigos que me vieron acostada pensaron que había bebido unas copas de más. Pero yo estaba tan ocupada en mi papel de anfitriona que ni siquiera había tomado una todavía. La tarjeta que me dieron cuando niña todavía estaba en mi billetera, todos estos años la había llevado conmigo. Había llegado a los treinta y siete años sin necesidad de que nadie la sacara de allí. Decía:

TENGO DIABETES

NO ESTOY borracha. Si estoy inconsciente o actúo de manera extraña, puede que tenga bajo mi nivel de azúcar en la sangre.

TRATAMIENTO DE URGENCIA

Necesito azúcar de inmediato. Si puedo tragar, dame un dulce, un refresco, un jugo de fruta o azúcar regular. Si no puedo tragar o no me recupero en 15 minutos, llama a un médico o a la ayuda médica de emergencia más cercana y diles que tengo diabetes.

Muy pocas de mis amistades sabían que yo tenía diabetes Tipo 1 y era insulinodependiente. No es que yo lo ocultara conscientemente. Yo diría que era cortésmente discreta, pero la verdad es que mi discreción era un hábito muy arraigado. Era reacia a cualquier revelación que pudiera haberse visto como una jugada para inspirar lástima. Y manejar esta enfermedad toda mi vida ha sido el sello distintivo de la seguridad en mí misma que me salvó en la niñez, aun cuando puede ser que me haya costado en parte el matrimonio. Yo no necesitaba la ayuda de nadie. Pero en realidad, yo era más vulnerable de lo que estaba dispuesta a admitir.

La discreción no era simplemente mi naturaleza. Cuando era joven, las incapacidades y todo tipo de enfermedades se regían por un código de silencio. Esas cosas eran asuntos privados y no se hablaba de ello fuera de la familia. No se me hubiera ocurrido inyectarme en público, aunque raras veces tenía que preocuparme por eso porque sólo tenía que ponerme una inyección diaria, a primera hora en la mañana. Si se presentaba la situación porque estaba viajando o pasaba la noche fuera de casa, mi madre me decía que lo hiciera en el baño.

En la adolescencia, no ganaba nada con anunciar que andaba cargando agujas y jeringuillas en un vecindario donde tanta gente usaba heroína. Un día, caminando al trabajo en el Hospital Prospect, tropecé y todo el contenido de mi bolso se salió justo a los pies de un oficial de la policía. Ahí en la acera estaba mi parafernalia (precisamente llevaba jeringuilla y aguja porque planeaba pasar la noche en casa de Abuelita). "Ah, no, no...", dijo el policía, incrédulo según le explicaba, mientras recogía rápidamente todo con manos temblorosas. Mi explicación no tenía peso alguno; tampoco mi frasco de insulina. ¿Qué loca historia se inventaría ahora una *junkie*? Tuve que persuadirlo de que me acompañara al hospital para que mi supervisor respondiera por mí. Estaba aterrorizada: un arresto habría borrado mis esperanzas de ir a la universidad, ni hablar sobre la escuela de derecho.

Para la época en que llegué a la universidad, la enfermedad parecía haber dejado de ser un problema, sin necesidad de mencionarlo a nadie. Continué con el mismo régimen, una inyección al día; ya no tenía que ir a la clínica del Centro Médico Jacobi, donde me habría enterado de los progresos en el tratamiento. Como estaban las cosas, yo todavía no tenía una manera más precisa de medir mi glucosa en la sangre que esas tiritas de prueba de orina prácticamente inútiles de informe demorado. Pero mientras continuara comiendo con cuidado y vigilara cómo me sentía podía controlarla. Esa disciplina era más fácil que la alternativa: odiaba la pesadez aletargada que acompañaba la subida de azúcar en la sangre y los efectos de un bajón —sudores, temblores y desorientación— eran tan desagradables que yo respondía rápidamente con azúcar adicional.

No se me ocurrió, sin embargo, que mi propio cuerpo podía estar cambiando. Los cambios hormonales sutiles, muchos después de la turbulencia de la pubertad, pueden afectar los niveles de azúcar en la sangre. El ejercicio también puede hacer una diferencia, acelerando la absorción de la insulina recientemente inyectada. En constante movimiento en Princeton, ya fuera montada en bicicleta por el campus o corriendo escaleras arriba para ir a clase, yo estaba ajena a cómo, con estos factores añadidos, los niveles de azúcar podían bajar tan rápido que los síntomas usualmente reveladores no tenían tiempo de registrarse antes de que yo estuviera demasiado desorientada para responder.

En mi tercer año, empecé a tener dificultades para levantarme en la mañana. Una vez estuve tan atontada que llegué a tomar un examen sin tener plena conciencia y hasta volví a acostarme, para luego levantarme en estado de pánico creyendo que había olvidado ir al examen. Todavía no me explico cómo pude haber salido tan bien en el examen. Otro día, me desperté y contesté el teléfono con tan poca claridad mental que la madre de Kevin finalmente se dio cuenta de que estábamos durmiendo juntos. Y una mañana, ni siquiera me desperté. Si mi compañera de cuarto no hubiera regresado a una hora irregular, contrario a su costumbre, no me habría encontrado inconsciente en la cama. No pudo despertarme y terminé en la enfermería por varios días.

Todos los años de universidad, escuela de derecho y Fiscalía continué en esencia con el mismo régimen que tenía de niña. No fue sino hasta que cumplí los treinta años y me establecí en Brooklyn que decidí buscar un especialista en diabetes Tipo 1. Había dejado pasar por alto adelantos importantes en el tratamiento. Comencé a ponerme al día, usando formas mejoradas de insulina e inyectándome dos veces al día. Cuando mi primera doctora se mudó, me recomendó a Andrew Drexler, uno de los más destacados endocrinólogos especialistas en diabetes del país. Con Andy, ahora un amigo querido y confidente, mi tratamiento no puede ir mejor.

Todavía uso el método tradicional de inyectar la insulina, aunque muchos diabéticos hoy día han cambiado a las prácticas plumas de insulina o bombas con controles computarizados para ajustar las dosis continuamente durante el día. Las tiritas de prueba de orina son cosa del pasado. A mediados de la década de 1980 compré mi primer glucómetro portátil, que costó lo que parecía una fortuna en esa época. Era cuatro veces del tamaño de las versiones actuales, que te dan un resultado en cinco segundos. Ahora me hago la prueba de azúcar en la sangre y me pongo las inyecciones de cinco a seis veces al día. Cuando decido qué voy a comer, calculo el contenido de carbohidratos, grasa y proteína. Me hago una letanía de preguntas: ¿Cuánta insulina necesito? ¿Cuándo va a empezar a hacer efecto? ¿Cuándo fue mi última inyección? ¿Caminaré más lejos de lo usual o me esforzaré en una forma que pueda acelerar la tasa de absorción? Si no fuera buena en matemáticas, esto sería difícil.

Este régimen requiere mucha más atención de lo que prestaba a la enfermedad cuando era joven, pero también me permite ajustar con precisión la regulación de mis niveles de azúcar en la sangre. Los beneficios tienen sentido, puesto que las nefastas complicaciones de la diabetes —enfermedad cardíaca, ceguera, neuropatía que puede causar amputación de las extremidades— son principalmente efectos del daño a largo plazo ocasionado por niveles altos crónicos. Ser meticulosa en mantener los míos dentro de los niveles normales me brinda una excelente oportunidad de tener un promedio de vida normal. No importa lo cuidadosa que sea, sin embargo, una fiebre o infección pueden disparar mis niveles de azúcar. Los traumas o exceso de estrés tienen el mismo efecto.

Aún con el monitoreo más meticuloso, el azúcar en la sangre puede variar repentinamente de tal modo que es una amenaza para la vida de uno, no en el futuro, sino en el presente inmediato. Eso fue lo que ocurrió el día en que agarré ese pedazo de bizcocho de cumpleaños de la mano de Theresa. Las sorpresas pueden insinuarse de manera insidiosa. Yo sabía, por ejemplo, cuántos carbohidratos tenía una comida en un restaurante chino típico, pero una vez mis cálculos fallaron peligrosamente por un estilo de cocina muy distinto en un restaurante Szechuan muy elegante. El *jet lag* o perder la noción de los cambios horarios probablemente tuvo que ver con otra crisis. Volé a Venecia para asistir a la boda de un amigo, un abogado italiano que había trabajado por un tiempo en Pavia & Harcourt. Por alguna razón, después de registrarme en el hotel, mi azúcar en la sangre bajó precipitadamente y me desmayé.

Afortunadamente, Alessandro y su esposa Fe también habían ido a Venecia para la boda. Se dieron cuenta de que algo andaba mal cuando no me presenté a tiempo. Después de atravesar la ciudad para llegar a mi hotel, Alessandro amenazó con romper la puerta si el portero no se olvidaba de la política del hotel y la abría. Me dieron jugo de china, llamaron a una ambulancia, que en realidad era un bote, demasiado grande para acomodarse en nuestro canal de callejón. Así que suministraron una camilla veneciana, que es como una silla con postes, y me llevaron, mientras perdía y recobraba intermitentemente el conocimiento, a un hospital que era en realidad un hogar de ancianos en un antiguo convento, con instalaciones igualmente antiguas. Intenté mostrarle al médico cómo usar mi moderno glucómetro, pero no quiso saber de eso. "Yo soy el médico, usted la paciente", insistió, según Alessandro traducía con disgusto.

Más tarde nos reíamos con el cuento, especialmente si lo contaba Alessandro con sus gestos italianos gloriosamente expresivos, evocando imágenes de Fe con un despampanante traje de noche azul y él, de etiqueta, preparándose para echar abajo mi puerta, con la indignación final de que el personal del hospital se refiriera a ellos como "los americanos".

Aunque sobresalen en mi memoria, esos episodios no eran muy frecuentes, y han sido escasos en la última década, según ha mejorado la tecnología y mi cuerpo se ha adaptado a la mediana edad. No obstante, cada vez que me encontraba en una crisis de azúcar en la sangre, no podía evitar darme cuenta de que alguna intervención improbable me había salvado la vida, ya fuera algún amigo que pasaba por ahí o llamaba sin razón alguna; o una vez el pequeño Rocky de Dawn, que al encontrarme inconsciente ladró frenéticamente, sin que nada pudiera calmarlo, hasta que llamó la atención a donde se necesitaba. Contemplar tanta buena suerte reforzaba mi sensación de que Abuelita todavía me cuidaba. Pero decidí que eso no era fundamento para tentar mi suerte. Aunque los Fendi y yo tengamos tema de conversación para reírnos por años sobre el incidente en Venecia, la cruda realidad es que si Alessandro no hubiera sabido de mi diabetes, yo estaría muerta. Esa fue la confirmación final para que, por motivos de seguridad, fuera franca sobre mi enfermedad. Y desde que comencé en mi trabajo actual todos estos años después, cuando el peligro parece haberse alejado, tengo otra buena razón para reclamar públicamente la atención hacia la enfermedad. No sé si todavía le dan a los niños con diabetes una lista de las profesiones a las que no pueden aspirar, pero yo me siento orgullosa de ser la prueba viviente de que los grandes sueños no están fuera de alcance.

HAY UNA PERSONA con quien he pospuesto ser franca por el mayor tiempo posible. Las historias de esas veces que me he salvado de milagro y sugieren que tengo nueve vidas nunca se le han mencionado a mi madre. Tendré que lidiar con ese problema cuando lea este libro. Su miedo a mi enfermedad todavía está más allá de toda razón y, en ocasiones, me ha vuelto loca. Pero claro, cualquier problema mío que ha descubierto con retraso ha terminado en la misma histeria. Junior me cuenta que una vez ella lo llamó para quejarse de que yo no le contaba lo que estaba ocurriendo. Él le contestó mucho mejor de lo que yo pude haberlo hecho: "Sonia nunca te va a contar nada, Mami, porque tú siempre reaccionas exageradamente". Todavía más importante, le dijo, él no conocía a nadie más feliz que su hermana. "Sonia vive su vida al máximo. Si muere mañana, morirá feliz. Si vive de la manera que tú quieres que viva, morirá como una desgraciada. Así que déjala en paz, ¿okay?"

Yo amo profundamente a mi hermano. Él me conoce como ninguna otra persona en el mundo podría hacerlo. Siempre nos hemos cuidado mutuamente. Sus hijos todavía se mueren de risa al oírme llamarle Junior —él es Juan para el resto del mundo ahora pero siempre será Junior para mí, aunque ya no sea un incordio.

Mami le colgó ese día, según me cuenta. Me la imagino sentada allí en Co-op City, echando chispas en su selva de plantas de interior, las ramas extendiéndose hasta el techo, las enredaderas trepando por las esquinas, bordeando los ventanales. Ese mensaje no fue fácil de digerir, pero a la larga se aceptaría.

LA HISTORIA DE mi discreción y la confianza en mí misma que esta producía no empieza ni termina con mi diabetes. Me he dado cuenta de que empieza y termina con mi madre, que se convirtió en mi paradigma emocional más constante, informando mi carácter para bien o para mal, así como el carácter de mis relaciones con ella.

Muchas veces sentí que había un foso amplio que me separaba del resto del mundo, a pesar de ser, según todos, una excelente oyente para todas mis amistades. Ellas se sentían libres de contarme sus problemas. Al igual que mi madre, no las juzgaba, sentía su dolor, quizás hasta les señalaba algún hecho que habían pasado por alto. Tenía cierta habilidad para traducir los misterios de las mentes de otras personas y podía abrir los ojos de alguien al mundo como lo veían su esposo, su jefe o su madre. El único truco que no pude aprender fue cómo pedir eso mismo de ellos.

Compartir no era mi estilo; yo era quien resolvía mis problemas. Desde el quinto grado, desde que superé la tristeza y el aislamiento que desolaban a la familia de un alcohólico, desde que aquel simpático niño, Carmelo, me convenció de que ser listo podía ser *cool*, me había rodeado de una multitud de amigos. Y sin embargo, por dentro me sentía muy sola. Tal vez incluso durante mi matrimonio que, a pesar de nuestro afecto y respeto mutuo, había sufrido debido a esa autosuficiencia que frustraba a Kevin. No fue hasta después de la Fiscalía, cuando comencé a hacer progresos precisos hacia la persona que quería ser en el ámbito profesional, que pude comenzar a soñar con remodelar también a la persona que era en el plano emocional. Mi fe en mi potencial de superación personal, que había sido la base de todo mi éxito académico y profesional hasta el momento, se pondría a prueba ahora en las regiones más inaccesibles de mi ser. Pero era optimista. Si podía arreglar tus problemas, seguro que también podría arreglar los míos.

Siempre había pensado que las personas pueden cambiar; muy pocas son inmóviles estatuas de piedra o no tienen salvación. Toda mi vida he mirado a mi alrededor y me he preguntado: ¿Qué puedo aprender aquí? ¿Qué cualidades en este amigo, este mentor o incluso este rival merecen ser emuladas? ¿Qué necesito cambiar en mí? Ya desde niña podía reflexionar que mi ira no solucionaba nada, sólo me hacía daño a mí, y que tenía que aprender a pararla en seco en el instante en que sentía su acceso. Aprender a ser franca sobre mi enfermedad era un primer paso y me enseñó que aceptar mis vulnerabilidades puede acercarme a la gente. Los amigos quieren ayudar y es importante saber aceptar la ayuda con gentileza, así como es mejor aceptar un regalo diciendo "Gracias" que con un "No debiste haberte molestado".

Si hay una medida para saber si he tenido éxito en esta transformación personal es que muy pocos de mis amigos —hasta aquellos que me han conocido por más tiempo— pueden recordar la persona que yo era antes de emprender ese esfuerzo. Esa es la naturaleza de la familiaridad y la memoria. También aseguran que siempre supieron sobre mi diabetes y alegan incluso que me recuerdan poniéndome la inyección mucho antes de que yo lo hiciera abiertamente. Pero no hay un mejor indicador de progreso, ni causa de orgullo, que la mejoría de las relaciones con mi madre.

Mami estaba totalmente ida, era una presencia vacía, *checked out*, el apartamento vacío. De espaldas a mí, mi madre era un mero pedazo de madera, un tronco a mi lado en la cama cuando yo era niña. Mami, vestida y maquillada a la perfección, como una estrella de cine, la Jacqueline Kennedy de las Casas Bronxdale, se rehúsa a cargarme y arrugar su inmaculada vestimenta. Esa era la fría imagen con la que había vivido y con la cual me había moldeado a mí misma, adoptando tristemente la actitud distante, pero nada del *glamour*. No pude librarme de su hechizo hasta que pude apreciar lo que le dio forma y, en su semejanza, me formó a mí.

Había tantas cosas sobre mi madre que yo simplemente no había conocido. Cuando estaba luchando para obtener su título de enfermería en Hostos Community College, con pánico al fracaso, enfrentando cada examen escrito como a un batallón de fusilamiento, me contó algo sobre su época en la escuela en Lajas y San Germán. Sobre su miedo a ser ridiculizada por sus compañeros de clase, regañada por las maestras, su certeza de que era estúpida. Aparte de eso, yo no sabía prácticamente nada sobre su niñez. Sus historias más reveladoras empezarían a caer lentamente, a cuentagotas. Pero sólo cuando tuve la fuerza y la determinación de hablar sobre la fría distancia entre nosotras, me confesó sus limitaciones emocionales de una manera que me invocaba al perdón.

"¿Cómo iba yo a saber esas cosas, Sonia? ¿Quién me enseñó a ser cariñosa cuando era joven? Yo estaba sola, estaba furiosa con Mayo. ¿Qué otra cosa vi?"

Mi coraje hacia ella todavía surgía de vez en cuando. Y cuando surgía, yo recurría a esta reflexión: ella tenía su historia, piezas que faltaban en su vida. También acudía a un talismán de recuerdo, uno que podía agarrar como las suaves cuentas de un rosario. Volvía a él como un libro de cuentos infantiles que conocía de memoria, pero del cual nunca me cansaba. Era el recuerdo de aquellas noches de verano cuando me despertaba empapada en sudor y Mami me pasaba un pañito frío y húmedo, susurrando suavemente para no despertar a Junior, porque eso era para mí, mi momento. El runrún del pequeño ventilador, mi cuello enfriándose al evaporarse la humedad, la mano de mi madre en mi espalda.

Yo no sufriría de la misma falta de ejemplos que mi madre. Las amistades me enseñarían cómo ser cariñosa y aprendería dando a otros la oportunidad de hacer por mí lo que ellos me habían permitido hacer por ellos, hasta que nadie recordara un tiempo en el que las cosas no eran así. Según aprendía, practicaba con mi madre —un verdadero abrazo, un halago sincero, un esfuerzo adicional para bajar la guardia— y milagrosamente, ella también se suavizó, como resultado de un instinto durante mucho tiempo dormido, aun sin saber a ciencia cierta lo que ocurría. Al abrirme, llegué a reconocer el valor de la vulnerabilidad y a aceptarla, y pronto descubrí que en este trayecto tampoco estaba sola. Mi madre estaba dando cada paso a mi lado, tornándose ella también más afectuosa y expresiva, la persona que pudo haber sido si hubiera tenido la oportunidad.

KILEY CORRE A recibirme, salta a mis brazos. Me rodea el cuello con sus bracitos flacos, aprieta su cuerpo de tres años diminuto como un pajarito en loca desproporción contra el mío. Y de repente, mi corazón estalla y mis ojos se llenan de lágrimas. Una ternura que no puedo describir corre por mis venas como una droga, y me doy cuenta de que la ausencia del toque humano ha sido, durante demasiado tiempo, una carga que he llevado inconscientemente.

Me receté una terapia de abrazos. Le dije a cada uno de los niños en mi vida que no estaba recibiendo suficientes abrazos. Tommy, Vanessa, Zachary... "¿Me ayudarán dándome un abrazo cada vez que me vean?" Kiley no necesitaba que se lo pidiera, por supuesto, pero los demás obedecieron al instante. En esto, la sabiduría de los niños pequeños es incuestionable. Los abrazos llegaron. Y fluyeron las emociones que nunca antes habían brotado con tanta facilidad. Incluso después de que los niños se convirtieron en desgarbados adolescentes, los abrazos no se detuvieron. Los hermanos más pequeños, John y Kyle, se unirían a la causa al pasar los años.

Lo que he aprendido de los niños he podido devolverlo a los adultos. La caricia en un abrazo que dice: te entiendo. El apretón de bienvenida, el beso de despedida, el abrazo prolongado en un momento de dolor. He descubierto la diferencia palpable entre esos actos como meros gestos y como compuertas a los sentimientos verdaderos entre dos personas.

ESTÁBAMOS EN EL probador y me estaba quitando los *jeans,* lista para atacar el montón de posibilidades que mi amiga Elaine había traído de los percheros, cuando soltó la ropa que traía en los brazos y se dobló, riéndose histérica. Tuve miedo de que tumbara las endebles paredes divisorias.

Elaine Litwer era cliente de Pavia & Harcourt y se convirtió en una muy buena amiga. Ella era una astuta y decidida sobreviviente de la extrema pobreza y de una familia pintoresca de la parte baja del East Side. Hablaba sin parar, nunca perdía y no soportaba a los necios, empuñando su ingenio sin piedad. Muchos fines de semana nos íbamos de tiendas y pasábamos el rato como un par de adolescentes.

"¡Sonia! ¡Dios mío! ¿Quién te compra la ropa interior? ¿Tu madre?"

"A decir verdad, en este caso, sí".

"¡Tenemos que remediar eso ahora mismo!"

Cualquier ofensa que pude haber sentido por la burla sin censura de Elaine se compensaba con una discreta satisfacción al pensar que por lo menos una vez habían tumbado a Mami de su pedestal como autoridad de la moda. Dejé de buen agrado que Elaine me ayudara a escoger ropa interior apropiada para mi edad.

Esto era parte de un proyecto más abarcador. Elaine me estaba enseñando a comprar, a reconocer lo que me quedaba bien, cómo funciona el color con el tono de la piel, la caída de una tela, cómo la mirada sigue una línea. Ay, este era un tema sobre el cual yo no probaba ser una buena aprendiz. Pero poco a poco fui desarrollando confianza en mi propio criterio, y Elaine, bendita sea, encontró una manera de que el proceso resultara divertido. Hasta que tomó las riendas, yo odiaba ir de compras y me limitaba a pedir por catálogo antes de soportar las sonrisitas de superioridad de las vendedoras y el escarnio de los espejos de cuerpo entero. Y aun cuando hacía algo bien, la idea de parte de mi madre de darme ánimo a duras penas animaba. Cualquier halago era inmediatamente calificado: "Eso se ve bien, Sonia, pero ahora necesitas pintarte las uñas".

Pero para ser totalmente sincera, no todo era culpa de mi madre. Vestirme mal ha sido un refugio buena parte de mi vida, una manera de obligar a los demás a relacionarse con mi mente, no con mi presencia física. Soy lo suficientemente competitiva como para finalmente retirarme de cualquier batalla sistemáticamente perdida. Elaine me dio el preciado regalo de mostrarme que no tenía que ser así. Soy mujer, tengo mi lado femenino. Aprender a disfrutarlo no menoscaba ninguna otra parte de mí.

Me miró con los ojos muy abiertos y su pícara sonrisa de oreja a oreja. "Nunca, ni en un millón de años habría escogido eso para ti, Sonia, pero se te ve de maravilla. ¿Ves? Ya estás encontrando tu propio yo".

NO TODAS LAS relaciones terminan con la dignidad y el respeto mutuo que Kevin y yo, de algún modo, salvamos de nuestros errores de juventud. Descubrí lo que era caer abatido románticamente, la desilusión que estremece tus cimientos. La desesperación pasaría, pero mientras tanto, los amigos venían al rescate, igual que lo hicieron después de mi divorcio. Quedarme sola con la pena nunca era una opción. Irme de compras con Elaine todos los fines de semana era parte de una campaña emprendida después de un malogrado romance. Alessandro y Fe también saltaron al rescate durante una separación: "Mamá dice que debes venir con nosotros de vacaciones a Ibiza".

Un remedio para el mal de amores que preparé yo misma fue aprender a bailar. Programé las lecciones, enrollé la alfombra y me dediqué a aprender salsa. Nunca más me sentaría como una momia al mirar a los demás bailando. La Sonia torpe y descoordinada haría las paces con ella misma en movimiento. Puede que nunca tenga un ritmo natural, pero sé que las rodillas hacen que las caderas se muevan y aprendí a leer tan bien a un compañero que puedo seguirlo como toda una experta.

Todavía no puedo cantar ni aunque mi vida dependiera de ello —un ligero impedimento auditivo no ayuda— pero después de una cantidad de ensayos antinatural para memorizar dónde cae cada sílaba, ahora puedo subir al escenario en una fiesta navideña y defenderme en un *sketch* musical.

Finalmente, también aprendí a nadar. Está bien, quizás no tenga la gracia de un atleta, pero puedo dar veinte vueltas sin parar. Puedo saltar del bote con los mejores y nadie tendrá que rescatarme. Nunca imaginé que incluso más tarde en la vida aprendería a lanzar una bola de béisbol, pero uno nunca sabe. Durante mi primer término en la Corte Suprema practiqué veinte minutos cada tarde durante semanas para estar lista y lanzar la primera bola en el Yankee Stadium. No desde la lomita, por supuesto, pero la lancé derechita por el mismo centro. Diferentes tipos de ejercicio han sido un divertido descubrimiento, y hasta participé en una carrera de bicicletas *century tour*. Me tomó años, pero ahora cuando me miro al espejo no está tan mal lo que veo. Es verdad que me gusta mucho la comida; mi peso sube y baja. Pero cuando el tiempo me lo permite, disfruto el esfuerzo de mantenerme en forma.

Un ajuste de cuentas con mi ser físico resultó ser más difícil que todos los demás. He fumado desde la secundaria, tres paquetes y medio de cigarrillos al día durante buena parte de mi vida. Mi primer intento serio de dejarlo fue en mi último año de la escuela de derecho: cada vez que sentía la urgencia de fumar, corría alrededor de la manzana, muchas veces con Kevin y Star resoplando a mi lado en solidaridad. Romper el hábito en frío durante época de exámenes puede parecer un rigor innecesariamente brutal, pero en retrospectiva parece menos castigo perverso que el volver a fumar dos años después, cuando Kevin y yo nos separamos. Hubo varios intentos adicionales, incluyendo la hipnosis, pero nada funcionó definitivamente hasta que vi a la pequeña Kiley sostener un lápiz entre dos dedos y echar anillos de humo imaginario. La culpa de poner en peligro la salud de un ser querido es, sin duda, la mejor motivación que he descubierto.

Me registré en un programa residencial de cinco días y hasta escribí una larga carta de amor para despedirme de mi más constante compañero por tantos años. Fue otro rompimiento amoroso, pero me consolé pensando que, si algún día llegaba a ser juez, no podía estar decretando un receso cada vez que tuviera la necesidad de fumar. Y funcionó. Sigo siendo adicta a la nicotina, un hecho que me inspira cierta compasión hacia la adicción de los demás, pero no he vuelto a fumar desde entonces. Ya no me preocupo por escabullirme, pero tengo la fantasía de poder satisfacer el deseo de fumar un último cigarrillo en mi lecho de muerte, tal como lo hizo Abuelita.

FERRARI ERA CLIENTE mío, y fui invitada a dar una vuelta en uno de los Testarossa originales. El doce cilindros era una maravilla de la tecnología que Ferrari había creado para la pista de carreras, pero el carro más veloz construido estaba disponible también para uso legal en la carretera. Aceleraba de cero a sesenta millas por hora en menos de cinco segundos y costaba cerca de un cuarto de millón de dólares.

Sorteando cuestas, serpenteando a través de campos y bosques diseminados, no sentía miedo, incluso cuando me electrizaba la sensación de tanto poder bajo perfecto control mecánico. Según subían y bajaban las cuestas, y los bosques se desdibujaban al pasar, venían a mi imaginación otras escenas, junto con tantos paisajes que vislumbraba por el espejo retrovisor. Recordé nuestro carro inútil en los proyectos, el coraje porque Papi no manejaba... Una docena o más de nosotros apiñados en la guagua loca de Gallego para irnos de picnic... Kevin tirado en la acera todo el verano mientras yo le leía el manual... El alivio que sentí la primera vez que, aterradoramente, logré que embragara el *clutch* y sabía que podría llevar mis cosas a casa de Mami en Co-Op City... Luego, Abuelita llamando a todos, ¡Vámonos de parranda! —una vuelta a medianoche. Era plena luz del día, pero por un momento cuando la carretera se perdía debajo del Testarossa, su sonrisa no se apagó.

Veintinueve

ALGUNAS VECES, sin importar por cuánto tiempo hemos acariciado un sueño o preparado nuestro camino, recibimos la posibilidad de su realización con escepticismo, sorprendidos de que finalmente vea la luz. En parte puede ser porque, negándonos a tentar a la suerte, nunca nos permitimos esperarlo realmente.

En 1990, volé a Londres con Fe, Alessandro, sus padres y su hermana para una celebración del Día de Boxeo. Cuando regresé a trabajar después de las vacaciones de Navidad, mi oficina se veía como la de alguien que van a despedir. Las torres de papeles que normalmente oscurecían mi escritorio habían desaparecido, dejando expuesta una veta de madera oscura pulida que yo ya había olvidado. Sobre el escritorio había un solo documento para mi atención: un formulario de solicitud para el cargo de juez de la Corte Federal de Distrito. Esto era evidentemente obra de Dave Botwinik. Agarré el formulario y salí corriendo la corta distancia del pasillo a su oficina.

"Dave, por favor".

"Es de la Comisión de Selección Judicial del senador Moynihan. Ellos examinan las recomendaciones que él le hace al Presidente. Llénala".

"¿Estás loco? ¡Tengo treinta y seis años!"

"Dame el gusto, Sonia. Están buscando hispanos calificados. Tú no sólo eres una hispana calificada, sino que estás excelentemente calificada, punto". Prometió devolverme mis expedientes si lo llenaba, lo que dije que haría antes de contar las páginas: era interminable. Pero no había manera de disuadir a Dave. Me ofreció a su asistente, así como a la mía, más la ayuda de un paralegal, lo que fuera necesario, para hacer el trabajo. Hacía tiempo que sospechaba que las ambiciones que tenía Dave Botwinik para mí eran en parte una proyección de las ambiciones que alguna vez tuvo para sí mismo. Hasta entonces, yo sólo lo ignoraba cada vez que traía el tema. Pero esta vez estaba mostrando una determinación sin precedente, y no era el único que estaba pendiente.

Varias semanas antes, compartí un taxi con Benito Romano después de una reunión de la junta de PRLDEF. Benito había sido Fiscal General interino de los Estados Unidos cuando Rudy Giuliani dejó el cargo para postularse como alcalde, y ahora un colega en la comisión de búsqueda del senador Moynihan le había hecho un acercamiento. Él había declinado la oferta, según dijo, pero les dio mi nombre.

"¿Por qué no usted?", le pregunté.

"Tengo esposa e hijos, Sonia. ¿Cómo voy a pagarles la universidad con un sueldo de juez?" Ese es un verdadero problema que ha desalentado a muchas personas talentosas de considerar la judicatura. El recorte de sueldo que yo sufriría como socia joven no sería tan grande como el de un socio más experimentado, y al no tener hijos me ahorraba tener que decidir entre dos males el menor. Pero este cálculo no alteró mi sensación de alcanzar demasiado en poco tiempo.

Incluso con ayuda, nos tomó casi una semana completar la solicitud. Tenía que dar cuenta de cada ápice de mi vida adulta, según parecía, así como indicar la dirección actual de cada casero, supervisor, juez y adversario legal que se había cruzado en mi camino. Por lo menos, la información financiera era fácil; todavía tenía poco que informar en ese asunto. Más allá del resumen de la experiencia profesional típico de las solicitudes de empleo, este documento sería el punto de inicio de una investigación para rastrear mi pasado en busca de algún desliz ético. Pero eso no me intimidaba. Pronto me di cuenta de que, tal vez más de lo que pude haber admitido, la mayoría de las decisiones que había tomado a lo largo de los años anticipaban este momento.

Muy poco tiempo después de presentar la solicitud, la comisión del Senador me respondió, la entrevista estaba programada en un par de semanas. Aunque todavía no acababa de tomarme el asunto en serio, me preparé como si me estuviera jugando la vida. Cuando fui a entrevistas de empleo en Yale, nunca se me ocurrió investigar antes o ensayar las respuestas a las preguntas probables. Toda la cultura de la escuela de derecho se dirigía a los bufetes que eran los reclutadores más codiciados, a responder la misma clase de preguntas que surgirían con más probabilidad en una entrevista como esa, y a conocer las que uno tenía que formular. Años más tarde, habiendo entrado sin prepararme a un interrogatorio para un tipo de puesto muy diferente en una agencia federal en Washington, me di cuenta, demasiado tarde, de que no era la misma clase de *guame* que un J.D. de Yale esperaría de una entrevista con una firma importante de Manhattan. No volvería a cometer ese mismo error.

Así que me preparé tanto como lo habría hecho para un juicio criminal, leyendo todo lo que podía encontrar y buscando colegas y cualquier amigo o pariente de éstos con la más mínima experiencia en el proceso de nominación de jueces. ¿Qué clase de preguntas puedo esperar que me hagan? ¿Qué objeciones puedo necesitar refutar? Ya no me preocupaba la pregunta obvia que anticipé inmediatamente: "¿No es muy joven para solicitar este cargo?". Yo misma me había preguntado lo mismo, pero un estudio breve reveló que no sería la más joven en ocupar ese puesto. Convertirse en juez a los treinta y tantos no era común, pero tampoco inaudito, y yo conocería al dedillo los nombres de esas excepciones. Pero además tendría una verdad a la mano: aunque la sabiduría se construye sobre las experiencias de la vida, la mera acumulación de años no es garantía de nada.

Judah Gribetz, un amigo de la infancia de David Botwinik y asesor por mucho tiempo del senador Moynihan, presidía la comisión con la que me reuní en la sala de conferencias de un bufete del centro de la ciudad. Estaba frente a quince personas alrededor de una mesa, la mayoría, aunque no todas, hombres y abogados. Uno de los pocos que reconocí fue a Joel Motley, hijo de Constance Baker Motley, la primera mujer afroamericana designada juez de la Corte de Distrito de los Estados Unidos. Según me disparaban preguntas de todas partes, así también salían las respuestas con facilidad y yo estaba satisfecha de lo bien que me había preparado. Entonces Joel me preguntó algo que yo no había anticipado. "¿No crees que aprender a ser juez será difícil para ti?" Respiré profundo para organizar mis pensamientos, y la respuesta fluyó: "He pasado toda la vida aprendiendo cómo hacer cosas que eran difíciles para mí. Ninguna de ellas ha sido fácil. No tiene idea de lo difícil que fue Princeton para mí al principio, pero descubrí cómo hacer las cosas bien allí y terminaron aceptándome en una de las mejores escuelas de derecho del país. En Yale, la Oficina del Fiscal de Distrito, Pavia & Harcourt, dondequiera que he ido, francamente, nunca me sentí totalmente preparada al principio. No obstante, todas las veces he sobrevivido, he aprendido y he progresado. No me intimidan los retos. Mi vida entera ha sido un reto. Espero poder dedicarme al trabajo y aprender a hacerlo bien".

Cuando la discusión se tornó técnica, mi experiencia en sala se sostuvo bien bajo escrutinio. Como fiscal del estado llevé muchos más casos a juicio de los que habría llevado un fiscal del sistema federal. Hablamos con detalle de los casos de pornografía infantil y del 'asesino Tarzán', expliqué esas investigaciones y las estrategias legales que utilizamos. ¿Qué hay sobre las áreas en las que no tenía experiencia? Había muchas cosas sobre derecho penal a nivel federal que tendría que aprender, aunque mi trabajo en Pavia & Harcourt había incluido varias vistas y un juicio en la corte federal sobre casos de marcas comerciales; por lo menos estaba familiarizada con las diferencias en las reglas de evidencia. Más importante, había estudiado los recursos de los que un juez novato inevitablemente va a depender, las interpretaciones, los seminarios, el Centro Judicial Federal. Puede que no conociera los particulares procesales tan bien como algunos, pero sabía perfectamente bien dónde se encontraban los temas. Cité como ejemplo las nuevas Guías de Sentencia Federal de los Estados Unidos. Siempre se pueden buscar respuestas a preguntas específicas en situaciones específicas, señalé, siempre y cuando se tenga suficiente experiencia para saber que existe una pregunta. Aprender las reglas no es difícil si estás consciente de que hay una regla que aprender.

Hablamos sobre mi servicio a la comunidad, lo que yo sabía era particularmente importante para el senador Moynihan. Mi trabajo en PRLDEF era claramente un punto a mi favor, al igual que el Campaign

Finance Board y mis otras actividades *ad honórem*. Sentada allí contestando preguntas, me atreví a creer que la entrevista iba por buen camino. Con cada pregunta, podía ver el lanzamiento acercarse a mí como en cámara lenta. Estaba relajada, pero al mismo tiempo alerta, centrada pero ágil, lista para moverme en cualquier dirección. Si no me elegían, sabría que no habría sido por haber metido la pata en la entrevista. Y nada más por esa sensación, la experiencia valió la pena.

Pero todo el proceso todavía me parecía una fantasía, incluso cuando me llamaron de la oficina del senador Moynihan poco después para invitarme a reunirme con él en Washington. Resultó ser tan franco y sociable, que me cayó simpático enseguida. Hablamos sobre Puerto Rico y los retos de la comunidad puertorriqueña en Nueva York, y nuestra conversación se extendió desde Eddie Torres (un juez que también escribió novelas detectivescas que el senador admiraba), a cómo conseguir el voto de los latinos, a la eterna interrogante sobre el estatus de la isla. Aquí había claramente tanto un académico como un político, alguien que entendía la sociología tan bien como los asuntos políticos, al mismo tiempo que poseía las habilidades sociales de un maestro diplomático. Estaba disfrutando tanto nuestra conversación que había olvidado por completo que estaba en el ojo del huracán, de no ser por las continuas interrupciones de llamadas telefónicas y preguntas de sus ayudantes. Cada vez, me contaba sobre el asunto que estaba discutiendo con sus ayudantes y continuábamos hilvanando el nuevo tema a la conversación. Había un arte elegante en esta charla aparentemente espontánea y en la manera en que él ejercía su prodigioso intelecto, nunca para intimidar, sino para invitar a la participación en el nivel en que uno se sintiera cómodo.

Después de más de una hora, sentí que estábamos llegando al final y me preparé para agradecerle antes de partir a esperar el predecible e interminable período de deliberación para el cual ya me había preparado. Pero el senador tenía otra sorpresa reservada cuando dijo: "Sonia, si aceptas, me gustaría nominarte como juez de la corte del distrito en Nueva York". Me advirtió que el proceso de confirmación no sería fácil. La administración de Bush no solía acoger con agrado las recomendaciones de un demócrata; por principio, se opondrían a cualquier candidato que él propusiera. "Puede que tome algún tiempo", dijo, "pero te prometo algo: si te mantienes conmigo, finalmente te sacaré adelante. No me daré por vencido".

Entonces, me preguntó si estaba dispuesta a cumplir con mi parte del trato: ¿Estaba preparada para pasar buena parte del resto de mi vida profesional como juez? Me quedé pasmada. Hasta ese momento, todavía no me lo había permitido pensar, no fuera a ser que me despertara de ese ensueño. Pero aquí estaba el senador Moynihan mirándome de frente, esperando una respuesta. "¡Sí!" Con todo mi corazón, sí.

Salí flotando del edificio de oficinas del senado Russell y caminé sin rumbo, aturdida. Después de un par de calles divisé una escalinata monumental, familiares columnas blancas: el edificio de la Corte Suprema reluciente y sereno, como un templo en la colina. No pudo haber habido un augurio más favorable. Me sentí afortunada en ese momento, afortunada de estar viviendo esta vida, en el umbral de todo lo que había deseado. Pronto habría tiempo de lidiar con mis inseguridades y el trabajo duro de aprender este nuevo empleo. Por el momento, empero, sólo me quedé ahí, deslumbrada ante la vista, hasta que la realidad me interrumpió: ¿dónde podía encontrar un taxi al aeropuerto?

Durante todo el vuelo a casa, las consideraciones prácticas se atropellaban en mi mente. ¿Cómo cambiaría mi mente con todo esto? ¿Tendría que mudarme a Manhattan? ¿Cuánto gana exactamente un juez? Todavía inmersa en tan elevadas consideraciones, cuando bajé del avión me di cuenta de que había mucha gente armando un gran revuelo por una celebridad que había llegado en el mismo avión. Había estado muy distraída para notar que había estado más de una hora sentada al lado de Spike Lee.

MI MADRE Y Omar llevaban varios años juntos en ese momento. Al principio ella me dijo que le había alquilado mi antigua habitación a este hombre. Más tarde, viéndolo un par de veces cuando yo iba a casa, intuí que no me habían dicho toda la historia. Al llegar tarde una noche, los sorprendí besándose en el vestíbulo. "¿Tienen algo que decirme?", les pregunté. Mami estaba nerviosa, radiante, avergonzada y evidentemente muy feliz.

"Íbamos a decírtelo, Sonia. Es sólo que no sabíamos cómo hacerlo". Con el tiempo, cuando llegué a conocer a Omar, aprobé totalmente la elección de mi madre. Ahora estaban sentados uno al lado del otro en el sofá de mi sala en Brooklyn y era yo la que tenía que decidir cómo darles la noticia.

"Mami, Omar, voy a decirles algo, pero tienen que prometerme que lo mantendrán en secreto. No lo anunciarán públicamente hasta dentro de un par de semanas, pero me dieron permiso para contarles". Les pregunté si sabían quién era el senador Patrick Moynihan. Asientieron con la cabeza de manera vacilante. "El senador va a nominarme para juez de la Corte de Distrito de los Estados Unidos en Manhattan".

"¡Sonia, eso es extraordinario! ¡Excelente noticia!" Como siempre, la reacción inicial de Mami era de entusiasmo. No siempre entendía completamente lo que significaban mis noticias, pero como cuestión de principio materno, siempre era una *cheerleader* leal. Omar también me felicitó de todo corazón. Entonces comenzaron las preguntas.

"Así que vas a ganar más dinero, ¿verdad?", me preguntó mi madre.

"No exactamente, Mami. El sueldo de un juez es mucho menos de lo que gano ahora".

Hizo una pausa larga. "Entonces, me imagino que vas a viajar mucho, ¿a ver el mundo?"

"En realidad, no. La corte está en el centro de Manhattan y no me imagino que vaya a salir de allí. No como lo he hecho en Pavia".

Las pausas eran más largas ahora. "Estoy segura de que vas a conocer gente interesante y hacer amigos tan buenos como los que has conocido en el bufete".

Estaba decidida a no reírme. "Realmente, las personas que se presentan ante un juez son generalmente acusados de crímenes que están en graves problemas o gente peleando entre sí. Además, hay razones éticas para no socializar con ellos".

Silencio, y entonces: "Sonia, ¿por qué rayos quieres ese trabajo?".

Omar, quien ya para entonces me conocía bien, vino al rescate. "Conoces a tu hija, Celina. Debe ser un trabajo muy importante". La expresión en el rostro de Mami me transportó a aquel momento bajo el estruendo del tren "El", cuando compartimos la incertidumbre de lo que me esperaba en Princeton: "*Hija, yo no sé en lo que te estás metiendo…*". De verdad, yo no tenía idea entonces de que Princeton sería la primera parada de un viaje mágico que hasta ahora ya me había llevado mucho más lejos de lo que jamás pude haber previsto.

Ahora yo sólo tenía que esperar que el proceso político siguiera su largo y agitado camino. Es el Presidente quien nombra a los jueces de las cortes federales de distrito. En muchos estados, sin embargo, incluyendo a Nueva York, los senadores proponen candidatos y el Presidente acepta sus sugerencias como cortesía. En un giro único del "Empire State", el senador Moynihan hacía tiempo había negociado un acuerdo bipartidista con su contraparte republicano Jacob Javits, que sobreviviría a un cambio en el despacho oval: por cada tres nominaciones de un senador del partido del Presidente, un senador de la leal oposición podría ofrecer una. En ese momento, había varias vacantes y le tocaba el turno al senador Moynihan de presentar nombres al presidente George H. W. Bush. Pero la existencia de ese pacto entre caballeros del Senado no obligaba a la administración a que le gustara o que facilitara el proceso.

Los dieciocho meses que tardó la aprobación de mi nominación fueron una lección en las artes de la política y la paciencia. Yo sabía que los retrasos no tenían nada que ver directamente conmigo. Dos entrevistas en el Departamento de Justicia, investigaciones de diversas agencias gubernamentales y, en última instancia, las vistas de confirmación del Senado marcharon sobre ruedas. Nadie presentó dudas sobre mis aptitudes, ni objetaron mi nombramiento. Pero yo era sólo una pieza en el tablero entre todas las que había que sacrificar o defender en el barroco e incognoscible deporte que era el juego más importante en Washington, D.C. y en el cual las demoras procesales eran una de las tácticas favoritas. A través de todo el proceso, el senador Moynihan cumplió con su palabra, sin flaquear nunca en su esfuerzo y sin dejar que yo perdiera la esperanza. Yo trataba de no desanimarme mucho, pero la demora me puso en un incómodo limbo en el trabajo. Intentaba tener una salida elegante aunque extendida, concluyendo asuntos pendientes con los clientes y pasando a los colegas lo que fuera necesario, pero todavía no se veía con claridad el final. Podía ser paciente, pero no quedarme sin hacer nada y, por supuesto, tenía que trabajar para vivir.

Mientras tanto, cobré conciencia del coro de voces que se levantaban para apoyarme. La Hispanic National Bar Association cabildeó sin cesar en la Casa Blanca y consiguió el respaldo de las bases de otras organizaciones de latinos. De ser confirmada, yo sería la primera persona hispana nombrada juez federal en la historia del estado, un hito que la comunidad ansiaba fervientemente (José Cabranes estuvo a punto de lograr ese honor en 1979, pero fue nominado simultáneamente para la judicatura en Connecticut y optó por servir allí, aunque mucho más tarde ocuparía una silla en la Corte de Apelaciones para el Segundo Circuito de Nueva York). Aún antes de que el senador Moynihan optara por mi nombre para la nominación, todo un elenco de auténticos partidarios al estilo de "Esta es su vida" dieron un paso al frente: mis compañeros miembros de la junta de PRLDEF, Bob Morgenthau y otros de la Oficina del Fiscal de Distrito, el padre O'Hare y colegas de Campaign Finance Board, abogados que había conocido a través de clientes mutuos. Escribieron cartas, hicieron llamadas telefónicas y se ofrecieron a hacer el tipo de peticiones informales a los colegas que pueden ser persuasivas cuando resuenan en todas partes. Me asombraba ver todos los círculos de mi vida concentrarse en esta meta mía, haciendo parecer todavía más que todo lo que había ocurrido antes había sido un preludio a este momento.

Finalmente, el 12 de agosto de 1992, el Senado de los Estados Unidos confirmó mi nominación a la Corte Federal de Distrito para el Distrito Sur de Nueva York, el distrito "materno" de las cortes federales, la corte de distrito más antigua de la nación. La ceremonia de juramentación se celebró en octubre. Aunque breve —quizás cinco minutos en total— no fue nada somera. Cada momento me conmovió profundamente: la investidura con la toga negra, jurar solemnemente que impartiré justicia sin importar las personas, igualmente al pobre como al rico, y desempeñaré leal e imparcialmente todas las obligaciones de mi cargo conforme a la Constitución. Así me ayude Dios. Tomé asiento, solo durante esa ocasión, en el asiento tradicional del juez recién llegado, entre el Juez Presidente, Charles Brieant, y la jueza

Constance Baker Motley, la segunda con mayor antigüedad entre los estimables colegas a los cuales me estaba uniendo. Este ritual era una lección de humildad profunda, indicando la suprema importancia de la judicatura como institución, por encima de la importancia de cualquier individuo, más allá de los altibajos de la historia. Independientemente de todo lo que yo hubiera logrado para llegar hasta este punto, la función que estaba a punto de asumir era infinitamente más importante que yo.

LA SENSACIÓN DE haber sido transportada a una realidad alterna se acrecentó por otros cambios igualmente desconcertantes en mi vida personal. Me mudé a Manhattan, porque tenía que vivir en el área de mi jurisdicción. Dawn no podía creer que echara por tierra nuestro idílico vecindario por una regla de poca importancia que muchos esquivaban. Temía que nunca me perdonaría por dejarla abandonada en Brooklyn, pero el sentido de honor se encontraba de por medio. ¡Me estaba convirtiendo en juez! ¿Cómo no iba a seguir las reglas? No digo que sea perfecta. Soy neoyorquina y cruzo la calle imprudentemente como cualquier otro. En más de una ocasión puede que haya infringido el límite de velocidad. Pero en ese momento de mi vida, mi profundo y racional respeto por las leyes como la estructura que sostiene nuestra sociedad civilizada estaba teñido con un destello rosado de emoción irracional. Me sentía sobrecogida por la responsabilidad que estaba asumiendo, y mi determinación por demostrar respeto triunfaba por encima de mi lealtad a un vecindario extraordinario y la compañía de amigos muy queridos.

Mi madre, por su parte, tenía otros planes. En lo que parecía ser una escapada alocadamente impulsiva, más al estilo de la Celina que huyó para integrarse al ejército que a la madre que yo había conocido, decidió mudarse a Florida, haciéndome sentir una vez más, tal vez irracionalmente ahora que era jueza, la punzada de su abandono. Ella y Omar habían ido de vacaciones el lunes después de mi juramentación y lo próximo que supe fue que Mami estaba llamando por teléfono para decirme con voz atolondrada que había alquilado un apartamento.

A los pocos días de su regreso a Nueva York, todo estaba recogido en el apartamento de Co-op City. Cuando se llevaron las cajas, me quedé al lado de Mami en el apartamento vacío, nuestras voces rebotando en las paredes marcadas, el vacío haciendo eco de tantos años, entre una mezcla de lágrimas y recuerdos. Nos abrazamos y llegó el adiós, Mami y Omar alejándose por la carretera.

Antes de que llegaran a Florida, recibí una llamada de Puerto Rico: Titi Aurora había fallecido. Ella había ido para allá a mudar a su esposo a un hogar de ancianos —el segundo esposo, todavía más loco que el primero, y quien vino a enredarle su ya difícil vida con más nudos de tristeza y trabajo agotador. No podía darle esta noticia a Mami por teléfono. Tuve que montarme en el siguiente vuelo a Miami para estar a su lado cuando se enterara. Titi había peleado amargamente con Mami por la mudanza a Florida. Peleaban con frecuencia por toda clase de cosas sin importancia, pero ésta había sido una desavenencia más profunda. Su muerte había eliminado cualquier posibilidad de reconciliación e iba a causarle a Mami un dolor inaguantable.

Me maravillaba ver cómo dos mujeres tan diferentes podían vivir tan unidas. El afecto no era parte de la receta ni ninguna otra expresión de emociones más allá del hábito de hablarse cortadamente la una a la otra. No se confiaban secretos ni se consolaban, hasta donde sabíamos. Una lección aprendería de esta extraña hermandad: la permanencia o el fracaso de las relaciones humanas no puede predecirse basándose en algún criterio objetivo o universal. Todos somos seres limitados, sumamente imperfectos, valiosos en algunas dimensiones, deficientes en otras; y si quisiéramos entender cómo sobrevive cualquiera de nuestras conexiones, haríamos bien en mirar primero lo que es bueno en cada uno de nosotros. Titi podía ser desagradable porque su vida había sido dura, pero la vivió con honradez, firmemente fundamentada en cimientos sólidos como una piedra de ética personal que yo admiraba profundamente. Por su parte, Mami, aunque era más compasiva con los extraños, aportó a esta relación una gratitud inconmensurable por la compasión mostrada en la adversidad hacía muchísimo tiempo. Era una gratitud que el tiempo no había borrado, y eso también yo lo admiraba profundamente.

Alquilé un carro en el aeropuerto y llegué al desconocido complejo de apartamentos muy tarde en la noche, después de haberme perdido y conducir llorando en círculos. Mi madre debió haber llamado a Junior antes de que yo llegara; como quiera que hubiera ocurrido, cuando me abrió la puerta era evidente que ya sabía la noticia. Se echó a sollozar en mis brazos.

Viajamos juntas a Puerto Rico para sepultar a Titi Aurora. Yo no me derrumbé hasta que me dieron el sobre con efectivo que ella había separado con mi nombre. Habíamos mantenido el viejo ritual: cada vez que ella iba a Puerto Rico, yo le prestaba el dinero para el pasaje. En años recientes, yo intenté regalarle el dinero, considerando que ahora yo podía darme ese lujo y ella vivía del seguro social. Pero ella no lo tomaba: si aceptara el efectivo como regalo, no podría pedirlo más y, por supuesto, necesitaría hacerlo.

De regreso a Nueva York, ayudé a poner en orden los pocos vestigios de vida material que Titi había dejado atrás. Era mínimo para alguien a quien considerábamos una "guardalotodo". Casi todo lo que quedaba era un clóset lleno de regalos sin usar de los que no podía soportar desprenderse, pero tampoco darles uso.

"¿A QUÉ LE temes tanto?", preguntó Theresa. "¿Qué puede salir mal?" Ella se fue conmigo de Pavia & Harcourt, su presencia reconfortante en el despacho era quizás lo único que me mantenía conectada a alguna apariencia de cordura. Mi primer mes como jueza estuve aterrada, conservando el patrón usual de falta de confianza y atroz esfuerzo compensatorio que siempre acompañaba a cualquier transición importante en mi vida. No me asustaba el trabajo. Jornadas de doce horas, siete días a la semana eran normales para mí. Era mi propia sala la que me atemorizaba. El simple pensamiento de sentarme en el estrado me provocaba un pánico metafísico. Todavía no podía creer que esto había ocurrido como lo había soñado; y me sentía como una impostora recibiendo mi destino tan descaradamente.

Al principio, esquivé mi ansiedad programando cada conferencia en mi despacho. Hasta que llegara un caso a juicio, podía eludir el problema. Finalmente, llegó ante mi consideración un caso relacionado con la confiscación de la sede del club de los Hell's Angels en Alphabet

City, y los alguaciles a cargo de la seguridad trazaron la línea. No había manera de reunirme con este grupo si no era en audiencia pública.

"Todos de pie". El temblor se me pasaría en uno o dos minutos, me dije, como había ocurrido siempre desde la primera vez que subí al púlpito de Blessed Sacrament. Pero cuando me senté, noté que las rodillas todavía temblaban tan furiosamente que chocaban una con la otra. Podía oír el ruido que hacían y me preguntaba mortificada si el micrófono que tenía frente a mí en la mesa lo estaría captando. Escuchaba a los abogados, por supuesto, mientras continuaba el sonsonete delatador debajo de la mesa, incorpórea molestia y reproche. Entonces, se me ocurrió una primera pregunta para los litigantes y, al meterme de lleno, olvidé mis rodillas, y no encontré nada en el mundo más interesante que la cuestión que tenía ante mí en ese momento. El pánico había pasado; había encontrado mi camino para llegar al momento y ahora podía estar segura de que siempre lo encontraría. Después, de regreso en la sala de togas, confesé mi satisfacción: "Theresa, creo que este pez ha encontrado su estanque".

Epílogo

MIRANDO AHORA HACIA atrás, me parece que ha pasado toda una vida desde que llegué a un lugar de pertenencia y propósito, la sensación de haber escuchado un llamado y haber respondido. Cuando coloqué la mano sobre la Biblia para tomar el juramento que me convertiría en jueza de la Corte de Distrito, la ceremonia marcó la culminación de un trayecto de crecimiento y entendimiento, pero también el comienzo de otro. El segundo trayecto, realizado ya siendo jueza, continúa, no obstante, con los mismos pasos pequeños pero firmes con los que recorrí el primero, porque sé que esa es todavía mi mejor manera de seguir progresando. Continúa, asimismo, con el mismo abrazo de mis muchas familias, cuyo respaldo práctico vital ha sido conferido como una señal de algo mucho más profundo.

CON CADA UNO de mis pequeños y firmes pasos, me he visto crecer más fuerte y a la altura de cada reto que supera al anterior. Cuando, después de seis años en la Corte de Distrito, fui nominada a la Corte de Apelaciones para el Segundo Circuito y a la Corte Suprema doce años después de eso, las vistas de confirmación serían en cada etapa sucesivamente más difíciles, los ataques más personales, el proceso total más rápido, más brutalmente intenso. Pero a cada paso, también, la cantidad de miembros de la familia y la comunidad a mi alrededor y ofreciéndose a defenderme sería exponencialmente mayor.

Más de mil personas asistieron a mi ceremonia de juramentación para el Segundo Circuito. Un grupo más íntimo de unos trescientos amigos y parientes se quedó a celebrar la ocasión y a presenciar mi primer acto oficial como jueza del Segundo Circuito, efectuado esa misma noche: casar a Mami y a Omar. Combinar las celebraciones no sólo duplicó la alegría, haciendo que la fiesta fuera más viva, sino que me permitió honrar a mis seres más queridos y reconocer la deuda que tenía con ellos —especialmente con Mami— por su participación en lo que yo había alcanzado. No volví a sentir con tanta intensidad mi conciencia de esa deuda durante años, hasta el momento en que inesperadamente vi el rostro de Junior en la gran pantalla de televisión, llorando de alegría por mi nominación a la Corte Suprema; las ardientes lágrimas que esa imagen arrancó de mis ojos a su vez no dejarían dudas acerca de cómo me ha sostenido el amor de mi familia.

DE LA MISMA manera en que tuve que aprender a pensar como abogado, tuve que enseñarme sola a pensar como juez. En mis pequeños y firmes pasos he dominado las herramientas conceptuales de un juez de primera instancia, luchando con los hechos y los precedentes, y de un juez de apelaciones lidiando con la teoría del derecho a un nivel más abstracto. He sido una esponja feliz, absorbiendo todas las lecciones posibles de mentores generosos en tiempo y espíritu. Me he entusiasmado con el aprendizaje que derivaba de las oportunidades que he tenido de enseñar, y la energía que emanaba de la interacción con mis asistentes jurídicos y el intercambio libre de ideas que he propiciado en mi despacho. Ahora mi educación continúa en la Corte Suprema, según pondero las exigencias particulares de su finalidad de examen. Casi a diario, las personas me preguntan cuál espero que sea mi legado, como si la historia estuviera languideciendo, cuando en realidad apenas comienza. Sólo puedo responder que si fuera a decidir por adelantado el carácter de mi jurisprudencia, mi legado sería mucho más prejuiciado e indigno de lo que espero que sea. Mi máxima aspiración en cuanto a mi trabajo en la Corte Suprema es poder crecer en conocimiento, más allá de lo que puedo prever, más allá de cualquier límite visible desde mi presente perspectiva.

En relación con este norte, me viene a la memoria un recuerdo de mis días de secundaria. Durante mi tercer año, me eligieron para asistir a una conferencia de niñas de escuelas católicas de toda la ciudad. En un fin de semana de discusiones sobre asuntos religiosos y sociales, me enfrenté una y otra vez con una muchacha hispana que se identificaba como marxista. Recuerdo que llevaba un impresionante afro que yo sólo había visto antes por televisión; nada tan radical se vio jamás en los pasillos de la secundaria Cardenal Spellman.

Las dos nos enfrascábamos con más energía que todas las demás en la mesa, un vigor que, por lo menos por mi parte, no provenía de la certeza de mis convicciones, sino del amor por el tira y jala de ideas, el placer de flexionar los músculos de la retórica que había estado fortaleciendo en el Club de Oratoria y Debates, y una ansiedad de aprender del intercambio. Argumentaba, como lo haría tantas veces años después con los abogados, no desde una posición fija, sino más bien explorando ideas y poniéndolas a prueba contra cualquier reto que pudiera presentarse. Me encanta el calor de una conversación analizada y no juzgo el carácter de una persona por el resultado de un intercambio verbal competitivo, sin mencionar sus opiniones razonadas. Pero en las respuestas de mi oponente sentí una animosidad que siguió creciendo durante el fin de semana. Después de la última sesión de rondas, cuando reflexionábamos sobre nuestra experiencia en la reunión, le dije que había disfrutado mucho de nuestra conversación y le pregunté qué había inspirado la hostilidad que percibí en ella.

"Es porque no puedes tomar una postura", dijo, mirándome con tanto desdén que me sorprendió. "Todo depende del contexto para ti. ¿Si siempre estás tan abierta a la persuasión, cómo puede alguien predecir tu postura? ¿Cómo pueden saber si eres amiga o enemiga? El problema con la gente como tú es que no tienen principios".

Sin duda, pensé, lo que ella describía en mí era preferible a lo opuesto. Si te aferras a un principio con tanta pasión, inflexiblemente indiferente a los particulares de la circunstancia —el alcance total de lo que los seres humanos, con todos sus defectos y debilidades, pueden perdurar o crear— si entronas los principios por encima de la razón, ¿no estarías entonces abdicando a las responsabilidades de una persona racional? Dije algo por el estilo.

Nuestra conversación terminó en ese tono agitado, pero yo me he pasado el resto de mi vida forcejeando con su acusación. He aprendido desde entonces cómo esas consideraciones se enfocan en el lenguaje más complejo de la filosofía moral, pero nuestro simple intercambio ese día planteó un punto que sigue siendo esencial para mí. De hecho, hay algo profundamente mal en el fondo de una persona que carece de principios, que carece de fundamentos morales. De igual manera, hay ciertos valores que no admiten negociación y entre ellos yo incluiría la integridad, la equidad y la ausencia de crueldad. Pero nunca he aceptado el argumento de que se compromete un principio por juzgar una situación en sus propios méritos, con la debida apreciación de la idiosincrasia de la motivación humana y la habilidad de cometer errores. La preocupación por los individuos, el imperativo de tratarlos con dignidad y el respeto por sus ideas y necesidades, sin importar nuestros propios puntos de vista, también son, sin duda, principios tan dignos como cualquiera de los considerados inviolables. Permanecer receptivos a los conocimientos —quizás hasta a los principios— todavía sin determinarse, es lo mínimo que requiere el aprendizaje, su umbral más básico.

Con cada amigo que he conocido, en cada situación que he enfrentado, he encontrado algo que aprender. De una tarea tan simple como hervir agua puedes aprender una lección valiosa. No hay experiencias de las que no puedas aprovechar algo valioso, aunque sólo sea la disciplina para manejar la adversidad. Con suerte, tendré suficiente tiempo para continuar creciendo y aprendiendo y surgirán muchas más historias que contar antes de que pueda comenzar a decir en definitiva quién soy como juez.

Espero que la persona que soy como ser humano también continúe evolucionando, pero tal vez la esencia ya está definida. En el momento en que, respetando la tradición, me senté en la silla del juez presidente John Marshall y coloqué la mano sobre la Biblia para tomar el juramento del cargo a la Corte Suprema, sentí como si una corriente eléctrica me recorriera, y toda mi vida, colapsándose en ese preciso momento, pudiera leerse en los rostros de las personas más queridas por mí que llenaban esa hermosa sala. Miré hacia ellos y vi a mi madre con lágrimas en sus mejillas y sentí una oleada de admiración por esa mujer excepcional que me inculcó los valores que eran innatos en ella —la compasión, el trabajo duro y el valor para enfrentarse a lo desconocido— pero que también creció junto a mí cuando dábamos juntas nuestros pequeños pasos para cerrar la distancia que se había abierto entre nosotras en los primeros años. Puede que yo haya sido la pequeña Mercedes cuando era niña, pero ahora era también la hija de mi madre. Vi a Junior radiante de orgullo, y a mi familia que viajó de Puerto Rico para estar allí, y a tantos amigos que se mantuvieron a mi lado a través de los años. El momento les pertenecía a ellos tanto como a mí.

Sentí la presencia también, casi visible, de los que habían partido recientemente: mi amiga Elaine, quien sufrió una serie de derrames cerebrales, pero que hasta el último momento se las arregló para agregar la levadura de su humor tanto a su agonía como al drama alrededor de mi nominación; Dave Botwinik, quien puso en marcha todo este sueño hacia su realización.

Entonces mi mirada se cruzó con la del Presidente, sentado en primera fila, y sentí la gratitud estallando dentro de mí, una gratitud abrumadora apartada de la política, una gratitud viva con la alegría de Abuelita y con un súbito recuerdo, una imagen vista a través de los ojos de una niña: corría de regreso a la casa de Mayagüez con un cono de piragua derritiéndose dulce y pegajoso por mi cara y mis brazos, el sol en los ojos, asomándose entre las nubes y reflejándose en el pavimento empapado por la lluvia y en las hojas que goteaban. Corría con alegría, una alegría irresistible que surgía simplemente de la gratitud por estar viva. Junto con esa imagen, los recuerdos me traen las palabras en la mente de una niña a través del tiempo: soy afortunada. En esta vida soy verdaderamente afortunada.

Agradecimientos

ANTES DE AGRADECER a las personas que me ayudaron con este libro, debo dar las gracias a la desmesurada cantidad de amigos y familiares, mentores y colegas que han hecho considerables aportaciones a mi vida, sin los cuales no habría razones para escribir un libro. Tanto conocidos como desconocidos han dejado su huella. De la misma manera en que no fue posible incorporar en estas páginas muchas de las experiencias y personas que tuvieron una participación en mi vida, no puedo mencionarlos a todos aquí por nombre. A quienes han compartido momentos importantes de mi vida, sepan que los estimo profundamente aun si ustedes o esas experiencias no se mencionan.

Muchos me ayudaron a escribir este libro compartiendo sus recuerdos o recopilando información. Si no les doy reconocimiento aquí es porque su importancia en mi vida y mi gratitud hacia ustedes ya han quedado claras para el lector. Otros, quienes son fundamentales para mí hoy día, no se incluyen porque entraron a mi vida después de convertirme en jueza, donde concluye este libro.

Quiero agradecer particularmente a un grupo de amigos, quienes no figuran en el libro, pero han jugado un papel decisivo en el proceso de su creación y publicación.

Debido a las exigencias de mi trabajo diario, este libro no habría visto la luz sin la colaboración de Zara Houshmand. Zara, una talentosa escritora, escuchó mis interminables historias, así como las de mis parientes y amigos, y ayudó a seleccionar aquellas que al narrarlas mostraran el panorama más auténtico de las experiencias de mi vida. Zara, eres una persona increíble, con una aptitud especial para ayudar a los demás a entender y expresarse mejor; mi profunda gratitud por tu ayuda. Una de las cosas más preciadas de este proceso fue el regalo de tu amistad, que perdurará toda la vida.

Estoy sumamente agradecida por la colaboración de mi editor en Alfred A. Knopf, George Andreou, por ayudarme a que mis historias cobraran vida. La destreza editorial de George fue de gran ayuda, pero él fue además mi guía a través del proceso de publicación. También agradezco enormemente a Sonny Mehta, el editor de Knopf, quien fue muy amable y atento conmigo. Todos en Knopf con los que me reuní y trabajé, así como el equipo de Random House, Inc., la casa matriz de Knopf, me brindaron su ayuda con gentileza y capacidad profesional. Aprecio todos sus esfuerzos.

La investigación relacionada con Puerto Rico, la ayuda al revisar el manuscrito y la traducción de este libro de inglés a español fueron particularmente importantes. Tengo una deuda de gratitud especial con tres personas por sus incansables esfuerzos en esta parte del desarrollo del libro. Es imposible catalogar toda la asistencia voluntaria aportada a este libro, así como las innumerables muestras de afecto que me han regalado a lo largo de los años. Sólo puedo decir gracias a Xavier Romeu-Matta, un brillante abogado quien fue mi asistente jurídico durante mi primer año como jueza federal de la Corte de Distrito; a su esposa, la talentosa escritora Lyn Di Iorio, profesora de inglés (y experta extraoficial en lengua española y literatura) en *City College of New York* y el Centro Graduado de CUNY; y Emérida Rivera, quien viajó en repetidas ocasiones por todo Puerto Rico para ayudarme en mi investigación y demostró con su ejemplo que todavía existen corazones y almas santas en el mundo. El *Hunter College Center for Puerto Rican Studies* también proporcionó incalculables antecedentes. Además hay que agradecer a Ligia Pesquera y Ángel Rivera, cuya cordial hospitalidad respaldó nuestra investigación en Puerto Rico; a Sylvia Gutiérrez, quien ayudó con los viajes; y a Lourdes Pérez, quien brindó referencias sobre la poesía puertorriqueña.

Mi gratitud a Amanda Tong, Colin Wright y Kate Beddall por

su ayuda en la transcripción y traducción de las entrevistas y por las reflexiones que aportaron.

Otro regalo en el proceso de la producción de este libro ha sido poder trabajar y hacerme amiga de mi agente literario Peter Bernstein y su esposa Amy Bernstein, de *Bernstein Literary Agency*. Ustedes dos guiaron este libro con consumada pericia, sabios consejos y generosidad. Agradezco a John S. Siffert, de Lankler Siffert & Wohl LLP y a su esposa Goldie Alfasi, por presentarme a Peter y a Amy y por su amistoso respaldo durante este proceso. También le doy las gracias a John por presentarme a Richard Hofstetter y a Mark A. Merriman, de Frankfurt Kurnit Klein & Selz, PC por su asesoramiento legal y profesional. John, estoy especialmente agradecida por el sabio consejo legal que me ofreciste al preparar la propuesta del libro, supervisar las negociaciones del contrato y revisar este libro. Tengo tres hermanos: mi hermano biológico, tú y Robert A. Katzmann. Los tres me han apoyado a lo largo de mis recientes experiencias de vida en formas que no puedo reconocer aquí, pero que están grabadas en mi corazón.

Algunos amigos cuyos nombres no se citan en el texto compartieron recuerdos que aparecen en el libro o revisaron el manuscrito para brindar sus consejos. Cada uno de ustedes es especial para mí y los reconozco aquí en orden cronológico según su llegada a mi vida: Peter Kougasian, con quien compartí experiencias en la Universidad de Princeton, en la Escuela de Derecho de Yale y en la Oficina del Fiscal de Distrito del Condado de Nueva York; Paula DiPerna, periodista y autora cuyo libro *Juries on Trial, Faces of American Justice* relata el juicio por pornografía infantil; Cynthia Fischer, la segunda socia femenina de Pavia & Harcourt, y David Glasser, entonces asociado de la firma; Nicole Gordon, directora ejecutiva y fundadora de la *New York City Campaign Finance Board*; Mari Carmen Aponte, actual embajadora de los Estados Unidos en El Salvador y entonces miembro del Fondo Puertorriqueño para la Defensa Legal y la Educación (ahora LatinoJustice); Robert Sack, antiguo colega en la Corte de Apelaciones de Estados Unidos para el Segundo Circuito; y Jennifer Callahan, escritora y productora de documentales.

Lee Llambelis y Ellis Cose, ustedes me alentaron a escribir este libro y me orientaron en el proceso inicial de pensar en publicarlo. Mi agradecimiento especial a Sue Anderson y Kitty Reese: ustedes me dieron una mano cada vez que necesitaba ayuda para terminar algo mientras trabajaba en el libro. Todos son amigos increíbles. Gracias.

Finalmente, agradezco a Ricki Seidman, con quien trabajé durante mi proceso de confirmación a la Corte Suprema y quien se ha convertido en un amigo entrañable. Ricki examinó incansablemente múltiples revisiones de este libro y ofreció razonables sugerencias que lo mejoraron considerablemente.

Una vida llena de parientes y amigos cariñosos y generosos como la mía es, sin duda, una bendición.

To Puerto Rico (I Return)

de José Gautier Benítez
Traducción de Lyn Di Iorio

Por fin, corazón, por fin,
alienta con la esperanza,
que entre nubes de carmín
del horizonte al confín,
ya la tierra a ver se alcanza.

Luce la aurora en Oriente
rompiendo pardas neblinas,
y la luz, como un torrente,
se tiende por la ancha frente
de verdísimas colinas.

Ya se va diafanizando
de la mar la espesa bruma;
el buque sigue avanzando,
y va la tierra brotando
como Venus de la espuma.

Y allá sobre el fondo oscuro
que sus montañas le dan,
bajo un cielo hermoso y puro,
cerrada en su blanco muro,
mi bellísimo San Juan.

At last, my heart, at last,
come alive with hope,
for among crimson clouds
from the horizon end to end,
I can already see land.

Dawn rises in the East
shattering dark mists,
and a torrent of light pours
on the wide swath
of the deep green hills.

The veil of thick fog lifts
off the sea;
the ship advances,
and the land begins to rise
like Venus from the foam.

And there on the dark ground
of its mountains,
against a pure and lovely sky,
enclosed by a white wall,
my beautiful San Juan.

Y aunque esa ciudad amada,
mis afecciones encierra,
con el alma entusiasmada,
yo no me acuerdo de nada
sino de ver esa tierra.

Perdonadle al desterrado
ese dulce frenesí:
vuelvo a mi mundo adorado,
y yo estoy enamorado
de la tierra en que nací.

Para poder conocerla
es preciso compararla,
de lejos en sueños verla;
y para saber quererla
es necesario dejarla.

¡Oh! No envidie tu belleza,
de otra inmensa población
el poder y la riqueza,
que allí vive la cabeza,
y aquí vive el corazón.

Y si vivir es sentir,
y si vivir es pensar,
yo puedo, patria, decir
que no he dejado vivir
al dejarte de mirar.

Que aunque es templado y suave
no vive, no, en el ambiente

And as a cherished city,
it holds all my loves,
and with an enthusiastic soul,
I don't recall
anything except seeing my
        homeland.

Forgive the exile
this sweet frenzy:
I return to my beloved world,
in love with the land where I was
        born.

To know her
you must compare her,
see her distant in your dreams;
and to love her
you need to leave her.

Ah! Do not let your beauty envy
the wealth and power
of another great nation,
because there is where the head
        lives,
and here is where the heart lives.

And if to live is to feel,
and if to live is to think,
homeland, I can say
that I have not known how to live
since I stopped looking at you.

Though its climate be temperate
        and soft,

el pez de las ondas nave,
ni entre las ondas el ave,
ni yo, de mi patria ausente.

¡Patria! Jardín del mar,
la perla de las Antillas,
¡tengo ganas de llorar!
¡Tengo ganas de besar
la arena de tus orillas!

Si entre lágrimas te canto,
patria mía, no te asombres,
porque es de amor ese llanto,
y ese amor es el más santo
de los amores del hombre.

Tuya es la vida que aliento,
es tuya mi inspiración,
es tuyo mi pensamiento,
tuyo todo sentimiento
que brote en mi corazón.

Que haya en ti vida primero,
cuanto ha de fijarse en mí,
y en todo cuanto venero,
y en todo cuanto yo quiero,
hay algo, patria, de ti.

No, nada importa la suerte
si tengo que abandonarte,
que yo sólo aspiro a verte,
a la dicha de quererte
y a la gloria de cantarte.

the seafaring fish cannot live in the
    air,
nor in waves can a bird soar,
nor can I thrive
away from my homeland.

Homeland! Garden of the sea,
pearl of the Antilles,
I feel like crying!
I feel like kissing
the sands of your shores!

If between tears I sing to you,
my land, do not be astonished,
because love is in these tears,
and this love is the holiest
of the loves of man.

Yours is the life that I breathe,
my inspiration is yours,
yours is my thought,
yours all feeling
that blooms in my heart.

My life flows from yours,
and in everything I deem worthy,
and in everything I love,
there is something, my homeland,
that belongs to you.

No, luck doesn't matter
if I have to leave you,
for I aspire only to see you,
to the good fortune of loving you
and the glory of singing to you.